非洲经济评论

2023-2024

本书受国家社科基金重大项目"泛非主义与非洲一体化历史文献整理与研究（1900-2021）"（项目批准号：23&ZD325）、教育部国别和区域研究培育基地资助。

教育部"国别和区域研究基地"
外交部"中非智库 10+10 合作伙伴计划"单位
上 海 师 范 大 学 非 洲 研 究 中 心

非洲经济评论

2023—2024
African
Economic
Review

张忠祥 汤诚 主编

上海三联书店

上海师范大学非洲研究中心简介

上海师范大学非洲研究中心成立于 1998 年，2011 年被评为教育部国别和区域研究培育基地，2014 年入选外交部中非智库 10+10 合作伙伴计划。

中心由中国非洲史研究会顾问、国内著名非洲研究专家舒运国教授一手创办。目前，中心有专职研究人员 5 名、特聘研究员 3 名、兼职研究员 6 名。

中心长期致力于非洲历史、非洲经济及中非关系等研究，先后完成国家社科基金项目、教育部项目、上海哲社项目、上海市教委项目多项。目前在研国家社科基金重大项目 2 项（舒运国教授主持的"多卷本《非洲经济史》"和张忠祥教授主持的"泛非主义与非洲一体化历史文献整理与研究（1900—2021）"。

中心成员出版专著十多部，发表论文百余篇。2012 年以来，舒运国教授、张忠祥教授、刘伟才副教授、张瑾副教授先后出版了《20 世纪非洲经济史》《泛非主义史》《中非合作论坛研究》《中非合作论坛 20 年研究》《20 世纪非洲史学与史学家研究》《非行者言：19 世纪英国人非洲行居记录的史料价值及其利用》《大津巴布韦学术史论》《南非史话》等著作，均在国内具有开创性。中心组织译介国外非洲研究成果，搭建"非洲经济史译丛""非洲历史人物传记译丛""非洲国别和区域历史丛书"等平台，已出版《非洲经济史：内部发展与外部依赖》《作为历史的口头传说》《历史视野下的非洲城市空间》《20 世纪前中部与东部非洲的贸易》《法国在非洲的无形武器：非洲法郎的历史》等多部译著。

中心注重发挥自身专业特色，积极为中非合作献言献策，完成外交部中非联合研究交流计划项目多项，为相关政府部门提供决策咨询专报多篇。中心注重配合中非关系发展，通过在报刊媒体刊文以及在公众教育场合授课等形式进行非洲知识传播与中非关系普及工作。中心注重发挥非洲经济研究特色，自 2012 年起编辑出版《非洲经济评论》，该刊已成为国内非洲经济研究的重要阵地之一。

在当前中非交流蓬勃发展的大背景下，顺应当前教育和学术研究国际化趋势，针对非洲研究注重实地调查的特点，中心注重国际交流，每年举办国际学术研讨会或工作坊，邀请国外学者来中心交流、讲学。中心研究人员均多次赴非考察，中心多名研究生也在国家留学基金委、教育部、国家汉办、外交部等多种中非交流平台的资助下赴非访问和学习。

目前，中心已与博茨瓦纳大学、肯尼亚肯雅塔大学、尼日利亚伊巴丹大学、拉各斯大学、赞比亚大学、津巴布韦大学以及南非、贝宁等非洲国家的多所大学和研究机构建立学术和人员交往机制，并与英、法、美、新西兰等国家的非洲研究学者保持密切联系，努力走在国际学术科研的前沿，为中非关系的长期稳定发展献计献策。

前　　言

　　《非洲经济评论》创立于2012年。历经十余载,始终坚守与耕耘。如今,第十一本如嫩芽破土,如期而至,标志着第二个十本的新篇章即将开启。

　　本辑设有两大主题:泛非主义与非洲一体化文献、非洲经济研究,并依惯例附录最新非洲经济相关数据。

　　泛非主义是非洲独立解放运动的思想利器,是非洲现代化进程中的精神源泉,更是非洲一体化实践的思想根基。非洲一体化作为泛非主义思想的实践形式,历经泛非主义运动、非统时期的非洲一体化及非盟成立后的一体化,包括非洲大陆自由贸易区的建立等历史阶段。泛非主义与非洲一体化,不仅关乎非洲内部的整合,也关乎非洲与外部世界的关系。因此,本部分特选译了若干相关重要文献,以飨读者。

　　非盟驻华代表处常驻代表拉赫曼塔拉·穆罕默德·奥斯曼大使的《"一带一路"倡议与非洲联盟〈2063年议程〉之间的协同作用》(非洲联盟以下简称"非盟")一文,详述了非盟2063年愿景的内容及实现路径,涵盖非洲农业发展综合计划、非洲基础设施发展规划、2009—2050年非洲矿业愿景等。他指出,"一带一路"倡议是将中国领导人求同存异的主张和提供全球公共产品、和平、安全和可持续发展的承诺的具体化体现,并认为"一带一路"倡议和非洲愿景相互交织,可共奏和谐之曲,尤其是在工业化、基础设施及安全领域合作前景广阔。然而,奥斯曼大使也提醒,非洲各国政府应在此过程中谨慎投资,避免相关债务风险。

　　非盟的前身是成立于1963年5月25日的非洲统一组织(以下简称"非统")。1999年9月9日,非统第四届特别首脑会议通过《锡尔特宣言》,决定成立非盟。2000年7月的多哥洛美峰会通过的《非洲联盟章程》取代《非洲统一组织宪章》,成为非盟核心文献,规定了非盟的宗旨、原则、机构和运作方式等,是研究非盟及相关领域的重要参考文献。

2018 年 3 月 21 日,《非洲大陆自由贸易区协定》(AfCFTA)在卢旺达首都基加利正式签署,标志着非洲各国在建立全球最大的自由贸易区之一的道路上迈出了坚实的一步。此协议旨在促进非洲内部贸易、推动经济一体化和发展,包括一般规定、货物贸易议定书、服务贸易议定书和关于争端解决规则和程序的议定书四个部分,对于在非洲投资兴业的中国企业及研究非洲经济、贸易、投资等领域的中国学者而言,是不可或缺的重要文献。

1963 年 5 月 22 日至 26 日,非洲 31 个独立国家的元首、政府首脑和代表在埃塞俄比亚首都亚的斯亚贝巴举行非洲国家首脑会议,通过了《非洲统一组织宪章》,并将其签署日 5 月 25 日定为"非洲日"。六十余年时光荏苒,当年大会上政要们的铮铮誓言和远见卓识依然回响在耳。他们为摆脱帝国主义、殖民主义和种族隔离而斗争的勇气和希望,至今仍鼓舞人心。那些光辉的名字,如海尔·塞拉西一世、克瓦米·恩克鲁玛、奥波德·塞达尔·桑戈尔、朱利叶斯·尼雷尔、贾迈勒·阿卜杜勒·纳赛尔等,依然闪耀于历史的天空。重温他们当年的演讲,今天的人们仍能够从中汲取智慧与勇气。

非洲经济研究始终是上海师范大学非洲研究中心的重点领域。舒运国教授主持的国家社科重大项目"多卷本《非洲经济史》"及《20 世纪非洲经济史》等著作和论文,为本领域研究夯牢了坚实基础。薪火相传,本辑刊载了中国和非洲学者四篇相关文章。

其中,张忠祥教授团队撰写的《非洲数字经济发展特点与中非数字经济合作》研究报告指出,近年来非洲数字经济实现了快速发展,移动互联网增速快,数字企业初步发展,数字市场巨大,呈现出非盟及非洲国家普遍重视数字经济的发展、数字基础设施建设势头迅猛、移动支付和电子商务快速崛起、大国加大与非洲数字经济领域的合作等特点。尽管存在数字鸿沟明显、数字企业仍处于初级阶段、数字经济与实体经济深度融合不足、数字经济发展所需人才匮乏等短板,但中非数字经济合作蕴含着巨大机遇,有助于"数字非洲"早日实现。

货币主权是国家经济自主权的重要象征。掌握本国货币的发行权,一直是非洲国家去殖民化的重要标志。陶陶和张忠祥教授的《西非法郎改革:进展、挑战与展望》一文,回顾了西非法郎的产生和演变过程,分析了西非法郎的改革动因、突破与局限,并对西非法郎改革的前景进行展望。文章指出,西非法郎区国家意欲用新货币埃科取代西非法郎,其实现过程受诸多现实因素掣肘,尤其是在政治和经济上依然对法国高度依赖;文章建议,西非法郎区国家选择货币篮子取代欧元成为新货币的锚定物或许能破解西非法郎改革的困局。

"一带一路"倡议是中国向国际社会提供的公共产品,通过投资基础设施建设、推动贸易畅通、加强金融合作、促进文化交流等多方面的合作,为参与国家提供了发展机会和合作平台。南京大学刚果(布)留学生 ODZALA TRYSTAN GALITCH 的《"一带一路"倡议下的中刚合作》一文,回顾了 2013 年"一带一路"倡议提出以来中刚两国的高层互动,并从政治互信、经贸合作、人文交流及基础设施和农业合作等方面,分析了十余年来中刚合作的进展。文章还指出,在"一带一路"倡议框架下深化中刚合作,可加快刚果(布)基础设施的互联互通,可加快刚果(布)各领域的工业化进程,还可深化中刚人文交流,促进民心相通。

尼日利亚是非洲人口最多的国家,近年来经济发展迅速,一度成为非洲最大经济体。索卢多教授的《尼日利亚能否成为非洲的"中国"?》一文,对比了尼日利亚和中国的发展历程,探讨了尼日利亚实现经济快速发展和成为全球经济强国的可能性。文章指出,尼日利亚作为非洲人口最多的国家,拥有丰富的自然资源和年轻的劳动力市场,具备成为经济大国的潜力;尽管尼日利亚面临诸多挑战,如基础设施不足、安全问题、政治和经济改革等,但也存在实现经济增长的机遇。尼日利亚仍有望通过改革、战略规划、发挥侨民作用以及宪法和法律改革,推动社会经济的全面发展。

新一届中非合作论坛北京峰会刚刚落幕,中非关系步入新的历史阶段。非洲经济、社会、文化等领域诸多问题仍需学界进一步探究与思考,愿本辑能为这一壮丽事业添砖加瓦,略尽绵薄之力。

目录 | Contents

非洲经济研究

非洲重要经济数据汇总

泛非主义与非洲一体化文献

"一带一路"倡议与非洲联盟《2063 年议程》之间的协同作用^①

拉赫曼塔拉·默罕默德·奥斯曼　赵文杰　译

汤　诚　校^②

首先,我要表明的是,我的演讲既是讲座也是互动讨论。比起演讲,我更喜欢互动环节,尤其是当我面对学者和知识分子时,我相信他们对我要讨论的主题有更深刻的认识。

说到这里,请允许我首先引用习近平主席阁下 2013 年关于中非关系的一段讲话,他说:"中非关系不是一天就发展起来的,更不是什么人赐予的,而是我们双方风雨同舟、患难与共,一步一个脚印走出来的。"^③

我认为,这一表述准确地描述了中非关系的基础,体现了对未来前景的展望。

在深入探讨今天的主题前,我认为有必要对非盟《2063 年议程》的背景和起源作一些说明。非盟《2063 年议程》的基本思想体现在泛非主义的论述中,而泛非主义主张非洲大陆内外的非洲人民团结起来。加纳独立后的第一任总统、已故的克瓦米·恩克鲁玛博士(Dr. Kwame Nkrumah)提出了这一远大理想,他呼吁建立非洲联邦政府(African States)。实现这一愿景的第一步是 1963 年在亚的斯亚贝巴成立了非洲统一组织(非统组织)。非统组织自成立以来一直积极致力于解放仍被殖民的非洲国家,即南部和西部非洲葡属殖民地以及南非种族隔

①　本文为非洲联盟驻华代表处常驻代表拉赫曼塔拉·默罕默德·奥斯曼大使于 2021 年 9 月 14 日在中国非洲研究院第十二届大使讲坛上的演讲。张忠祥教授和博士生赵文杰于 2024 年 6 月 21 日赴北京拜访奥斯曼大使,大使授权《非洲经济评论》发表该文并向上海师范大学非洲研究中心赠送资料,特此致谢。

②　赵文杰,上海师范大学非洲研究中心博士生;汤诚,上海师范大学图书馆副研究馆员,非洲研究中心博士。

③　习近平 2013 年 3 月 25 日在坦桑尼亚尼雷尔国际会议中心的重要演讲。

离政权。

在这一时期,中国向解放阵线提供了大量援助,使那些国家在 20 世纪 70 年代摆脱了殖民统治。

非统组织的作用不限于政治,还涉及社会经济领域,努力促进非洲大陆的发展和一体化。为此,非统组织通过了许多计划,包括《促进非洲经济发展的拉各斯行动计划(1980—2000 年)》。该计划后来被《阿布贾行动计划》(1991 年)取代。这两项计划都设想了非洲一体化,最终成立了"非洲经济共同体"。2002年,非统组织为非洲联盟取代,非洲领导人通过了一项名为非洲联盟《2063 年议程》的雄心勃勃的计划,作为在"我们想要的非洲"旗帜下实现非洲一体化和繁荣的工具或火车头。

以"我们想要的非洲"为口号,非洲国家通过非洲联盟(非盟)确定了实现增长和繁荣的愿望。这一愿望将通过非盟旗舰发展项目《2063 年议程》中设定的一系列具体愿景得以实现。

《2063 年议程》的愿景可归纳如下:

愿景 1:以包容性增长和可持续发展为基础实现非洲繁荣

愿景 2:社会政治团结一致、以泛非主义理想和非洲复兴愿景为基础实现非洲大陆一体化

愿景 3:良政、尊重人权、正义和法治

愿景 4:和平与安全的非洲

愿景 5:文化复兴与文化认同、共同遗产、共同价值观和道德观

愿景 6:依靠非洲人民的潜力,以人为本追求发展

愿景 7:非洲成为一个团结的、有影响力的全球行为体和合作伙伴

从功能上讲,《2063 年议程》列出了"第一个十年执行计划"中要完成的主要目标,而各成员国的国家发展优先领域也通过议程目标实现了有效联系,其目的是确保非洲人民取得数量可观和品质优良的可衡量的成果。

"十年计划"中制定了六个具体的大陆发展框架。这些经济活动领域被认为对非盟成员国实现可持续发展目标至关重要。

我们设想通过以下计划实现上述愿景。

一、非洲农业发展综合计划(CAADP)

1. 非洲农业发展综合计划于 2003 年在莫桑比克马普托举行的非盟首脑会

议上首次宣布,是非洲发展新伙伴计划(NEPAD)的组成部分。目前的版本适用于 2015—2025 年。

2. 非盟第一个十年计划包括通过以农业为主导的发展促进经济增长,以消除饥饿和减少贫困。

3. 非洲农业发展综合计划的优先领域为:

(1)可持续的土地和水资源管理

(2)市场准入

(3)粮食供应与解决饥饿

(4)农业研究

4. 该计划有助于实现以下 3 个可持续发展目标:

(1)消除贫穷

(2)消除饥饿

(3)健康与福祉

5. 量化目标为:

(1)非洲各国政府每年将至少拨出 10%的国家预算用于农业和农村发展

(2)每年实现至少 6%的农业增长率

二、非洲基础设施发展规划

1. 非洲基础设施发展规划于 2010 年启动(适用于 2030 年),旨在发展区域和非洲大陆的基础设施。

2. 该规划涉及通过改善区域和非洲大陆层面基础设施网络和服务,促进非洲的社会经济发展和减贫。

3. 本规划今后确定的优先国家或领域:

(1)非洲基础设施发展规划的优先领域是能源、运输、信息及通信技术以及跨国界流域水资源

(2)非洲基础设施发展规划的预期成果包括:降低能源成本、增加获取途径、降低运输成本、促进非洲内部贸易、保障水和粮食安全、加强全球连通性

4. 该规划直接有助于实现以下 3 个可持续发展目标:

(1)工业化、创新和基础设施

(2)负担得起的清洁能源

(3)气候行动

该计划间接有助于实现以下 4 个可持续发展目标：

(1) 可持续的城市和社区

(2) 安全饮用水和卫生设施

(3) 优质教育

(4) 体面工作和经济增长

5. 该规划有以下量化目标：

(1) 非洲基础设施发展规划到 2040 年的长期实施费用目前估计超过 3600 亿美元。此外,从 2012 年到 2020 年,实施非洲基础设施发展规划优先行动计划的总资本成本预计将近 680 亿美元,即每年约 75 亿美元。

(2) 该规划目前共有 409 个项目,其中 54 个(占 13%)属于能源领域,114 个(占 28%)属于信息及通信技术领域,232 个(占 57%)属于交通项目,9 个(占 2%)属于水利项目,这些项目都处于不同的发展阶段。到目前为止,76 个项目 (19%)已完成并投入运行。有 80 个项目没有数据。另有 78 个项目(19%)目前正在建设中。

三、2009—2050 年非洲矿业愿景

1. 非洲矿业愿景由非洲联盟于 2009 年制定(持续至 2050 年),以确保非洲战略性地利用其矿产资源,从而实现基础广泛的包容性发展。该计划由设在埃塞俄比亚的非洲矿业发展中心负责实施。

2. 该愿景设想非洲矿业部门摆脱依赖外国直接投资和以资源租金为中心的战略,包括改善环境管理。

根据国家政策,在国家层面制定和实施改革方案被称为"国家矿业愿景"。

3. 该愿景今后确定的优先国家或领域

优先领域包括：

(1) 小型采矿业的环境可持续性

(2) 地方经济循环发展

(3) 公平的合约谈判

(4) 行政和管理能力建设

优先国家为加纳、布基纳法索、马里和科特迪瓦。

4. 该愿景直接有助于实现以下 3 个可持续发展目标：

（1）消除贫穷

（2）体面工作和经济增长

（3）工业化、创新和基础设施

该愿景间接有助于实现以下3个可持续发展目标：

（1）减少不平等现象

（2）可持续的城市和社区

（3）负责任的消费和生产

5.非洲矿业愿景的目标是建立一个转型框架。该框架通过在国家、次区域和非洲大陆层面开展的三个阶段（短期5年以内；中期5—20年；长期20—50年）行动计划来实施，并包括每个具体期限的具体行动。

四、非洲科学技术与创新战略

1.战略名称及该战略的实施时间和适用日期。该战略于2014年制定（持续至2024年），以响应对科学、技术和创新的需求。

2.非盟的战略包括：

（1）建设和/或升级科研基础设施

（2）提高专业和技术能力

（3）促进创业和创新，以及

（4）为非洲大陆的科学技术创新发展提供有利环境

3.该战略包括6个应用科学、技术和创新的优先领域：

（1）消除饥饿和实现粮食安全

（2）预防和控制疾病

（3）通信（人员和知识的自由流动）

（4）保护科研空间

（5）和睦相处，共建社会

（6）创造财富

4.该战略有助于实现以下7个可持续发展目标：

（1）消除贫穷

（2）消除饥饿

（3）健康与福祉

（4）优质教育

（5）安全饮用水和卫生设施

（6）工业化、创新和基础设施

（7）可持续的城市和社区

5. 该战略的制定包括一项为期 10 年的 5 个阶段的计划,涉及上述 6 个优先领域。该战略的总体目标是每个成员国将国内生产总值(GDP)的 1% 用于资源开发。

五、《促进非洲内部贸易》行动计划

1.《促进非洲内部贸易》行动计划于 2012 年制定,旨在深化非洲市场一体化,增加非洲内部贸易量。

2.《促进非洲内部贸易》行动计划的一个关键要素是 2020 年 1 月开始运行的非洲大陆自由贸易区,有 7 个具体行动"集群":

（1）贸易便利化;

（2）贸易政策(非洲大陆自由贸易区和其他区域贸易安排属于该政策范畴);

（3）产能;

（4）与贸易有关的基础设施;

（5）贸易融资;

（6）贸易信息;

（7）要素市场一体化(包括劳动力在非洲大陆的自由流动)。

3. 虽然《促进非洲内部贸易》行动计划有 7 个行动"集群",但无任何具体的优先领域或优先国家。

4. 该计划有助于实现以下 4 个可持续发展目标:

（1）体面工作和经济增长

（2）工业化、创新和基础设施

（3）减少不平等现象

（4）为实现目标建立伙伴关系

5.《促进非洲内部贸易》行动计划的目标是在未来十年将非洲国家间贸易量从目前的 10%—13% 增加到 25% 或更多。

六、 非洲加速工业发展行动计划

1. 非洲加速工业发展行动计划于 2008 年制定(涵盖至 2063 年),旨在调动金融和非金融资源来提高非洲工业化水平。

2. 非洲加速工业发展行动计划的重点是将工业化纳入国家发展政策和减贫战略,包括旨在通过增值和在当地加工本国自然资源,最大限度地利用当地产能和投入的工业政策。

3. 优先领域包括:食品加工、纺织品和服装、皮革和皮革制品、矿物和金属产品加工、木材和木制品、汽车设备和装配、医药及建筑材料。在其中一些领域,已经确定了某些优先国家或地区中心。

4. 该计划有助于实现以下 4 个可持续发展目标:

(1) 消除贫穷

(2) 性别平等

(3) 体面工作和经济增长

(4) 工业化、创新和基础设施

现在,我将提及"一带一路"倡议,我相信你们都知道其具体内容。不过,我只想说,这是由中国发起的一项倡议,旨在通过陆地和海上网络将亚洲与非洲和欧洲连接起来,从而改善区域一体化、增加贸易和刺激经济增长。有趣的是,"一带一路"倡议和非盟《2063 年议程》都是在 2013 年推出的。它们的目标在很大程度上都有一些相互交叉的实现路线或路径。

现在的问题似乎是,在非盟《2063 年议程》的条款和愿景范围内,而不是在任意或完全双边的条件下,"一带一路"倡议与非洲之间的对接将在多大程度上得到落实。

"一带一路"倡议和非洲的愿景相互交织,可以共同实现的。然而,在有关"一带一路"倡议与《2063 议程》的文献中——虽然数量极少,但却在不断增加——缺少的是对这两个宏伟计划如何相互对接的直接阐述。

非盟《2063 年议程》和"一带一路"倡议的实施为中国的投资方向提供了机遇,使之可以沿着非盟在其愿景中设定的适当渠道进行。

"一带一路"倡议将中国领导人"求同存异"的主张和提供全球公共产品、和平、安全和可持续发展的承诺具体化。20 世纪 50 年代,中国在人均收入仅为非洲三分之一的情况下,就与非洲进行了发展合作。此举源于中国"仁""义"的价值观,它具有多个层面的丰富含义。一层含义是"己欲立而立人,己欲达而达人",另一层含义是"己所不欲,勿施于人"。

"一带一路"倡议在工业化、基础设施、安全以及非洲内部一体化等二级成果方面为非洲带来了巨大的发展潜力。为实现这一目标,非中双方需要共同努力。首先要了解当地的人口状况(避免像殖民时期的基础设施建设的倾向性那样,跳过本可加以利用的人口快速增长地区);其次要顺应业已存在的经济模式(即所谓的创业型基础设施发展)。这将对非洲大有裨益,并将大大有助于确保由中国提供大量资金建设的项目能长期对非洲有利,从而实现互惠互利,并且这些项目不尽向外,就像殖民时代的铁路那样。由于殖民经济的掠夺性质,铁路倾向于只面向沿海,与其跨越的社会经济环境往往无任何联系。

鉴于非盟对实现《2063年议程》的关注,需要思考的问题是,中国的项目能在多大程度上造福非洲大陆。中国政府对非洲一体化表示支持,并表示比起跟纷繁多样的非洲国家进行对接,更愿意在单一的非洲大陆层面进行对接。非盟在双边层面开展工作的同时,也寻求在非洲大陆层面促进和规划非中关系合作。这不仅是为了确保从中国获得最大利益,也是为了建立非洲大陆外交政策一体化的结构。

"一带一路"倡议与非盟在《2063年议程》和"第一个十年执行计划"战略中阐述的七项愿景中的三项具有明确的相关性,即非洲大陆对基础设施发展、安全、开发海洋经济的愿景,甚至通过非洲大陆内部的人员交流促进跨境团结以及非洲大陆内部的身份认同(泛非主义)。然而,"一带一路"倡议应注意到以往由外部各方在非洲大陆实施的基础设施项目。这些项目由于与当地的社会经济环境不符而年久失修、废弃不用。

非盟《2063年议程》与"一带一路"倡议的目标相似,这有其根据。然而,由于基础设施对所有经济部门都至关重要,因此显得尤为突出。国际货币基金组织在抵制多年之后,终于接受了在低利率环境下将基础设施建设作为反周期措施的想法,甚至对此提出建议。

《2063年议程》强调非洲需要发展纵贯非洲大陆的世界级基础设施项目,并将采取更新、更突出的举措改善连通性,通过铁路、海运、空运和发展中地区和非洲大陆电力联营(大因加大坝项目)以及信息及通信技术将非洲大陆连接起来。

关于援助在经济领域的分配问题,研究发现,援助对经济增长的影响积极而显著,援助促进经济增长的主要渠道是增加实物投资。这一结果证明,经济援助

（包括对生产部门和经济基础设施的援助）通过增加国内投资来促进经济增长。

如果援助用来为符合国家比较优势的产业发展破除瓶颈，那么这种援助就会有效；反之，则会无效。遗憾的是，受"华盛顿共识"所体现的新自由主义的影响，过去的国际援助往往未用来破除发展瓶颈。

基础设施建设——发电厂、公路、桥梁、铁路和港口——需要大量投资。鉴于非洲目前的实际情况，不可能从西方国家吸引私人资本甚至官方发展援助，因为它们专注于短期回报。据估计，到 2040 年，实施非盟议程中的基础设施项目将耗资 3600 多亿美元。

众所周知，中国赞成为非洲国家和其他地区的基础设施项目提供资金。例如，研究表明，2010 年至 2015 年间，中国为非洲电力部门融资 130 亿美元，占新增产能的至少 30％。这些项目有的是化石燃料项目，有的是可再生能源项目。此外，还有许多非洲交通（铁路、公路和港口）项目都利用中国的贷款建设，并使用了数量不等的中国工人/中国物资。数字和空间基础设施也成为重点，还有其他利用中国贷款或赠款建设的小型基础设施项目，如体育场、医院、学校和博物馆。

中国利益相关方参与非洲基础设施发展规划的过程并不特别协调，大多由双边推动。例如，虽然一些非洲基础设施发展规划光缆安装项目由中国利益相关方实施，但这些项目由不同公司实施，并受制于非洲各国不同的采购流程，也意味着这些项目的参与条款差异很大（例如使用当地物资/劳动力、利率、环境要求等）。据报道，中国进出口银行最终不同意为肯尼亚标准轨距铁路（Standard Gauge Railway，SGR）向乌干达和卢旺达的协调延伸项目提供全额资金。这类问题加剧了这一挑战。此外，中国的利益相关方还参与了非洲基础设施发展规划之外的许多其他基础设施项目，这意味着非洲基础设施发展规划项目在获得中国支持方面并没有得到特别优先考虑。

传统的北方向南方的援助既不能有效也不足以帮助发展中国家解决增长瓶颈，因为新自由主义这一主流经济学忽视了结构转型。"把基础设施留给私营部门"对非洲产生了破坏性影响。例如，电力短缺是非洲几十年来的瓶颈，传统的官方发展援助长期忽视能源和交通基础设施。特别是统计数据显示，能源和交通在官方发展援助总额中所占份额很小且起伏不定。在撒哈拉以南非洲地区，这一比例甚至更小：2006 年，撒哈拉以南非洲的经济基础设施在官方发展援助中所占份额下降到 3.03％，2008 年回升到 8％。

"破除瓶颈的基础设施"与一国的比较优势密切相关。大多数基础设施针对具体部门/地区。投资于阻碍国家"潜在"比较优势得以实现的基础设施瓶颈（如电力和道路),可以提高增长率和回报率,创造就业和财政收入。如果一个国家能够遵循而非违背自己的比较优势,就能以最低的成本生产商品和服务,产生最多的储蓄用于投资,实现良性循环。这意味着,如果选择得当,从长远来看,一些基础设施可以自筹资金。

据非盟估计,发展横贯非洲大陆的基础设施可增加非洲内部贸易,从而极大扭转当前局面;通过增加非内部贸易的机会成本,非洲大陆内部的进出口将从目前的12%增长到2045年的近50%。从理论上讲,这也将对中国有利。

尽管基础设施极其重要,但如前所述,其实施需要巨额资金。这些资金必须从国外借入,因此可能导致债务风险或无力偿还。这种风险成为西方社会对非中关系的主要指责之一,指责中国向非洲国家提供贷款,使其背上债务负担。并非所有的指责都子虚乌有,因为有一些事例表明,中国资助的项目在经济上不可行,这些国家在偿还贷款时发生违约情况,但这并不能一概而论。同时,如果非中合作要取得成果,就应客观对待债务的可持续性问题。

债务可持续性问题是2019年第二届"一带一路"国际合作高峰论坛的议题之一。中国财政部部长和央行行长都公开表示要为"一带一路"倡议下的基础设施建设增加更多私人资金,并提出评估伙伴国债务风险的新框架。①鼓励中国和其他参与"一带一路"倡议经济体的金融机构在作出贷款决定前使用非强制性政策工具对债务风险进行评级。财政部部长表示,中国希望在满足可持续发展的融资需求和债务可持续性之间取得平衡。他补充说,我们将建立一个高标准、高质量的融资体系,在防范债务风险的同时,支持长期和可持续的"一带一路"倡议投资。这些都是非常鼓舞人心的表态,反过来也将有利于《2063年议程》和"一带一路"倡议把握协同作用带来的机遇。特别是,如果债务增长伴随基础设施的改善、民生的改善、生产力的提高和贫困的减少,将有利于长期债务的可持续性。

有人认为,中国的融资可能是一个发展机遇,但前提是各国政府必须进行明智投资。否则,中国不附加政策条件地提供贷款,可能会鼓励发展中国家政府无节制地消费,为未来的债务问题埋下隐患。

最后我想说,非盟《2063年议程》的有效实施将加强区域价值链,降低易受外部冲击的脆弱性。此外,在非洲大陆范围内实现非洲各经济体的全面一体化是达到发达国家水平的唯一途径。非盟委员会主席阁下充分强调了这一愿景,他说:"我们应该清醒地认识到,我们应该大胆地选择内向型而非外向型的创新

---

① 译者注:即中华人民共和国财政部发布的《"一带一路"债务可持续性分析框架》。

方法。让我们量入而出，量力而为，换句话说，让我们量力而行。"①

References：

—Justin Yifu Lin & Yang Wang, "New Structural Economics and International Aid and Cooperation：A Brief Review", October 23, 2019 (Updated February 2, 2020)

—Umar Muhammad Gumi, Yang Rong, Asiya Mu'agu, Chen Ding, "China-Africa Economic Ties：Where Agenda 2063 and Belt & Road Initiative Converged and Diverged?"

—Bhaso Ndgendge & David Monyae, "China's Belt & Road Initiative：Linkages with African Union Agenda 2063 in Historical Perspective"

—Piet Koniges, "China and Africa：Building a Strategic Partnership"

—AU *Agenda 2063*

—Global Times Newspaper

（2024 年 6 月 21 日，张忠祥教授［左］赴非盟驻北京使馆拜访奥斯曼大使［中］，博士生赵文杰陪同［右］）

---

① 25 May：African Liberation Day-Declaration by H.E. Moussa Faki Mahamat, Chairperson of the African Union Commission, https://au.int/en/pressreleases/20200525/25-may-african-liberation-day-declaration-he-moussa-faki-mahamat.

非洲联盟章程[①]

王康旭　译　赵文杰　校[②]

我们,非洲统一组织(非统组织)成员国的国家元首和政府首脑:

1. 阿尔及利亚人民民主共和国总统

2. 安哥拉共和国总统

3. 贝宁共和国总统

4. 博茨瓦纳共和国总统

5. 布基纳法索总统

6. 布隆迪共和国总统

7. 喀麦隆共和国总统

8. 佛得角共和国总统

9. 中非共和国总统

10. 乍得共和国总统

11. 科摩罗伊斯兰联邦共和国总统

12. 刚果共和国总统

13. 科特迪瓦共和国总统

14. 刚果民主共和国总统

15. 吉布提共和国总统

16. 阿拉伯埃及共和国总统

17. 厄立特里亚国总统

18. 埃塞俄比亚联邦民主共和国总理

[①] 《非洲联盟章程》(*Constitutive Act of the African Union*),是非盟的重要文献,其原文参见非盟网站, https://au.int/en。

[②] 王康旭,上海师范大学非洲研究中心博士生;赵文杰,上海师范大学非洲研究中心博士生。

19. 赤道几内亚共和国总统

20. 加蓬共和国总统

21. 冈比亚共和国总统

22. 加纳共和国总统

23. 几内亚共和国总统

24. 几内亚比绍共和国总统

25. 肯尼亚共和国总统

26. 莱索托总理

27. 利比里亚共和国总统

28. 大阿拉伯利比亚人民社会主义民众国九月一日革命领袖

29. 马达加斯加共和国总统

30. 马拉维共和国总统

31. 马里共和国总统

32. 毛里塔尼亚伊斯兰共和国总统

33. 毛里求斯共和国总理

34. 莫桑比克共和国总统

35. 纳米比亚共和国总统

36. 尼日尔共和国总统

37. 尼日利亚联邦共和国总统

38. 卢旺达共和国总统

39. 阿拉伯撒哈拉民主共和国总统

40. 圣多美和普林西比共和国总统

41. 塞内加尔共和国总统

42. 塞舌尔共和国总统

43. 塞拉利昂共和国总统

44. 索马里共和国总统

45. 南非共和国总统

46. 苏丹共和国总统

47. 斯威士兰国王

48. 坦桑尼亚联合共和国总统

49. 多哥共和国总统

50. 突尼斯共和国总统

51. 乌干达共和国总统

52. 赞比亚共和国总统

53. 津巴布韦共和国总统

在大陆组织(非洲统一组织)创始人和几代泛非主义者"决心促进非洲人民和非洲国家统一、团结、凝聚与合作"这一引导我们的崇高理想的鼓舞下；

审议《非洲统一组织宪章》和《建立非洲经济共同体条约》所阐述的原则和目标；

回顾各个国家和人民为政治独立、人格尊严和经济解放而进行的英勇斗争；

考虑非洲统一组织自成立以来在解放非洲大陆、确认共同身份认同和实现非洲大陆统一的进程中发挥的决定性作用，并为在非洲的集体行动及非洲与世界其他地区的关系提供的独特框架；

决心根据世界正在发生的社会、经济和政治变革，直面非洲大陆和各国人民面临的多方挑战；

深信必须加快执行《建立非洲经济共同体条约》的进程，以促进非洲的社会经济发展，更有效地面对全球化带来的挑战；

遵照我们建立一个团结和强大的非洲的共同愿景，在各国政府和民间社会各阶层，特别是在妇女、青年和私营部门之间建立其伙伴关系，以加强我们各国人民之间的团结和凝聚力；

意识到因冲突而发生的灾祸是非洲大陆社会经济发展的主要障碍，意识到必须促进和平、安全与稳定，并将其作为实施发展与一体化议程的先决条件；

决心推动、保护人权和民族权，巩固民主制度和文化，并确保良政和法治；

进一步决定，采取一切必要措施来强化我们共同的机构，并向这些机构提供必要的权力和资源，使其能有效履行职责；

回顾于1999年9月9日在大阿拉伯利比亚人民社会主义民众国举行的非统组织大会第四届特别首脑会议上通过的《锡尔特宣言》，根据《大陆组织宪章》和《建立非洲经济共同体条约》的最终目标，决定建立非洲联盟。

决议如下：

第一条　定义

在本章程当中：

"章程"(Act)指现行章程(Constitutive Act)；

"AEC"指非洲经济共同体；

"大会"(Assembly)指非洲联盟国家元首和政府首脑大会；

"宪章"(Charter)指《非统组织宪章》；

"委员会"(Commission)指非洲联盟秘书处；

"委员会"(Committee)指非洲联盟的专门技术委员会；

"理事会"(Council)指非洲联盟的经济、社会和文化理事会；

"法院"(Court)指非洲联盟的法院；

"执行委员会"(Executive Council)指非洲联盟部长执行委员会；

"成员国"(Member State)指非洲联盟成员国；

"OAU"指非洲统一组织；

"议会"(Parliament)指非洲联盟的泛非议会；

"联盟"(Union)指根据本宪章所建立的非洲联盟。

第二条　成立

根据该章程的条款,特此成立非洲联盟。

第三条　目标

非洲联盟的目标包括：

1. 实现非洲国家及非洲人民之间的进一步统一和团结；

2. 捍卫联盟成员国的主权、领土完整和独立；

3. 加快非洲大陆的政治与社会经济一体化进程；

4. 促进并维护在非洲大陆及其人民利益问题上的共同立场；

5. 鼓励国际合作,适当考虑《联合国宪章》和《世界人权宣言》；

6. 促进非洲大陆的和平、安全与稳定；

7. 促进民主原则和制度、大众参与度及良政；

8. 根据《非洲人权和民族权宪章》和其他相关人权文书,促进和保护人权和民族权；

9. 创造必要条件,使非洲大陆能在全球经济和国际谈判中发挥其应有作用；

10. 推动非洲经济、社会和文化层面的可持续发展以及非洲经济的一体化；

11. 推动与人类活动相关的各领域的合作,提高非洲人民的生活水平；

12. 统一和协调区域经济共同体当前及未来政策,以逐步实现联盟目标；

13. 通过推进各领域的研究,特别是科技研究,推动非洲大陆的发展；

14. 加强与相关国际伙伴合作,根除可预防性疾病,促进非洲人民的健康。

第四条　宗旨

非洲联盟应依据如下宗旨运行:

1. 联盟成员国之间主权平等、相互依存;

2. 尊重独立时的现有边界;

3. 非洲人民参与非洲联盟活动;

4. 制定非洲大陆共同防御政策;

5. 以大会决定的适当方式,和平解决联盟成员国之间的冲突;

6. 禁止本联盟成员国之间使用武力或威胁使用武力;

7. 任何成员国不干涉别国内政;

8. 成员国发生战争罪、种族屠杀或反人类罪等大规模人道主义危机时,联盟有权按照大会决议进行干预;

9. 成员国之间和平共处,成员国拥有和平与安全生活的权利;

10. 成员国有权要求联盟进行干预,以恢复和平与安全;

11. 在联盟框架内促进自力更生;

12. 促进性别平等;

13. 尊重民主原则、人权、法治和良政;

14. 促进社会公正,确保经济均衡发展;

15. 尊重人类生命的神圣性,谴责和反对政治暗杀、恐怖主义行为和颠覆活动;

16. 谴责、反对以非宪政方式更迭政权。

第五条　联盟组织机构

1. 本联盟的机构为:

(1) 联盟首脑大会(The Assembly of the Union);

(2) 执行委员会(The Executive Council);

(3) 泛非议会(The Pan-African Parliament);

(4) 非洲法院(The Court of Justice);

(5) 非盟委员会(The Commission);

(6) 常驻代表委员会(The Permanent Representatives Committee);

(7) 专门技术委员会(The Specialized Technical Committees);

(8) 经济、社会和文化理事会(The Economic,Social and Cultural Council);

（9）金融机构（The Financial Institutions）。

2. 大会可能决定设立的其他机关。

第六条　首脑会议

1. 首脑会议应由国家元首和政府首脑及其正式委派的代表组成。

2. 首脑会议是联盟的最高权力机关。

3. 首脑会议应至少每年举行一次例会。应任何成员国的请求并经三分之二多数成员国批准，可召开特别首脑会议。

4. 首脑会议主席一职由成员国协商选出的国家元首或政府首脑担任，任期不超过一年。

第七条　首脑会议决议

1. 首脑会议应协商一致作出决定，否则以本联盟成员国三分之二多数作出决定。但程序性事项，包括确定某一事项是否属于程序性事项，以简单多数决定。

2. 首脑会议任何会议的法定人数为联盟全体成员数的三分之二。

第八条　首脑会议议事规则

首脑会议应通过其自身议事规则。

第九条　首脑会议的权力与职能

1. 首脑会议的职能如下：

（1）决定非盟的共同政策；

（2）接受、审议并就联盟其他机构的报告和建议作出决定；

（3）审议加入非盟的请求；

（4）建立非盟的任何机构；

（5）监督非盟政策与决定的执行情况，确保所有成员国遵守；

（6）通过非盟预算；

（7）就冲突、战争、其他紧急情况的管理及维和向执行理事会发出指示；

（8）决定和终止对非洲法院法官的任命；

（9）任命非盟委员会主席、副主席和委员，确定其职能和任期。

2. 首脑会议可将其任何权力和职能授予非盟的任何机关。

第十条　执行理事会

1. 执行理事会应由外长或成员国政府指定的其他部长或权威人士组成。

2. 执行理事会应每年至少举行两次例会。在任何成员国的要求下，经三分之二成员国批准，可举行特别会议。

第十一条　执行理事会的决议

1. 执行理事会协商一致作出决定,否则应以成员国三分之二多数作出决定。但程序性事项,包括确认某一事项是否属于程序性事项,以简单多数决定。

2. 执行理事会任何会议的法定人数为非盟全体成员数的三分之二。

第十二条　执行理事会程序规则

执行理事会应通过其自身议事规则。

第十三条　执行理事会职能

1. 执行理事会应就成员国共同关心领域的政策进行协调和决策。包括以下内容:

对外贸易;

能源、工业和矿产资源;

粮食、农业和动物资源、畜牧业生产和林业;

水资源和灌溉;

环境保护、人道主义行动和救灾赈灾;

交通运输和通信;

保险;

教育、文化、卫生和人力资源开发;

科学技术;

国籍、居留权和移民事务;

社会保障,包括制定母亲和儿童保育政策及与残疾人和伤残人士相关的政策;

建立非洲奖项、奖章和奖金制度。

2. 执行理事会应对首脑会议负责,应审议所提交的问题,并监督大会所制定政策的执行情况。

3. 执行理事会可将本条第 1 款所述的任何权力和职能委托予根据本法第 14 条设立的专门技术委员会。

第十四条　专门技术委员会的设立与组成

1. 兹设立以下专门技术委员会,对执行理事会负责:

(1) 农村经济和农业事务委员会;

(2) 货币和金融事务委员会;

（3）贸易、海关和移民事务委员会；

（4）工业、科技、能源、自然资源和环境委员会；

（5）运输、交通和旅游委员会；

（6）卫生、劳工和社会事务委员会；

（7）教育、文化和人力资源委员会。

2. 首脑会议应适时改组现有委员会或设立其他委员会。

3. 专门技术委员会应由负责各自专业领域相关部门的部长或高级官员组成。

第十五条　专业技术委员会的职能

各委员会应在其职权范围内：

1. 编制非盟的项目和方案，并提交执行理事会；

2. 确保对非盟各机构所作决定执行情况的监督、跟踪和评估；

3. 确保非盟项目和计划的协调与统一；

4. 主动或按照执行委员会的要求，向执行委员会提交关于本章程条款执行情况的报告和建议；

5. 履行为确保本章程条款实施而交由的任何其他任务。

第十六条　会议

根据执行理事会的任何指示，各委员会应在必要时举行会议，并编制议事规则，提交执行理事会批准。

第十七条　泛非议会

1. 为确保非洲人民充分参与本大陆的发展和经济一体化，应设立泛非议会。

2. 泛非议会的组成、权力、职能和组织应在相关议定书中予以界定。

第十八条　非洲法院

1. 应设立一个联盟法院；

2. 法院的规约、组成和职能应在相关议定书中加以界定。

第十九条　金融机构

本联盟应具有以下金融机构，其条例和章程应在相关协议中予以界定：

1. 非洲中央银行；

2. 非洲货币基金组织；

3. 非洲投资银行。

第二十条　非洲联盟委员会

1. 应设立一个非洲联盟委员会(非盟委员会),作为非盟秘书处。

2. 委员会由主席、一名或多名副手和委员组成。委员会应得到必要的工作人员的协助,以确保其顺利运作。

3. 委员会的结构、职能和规章应由大会决定。

第二十一条　常驻代表委员会

1. 应设立一个常驻代表委员会。委员会由联盟常驻代表和其他成员国全权代表组成。

2. 常驻代表委员会负责筹备执行理事会的工作,并按执行理事会指示行事。该委员会可设立其认为必要的小组委员会或工作组。

第二十二条　经济、社会、文化理事会

1. 经济、社会和文化理事会为咨询机构,由来自非盟各成员国的不同社会团体和专业团体组成。

2. 经济、社会和文化理事会的职权、构成和机构由大会决定。

第二十三条　实施制裁

1. 首脑会议应决定对任何拖欠本联盟预算会费的成员国实施适当制裁,具体方式如下:剥夺在会议上发言、投票、提名本联盟任何职位候选人、在非盟内担任职务,或从非盟的任何活动或微会员中获益的权利。

2. 此外,任何不遵守非盟决定和政策的成员国都可能受到其他制裁,如被拒绝与其他成员国建立交通和通信联系,以及大会决定的其他政治和经济措施。

第二十四条　非盟总部

1. 非盟总部设在埃塞俄比亚联邦民主共和国的亚的斯亚贝巴。

2. 首脑会议可根据执行理事会的建议,决定设立非盟的其他办事处。

第二十五条　工作语言

非洲联盟及其所有机构的工作语言应尽可能为非洲语言、阿拉伯语、英语、法语和葡萄牙语。

第二十六条　解释

非洲法院应处理因本法的适用或实施而产生的解释问题。在法院成立之前,此类问题应提交非盟首脑会议,由大会以三分之二多数决定。

第二十七条　签署、批准和加入

1. 本章程应开放给非统组织成员国根据各自宪法程序签署、批准和加入。

2. 批准书应提交非统组织秘书长。

3. 任何在本章程生效后加入本章程的非统组织成员国应将加入书交存非盟委员会主席。

第二十八条　生效

本章程应在非统组织三分之二成员国交存批准书后三十天生效。

第二十九条　成员资格承认

1. 在本章程生效后,任何非洲国家均可将加入本章程并希望被接纳为非盟成员的意向随时通知非盟委员会主席。

2. 委员会主席应在收到通知后将其副本传达给所有成员国。应以成员国简单多数决定是否接纳。各成员国的决定应传达给非盟委员会主席。在收到所需票数后,非盟委员会主席应将决定告知相关国家。

第三十条　暂停活动

通过违宪手段上台的政府不得参与联盟活动。

第三十一条　会员资格终止

1. 任何希望放弃其成员资格的国家应向非盟委员会主席递交书面通知。非盟委员会主席应将此情况通知各成员国。自通知之日起一年内如未撤回,则本章程将不再适用于放弃国,该国将不再属于非盟。

2. 在本条第一款规定所述的一年期内,任何希望退出非盟的成员国应遵守本章程规定,并有义务在退出之日前履行其在本章程内的义务。

第三十二条　修正与修订

1. 任何成员国均可就修正或修订本章程递交提案。

2. 修正或修订提案应提交给委员会主席,非盟委员会主席应在收到提案后三十天内将其传达给各成员国。

3. 首脑会议应根据执行理事会的建议,根据本条第二款的规定,在通知成员国后一年内审议这些提案。

4. 修正案或修订案应由首脑会议协商一致通过,否则以三分之二多数通过,并由所有成员国根据各自宪法程序提交批准。批准书应在三分之二多数成员国向非盟委员会主席交存批准书后三十天生效。

第三十三条　过渡性安排和最终条款

1. 本章程应取代《非洲统一组织宪章》。但是,《非洲统一组织宪章》继续在本章程生效后的一年过渡期或首脑会议可能确定的更长时期内有效,以使非统组织/非洲经济共同体能采取必要措施,将其资产和负债移转交于联盟,并处理一切相关事务。

2. 该章程条款应优先于并取代《建立非洲经济共同体条约》中任何与其不一致或相悖的条款。

3. 本章程生效后,应采取一切必要措施执行其条款,并确保在上述过渡期内,根据缔约方可能就相关方面通过的任何指示或决定,建立本章程规定的机构。

4. 在非盟委员会成立之前,非统组织总秘书处将作为非盟临时秘书处。

5. 本章程以阿拉伯文、英文、法文和葡萄牙文起草四种原始文本,四份文本均具同等效力,应交存非统组织秘书长,并在本章程生效后交存非盟委员会主席。非盟委员会主席向各签署国政府转交一份经核证无误的本章程副本。非统组织秘书长和非盟委员会主席应将交存批准书或加入书的日期通知所有签署国,并应在本章程生效后向联合国秘书处登记。

我们已正式通过本章程,以昭信守。

2000 年 7 月 11 日制定于多哥洛美。

建立非洲大陆自由贸易区协定[①]

鲁亚敏　译　赵文杰　校[②]

序言

我们,非洲联盟成员国:

渴望执行 2012 年 1 月 29 日至 30 日在埃塞俄比亚亚的斯亚贝巴举行的国家元首和政府首脑会议第十八届常会(Assembly/AU/Dec. 394[XVIII])通过的关于《快速推进建立非洲大陆自由贸易区的框架、路线图与架构》以及《促进非洲内部贸易行动计划》的决议;

认识到 2015 年 6 月 14 日至 15 日在南非约翰内斯堡举行的非洲联盟国家元首和政府首脑大会第二十五届常会(Assembly/AU/Dec. 569[XXV])期间所启动的关于建立非洲大陆自由贸易区的谈判,其旨在根据《阿布贾条约》(Abuja Treaty)阐明的目标和原则对非洲市场进行整合;

决心加强我们的经济关系,并且在 2000 年《非洲联盟章程》(Constitutive Act of the African Union)、《阿布贾条约》和 1994 年《建立世界贸易组织的马拉喀什协定》(Marrakesh Agreement Establishing the World Trade Organization)(如适用)规定的各自权利和义务的基础上再接再厉;

重视《2063 年议程》中关于建立一个人员、资本、货物和服务自由流动的大陆市场的愿望,这对于深化经济一体化,促进农业发展、粮食安全、工业化和经济结构转型至关重要;

意识到有必要通过充足的基础设施、降低或逐步取消关税以及消除对贸易

---

① 《建立非洲大陆自由贸易区协定》(Agreement Establishing the African continental Free Trde Area),是非洲一体化的重要文件,其原文参见非盟网站,https://au.int/en。

② 鲁亚敏,上海师范大学非洲研究中心博士生;赵文杰,上海师范大学非洲研究中心博士生。

和投资的非关税壁垒,为缔约国的货物和服务创造一个扩大和安全的市场;

同样,还意识到有必要制定明确、透明、可预测和互利的规则,以管理缔约国之间的货物和服务贸易,竞争政策、投资和知识产权,解决多重和重叠的贸易制度带来的挑战,实现政策的协调一致,包括与第三方的关系;

认可国际安全、民主、人权、性别平等以及法治在促进国际贸易和经济合作方面具有重要作用;

重申缔约国有权在其领土内进行管理,缔约国可以灵活地实现公共卫生、安全、环境、公共道德以及促进与保护文化多样性等领域的合法政策目标;

进一步重申,我们在作为缔约方的其他协定中彼此的现有权利和义务;以及

承认各区域经济共同体(RECs)自由贸易区是建立非洲大陆自由贸易区(AfCFTA)的基石。

兹协议如下:

第一部分　定义

第1条　定义

就本协定而言,

1.《阿布贾条约》指1991年《建立非洲经济共同体条约》;

2.《协定》指《建立非洲大陆自由贸易区协定》及其议定书、附件和附录,它们是本协定的组成部分;

3. 附件指构成本协定组成部分的议定书的所附文书;

4. 附录指构成本协定组成部分的附件的所附文书;

5. 首脑会议指非洲联盟国家元首和政府首脑会议;

6. "AU"指非洲联盟;

7. "AfCFTA"指非洲大陆自由贸易区;

8. 委员会指非洲联盟委员会;

9. 章程指2000年《非洲联盟章程》;

10. 大陆关税同盟指根据1991年《建立非洲经济共同体条约》的规定,通过采用共同对外关税的方式在大陆层面建立的关税同盟;

11. 部长理事会指非洲缔约国由负责贸易的部长组成的部长理事会;

12. 争端解决机构指为执行《关于争端解决规则与程序的议定书》的规定而

设立的机构,但本协定另有规定的除外;

13. 执行理事会指由非洲联盟部长们组成的执行理事会;

14. "GATS"指1994年世界贸易组织《服务贸易总协定》;

15. "GATT"指1994年世界贸易组织《关税与贸易总协定》;

16. 文书除非本协定另有规定,否则"文书"指议定书、附件或附录;

17. 成员国指非洲联盟成员国;

18. 非关税壁垒指通过征收关税以外的机制阻碍贸易的壁垒;

19. 议定书指构成本协定组成部分的协定的所附文书;

20. 区域经济共同体指非洲联盟承认的区域经济共同体,即阿拉伯马格里布联盟(UMA),东部和南部非洲共同市场(COMESA),萨赫勒-撒哈拉国家共同体(CEN-SAD),东非共同体(EAC),中部非洲国家经济共同体(ECCAS),西非国家经济共同体(ECOWAS),政府间发展组织(IGAD)和南部非洲发展共同体(SADC);

21. 秘书处指根据本协定第13条设立的秘书处;

22. 缔约国指已批准或加入本协定,且本协定对其生效的成员国;

23. 第三方指非本协定缔约方的一个或多个国家,但本协定另有规定的除外;以及

24. 世贸组织指根据1994年《建立世界贸易组织的马拉喀什协定》建立的世界贸易组织。

第二部分　机构、目标、原则和范围

第2条　建立非洲大陆自由贸易区

兹建立非洲大陆自由贸易区(英文文本中以下简称"AfCFTA")。

第3条　总体目标

非洲大陆自由贸易区的总体目标是:

1. 根据《2063年议程》提出的"一体化、繁荣与和平的非洲"的泛非愿景,建立一个由人员流动促进的货物和服务单一市场,以深化非洲大陆的经济一体化;

2. 通过连续数轮谈判,建立自由化的货物和服务市场;

3. 促进资本和自然人的流动,并在缔约国和区域经济共同体的倡议和发展的基础上促进投资;

4. 为以后建立大陆关税同盟奠定基础;

5. 促进并实现缔约国的可持续和包容性社会经济发展、性别平等和结构转型;

6. 提高缔约国经济体在非洲大陆和全球市场上的竞争力;

7. 通过多样化、区域价值链发展、农业发展和粮食安全来促进工业发展;

8. 解决多重和重叠成员国的挑战,加快区域和大陆一体化进程。

第4条 具体目标

为完成和实现第 3 条规定的目标,缔约国应:

1. 逐步消除货物贸易的关税和非关税壁垒;

2. 逐步实现服务贸易自由化;

3. 在投资、知识产权和竞争政策方面进行合作;

4. 在所有与贸易有关的领域进行合作;

5. 在海关事务和执行贸易便利化措施方面进行合作;

6. 建立一种解决与其权利和义务有关的争端的机制;以及

7. 建立并维护一个执行和管理非洲大陆自由贸易区的体制框架。

第5条 原则

非洲大陆自由贸易区应遵循以下原则:

1. 由非洲联盟成员国推动;

2. 将区域经济共同体自由贸易区作为建立非洲大陆自由贸易区的基石;

3. 可变的几何型结构;

4. 灵活性以及特殊与差别待遇;

5. 信息的透明化与公开化;

6. 维护既得成果;

7. 最惠国待遇;

8. 国民待遇;

9. 互惠;

10. 大幅度自由化;

11. 决策方面保持一致;以及

12. 区域经济共同体、缔约国和对非洲联盟有约束力的国际公约中的最佳做法。

第6条 适用范围

本协定应涵盖货物贸易、服务贸易、投资、知识产权和竞争政策。

第 7 条　第二阶段谈判

1. 为实现本协定的目标,成员国应在下列领域进行第二阶段谈判:

(1) 知识产权;

(2) 投资;以及

(3) 竞争政策。

2. 本条第 1 款所指的谈判应在首脑会议通过本协定后开始,并应通过连续数轮进行。

第 8 条　议定书、附件和附录的地位

1.《货物贸易议定书》《服务贸易议定书》《投资议定书》《知识产权议定书》《竞争政策议定书》《关于争端解决规则与程序的议定书》及其相关附件和附录一经通过,即构成本协定的组成部分。

2.《货物贸易议定书》《服务贸易议定书》《投资议定书》《知识产权议定书》《竞争政策议定书》《关于争端解决规则与程序的议定书》及其相关附件和附录应构成单一项目的一部分,但以生效为准。

3. 在本协定范围内被视为必要的任何附加文书,均应为促进非洲大陆自由贸易区的目标而缔结,并在通过后构成本协定的组成部分。

第三部分　管理和组织

第 9 条　执行非洲大陆自由贸易区的体制框架

执行、管理、促进、监督和评估非洲大陆自由贸易区的体制框架应包含以下内容:

1. 首脑会议;

2. 部长理事会;

3. 高级贸易官员委员会;以及

4. 秘书处。

第 10 条　首脑会议

1. 首脑会议,作为非洲联盟的最高决策机构,应对非洲大陆自由贸易区,包括对《促进非洲内部贸易行动计划》(BIAT)提供监督和战略指导。

2. 首脑会议有权根据部长理事会的建议通过对本协定的解释。通过解释的决议应以协商一致方式作出。

第 11 条　部长理事会的组成和职能

1. 兹设立部长理事会,由缔约国负责贸易的部长或缔约国正式指定的其他部长、专家或官员组成。

2. 部长理事会应通过执行理事会向首脑会议报告。

3. 部长理事会应在其职权范围内:

(1) 依照本协定作出决议;

(2) 确保本协定的有效执行及实施;

(3) 采取必要措施,以推动本协定和与非洲自由贸易区有关的其他文书的目标的实现;

(4) 与非洲联盟的有关机关和机构合作;

(5) 推动适当的政策、战略和措施的协调一致,以便有效执行本协定;

(6) 设立特设或常设委员会、工作组或专家组,并授予它们相应职责;

(7) 制定其议事规则和为执行非洲自由贸易区而设立的附属机构的议事规则,并提交执行理事会批准;对根据本协定所可能设立的所有委员会和工作组的工作进行监督;

(8) 对根据本协定所可能设立的所有委员会和工作组的工作进行监督;

(9) 审议秘书处的报告和活动,并采取适当行动;

(10) 依照本协定的有关规定制定条例、发布指令并提出建议;

(11) 审议并提议首脑会议通过秘书处的工作人员条例和财务条例;

(12) 审议秘书处的组织结构,并通过执行理事会提交首脑会议通过;

(13) 批准非洲大陆自由贸易区及其机构的工作方案;

(14) 审议非洲大陆自由贸易区及其机构的预算,并通过执行理事会提交首脑会议;

(15) 提议首脑会议通过对本协定的权威性解释;以及

(16) 履行与本协定一致或首脑会议可能要求的任何其他职能。

4. 部长理事会应每年举行两次常会,必要时可举行特别会议。

5. 部长理事会在其职权范围内作出的决议对缔约国具有约束力。在法律、结构或财政方面具有影响的决议一经首脑会议通过,即对缔约国具有约束力。

6. 缔约国应当采取必要措施以执行部长理事会的决议。

第 12 条　高级贸易官员委员会

1. 高级贸易官员委员会应由各缔约国指定的常任秘书、首席秘书或其他官员组成。

2. 高级贸易官员委员会应：

(1) 根据指示执行部长理事会的决议；

(2) 负责制定实施本协定的方案和行动计划；

(3) 监督并不断审查非洲自由贸易区，确保其按照本协定的规定正常运作和发展；

(4) 根据需要设立委员会或其他工作组；

(5) 监督本协定各项规定的执行情况，并可为此目的要求技术委员会调查任何特定事项；

(6) 指示秘书处承担具体任务；以及

(7) 履行与本协定一致或部长理事会可能要求的任何其他职能。

3. 根据部长理事会的指示，高级贸易官员委员会应每年至少举行两次会议，并应按照部长理事会通过的议事规则运作。

4. 高级贸易官员委员会应在其每次会议后向部长理事会提交报告，包括相关建议。

5. 区域经济共同体应派代表以顾问身份参加高级贸易官员委员会。

第 13 条　秘书处

1. 首脑会议应设立秘书处，决定其性质、地点并批准其结构和预算；

2. 非洲联盟委员会应作为临时秘书处，直到秘书处实现全面运作为止；

3. 秘书处应是非洲联盟系统内的职能自主机构，具有独立法人资格；

4. 秘书处应独立于非洲联盟委员会；

5. 秘书处的资金应来自非洲联盟的年度总预算；

6. 秘书处的作用和职责应由贸易部长理事会决定。

第 14 条　决策

1. 非洲大陆自由贸易区有关机构①就实质性问题的决议应以协商一致的方式作出。

2. 尽管有第 1 款的规定，高级贸易官员委员会应将其未能达成协商一致的事项提交部长理事会审议。倘若部长理事会无法达成协商一致意见，应将事项提交首脑会议。

3. 关于程序问题的决议应由有表决权的缔约国以简单多数作出。

---

① 首脑会议、部长理事会和高级贸易官员委员会。

4. 关于某一问题是否属于程序问题,也应由有表决权的缔约国以简单多数的方式决定。

5. 有表决权的缔约国弃权不妨碍决议的通过。

第 15 条　义务免除

1. 在特殊情况下,经某一缔约国请求,部长理事会可免除本协定对某一缔约国施加的义务,但在未能达成协商一致的情况下,任何此类决定须由四分之三①的缔约国作出。

2. 某一缔约国就本协定提出的义务免除请求应提交部长理事会,由其根据协商一致的决策惯例进行审议。部长理事会应确定审议这一请求的期限,但不得超过九十(90)天。如果在此期间未能达成协商一致,则准予义务免除的任何决定应由四分之三的缔约国作出。

3. 部长理事会准予义务免除的决定应说明决定所依据的特殊情况、适用义务免除的条款和条件以及义务免除终止的日期。任何超过一(1)年的义务免除,部长理事会应在不迟于准予义务免除后的一(1)年内进行审查,此后每年审查一次,直至免除终止。在每次审查中,部长理事会应审查证明义务免除合理的特殊情况是否仍然存在,义务免除的条款和条件是否得到满足。部长理事会可在年度审查的基础上延长、修改或终止义务免除。

第四部分　透明度

第 16 条　出版

1. 各缔约国应及时公布或通过可获取的媒介②向公众公布其普遍适用的法律、法规、程序和行政裁决,以及根据国际协定作出的,与本协定所涵盖的任何贸易事项有关的任何其他承诺。

2. 本协定的条款不得要求任何缔约国披露会妨碍执法或以其他方式违反公共利益或会损害某些公私企业的合法商业利益的机密信息。

第 17 条　通知

1. 在本协定生效后通过的法律、法规、程序和普遍适用的行政裁决,以及根

---

① 对于在过渡期或分阶段履行期内,提出请求的缔约国在相关期限结束时尚未履行的任何义务,只有在协商一致的情况下才能作出准予免除的决定。

② "例如,利用非洲联盟的某种官方语言通过政府公报、时事通讯、议事录或网站予以公布。"

据国际协定作出的,与本协定所涵盖的任何贸易事项有关的任何其他承诺,应由缔约国以非洲联盟的一(1)种工作语言通过秘书处通知其他缔约国。

2. 各缔约国应根据本协定的规定,通过秘书处将其认为可能对本协定的实施产生重大影响或以其他方式对本协定规定的另一缔约国的利益产生重大影响的任何实际措施或拟议措施通知其他缔约国。

3. 应另一缔约国的请求,缔约国应通过秘书处及时提供与实际措施或拟议措施有关的信息并答复有关问题,无论另一缔约国以前是否收到过关于该措施的通知。

4. 根据本条提供的任何通知或信息不影响该措施是否符合本协定。

第五部分　大陆优惠

第18条　大陆优惠

1. 本协定生效后,各缔约国在执行本协定时,应在互惠基础上相互给予不低于第三方的优惠。

2. 缔约国应给予其他缔约国就本协定生效前给予第三方的优惠进行谈判的机会,此种优惠应以互惠为基础。如一缔约国希望获得本款的优惠,该缔约国应给予其他缔约国在互惠基础上进行谈判的机会,并考虑到各缔约国的发展水平。

3. 本协定不得取消、修改或废除缔约国与第三方业已存在的贸易协定规定的权利和义务。

第19条　与区域协定的冲突和不一致

1. 如果本协定与任何区域协定发生冲突或不一致,除本协定另有规定外,在具体不一致之处以本协定为准。

2. 尽管有本条第1款的规定,属于其他区域经济共同体、区域贸易安排和关税同盟成员的缔约国,如果其相互之间达到的区域一体化水平高于本协定规定的水平,则应在相互之间保持这种较高的水平。

第六部分　争端解决

第20条　争端解决

1. 兹建立争端解决机制,该机制适用于解决缔约国之间出现的争端。

2. 争端解决机制应根据《关于争端解决规则与程序的议定书》进行管理。

3. 在《关于争端解决规则与程序的议定书》之外,应设立一个争端解决机构。

第七部分 最后条款

第 21 条 例外情况

除本协定议定书另有规定外,否则对本协定任何条款的解释,不得有损于与非洲大陆自由贸易区的建立和可持续相关的其他文书中所载的原则与价值观。

第 22 条 通过、签署、批准和加入

1. 本协定应由首脑会议通过。

2. 本协定应开放供成员国根据其各自的宪法程序签署、批准和加入。

第 23 条 生效

1. 本协定及《货物贸易议定书》《服务贸易议定书》和《关于争端解决规则与程序的议定书》应在第二十二份批准书交存后三十天生效。

2.《投资议定书》《知识产权议定书》《竞争政策议定书》以及本协定范围内认为必要的任何其他文书,应在第二十二份批准书交存后三十天生效。

3. 对于加入本协定的任何成员国,《货物贸易议定书》《服务贸易议定书》和《关于争端解决规则与程序的议定书》应在其交存加入书之日对该缔约国生效。

4. 对于加入《投资议定书》《知识产权议定书》《竞争政策议定书》以及本协定范围内认为必要的任何其他文书的成员国,相关协定应在其交存加入书之日生效。

5. 文书保存方应就本协定及其附件的生效通知所有成员国。

第 24 条 保存方

1. 本协定的保存方应为非洲联盟委员会主席。

2. 本协定应交存保存方,保存方应将本协定经核证无误的副本送交各成员国。

3. 成员国应向保存方交存批准书或加入书。

4. 保存方应将批准书或加入书的交存通知各成员国。

第 25 条 保留

对本协定不得作任何保留。

第 26 条 登记和通知

1. 保存方应在本协定生效后,根据《联合国宪章》第一百零二条之规定,向

联合国秘书长登记本协定。

2. 缔约国应在适用的情况下将本协定单独或集体通知世界贸易组织。

第 27 条　退出

1. 某一缔约国可在本协定对其生效五年后,通过保存方向各缔约国发出退出本协定的书面通知。

2. 退出应在保存方收到通知后两年内生效,或在通知中规定的较晚日期生效。

3. 退出不影响缔约国在退出前的任何未决权利和义务。

第 28 条　审查

1. 为确保协定的有效性,实现更深层次的一体化,并适应不断变化的区域和国际发展,本协定应在其生效后每五年由缔约国进行一次审查。

2. 在审议程序结束后,缔约国可根据本协定第 29 条的规定,结合本协定在执行过程中取得的经验和进展,提出修改建议。

第 29 条　修正

1. 任何缔约国均可向保存方提交修正本协定的提案。

2. 保存方应在收到提案后三十天内将提案分发给各缔约国和秘书处。

3. 希望对提案发表评论的缔约国可在分发之日起六十天内发表评论,并将评论提交给保存方和秘书处。

4. 秘书处应将收到的提案和评论分发给与之相关的非洲大陆自由贸易区委员会和小组委员会成员,供其审议。

5. 各相关委员会和小组委员会应通过秘书处向部长理事会提出建议,供其审议,随后可通过执行理事会向首脑会议提出建议。

6. 对本协定的修正案应由首脑会议通过。

7. 对本协定的修正案应根据本协定第 23 条生效。

第 30 条　真实文本

本协定由阿拉伯文、英文、法文和葡萄牙文四种文字拟定,所有文本具有同等效力。

货物贸易议定书[①]

鲁亚敏 译 陶陶 校[②]

序言

我们非洲联盟成员国，

愿意执行 2012 年 1 月 29 日至 30 日在埃塞俄比亚首都亚的斯亚贝巴举行的国家元首和政府首脑会议第十八届常会通过的，关于《加快建立非洲大陆自由贸易区的框架、路线图与架构》以及《促进非洲内部贸易行动计划》(Assembly/AU/Dec.394[XVIII])的相关决定；

我们认识到，2015 年 6 月 14 日至 15 日在南非约翰内斯堡举行的非洲联盟国家元首和政府首脑大会第二十五届常会期间所启动的关于建立大陆自由贸易区的谈判，其旨在根据《阿布贾条约》(Abuja Treaty)阐明的目标和原则来整合非洲市场(Assembly/AU/Dec.569[XXV])；

我们决心采取必要措施，降低经商成本，创造有利于私营部门发展的环境，从而推动非洲大陆内部贸易的发展；

我们决心通过利用规模经济、进入大陆市场准入以及对资源有效配置的机会，提高我们在工业和企业层面的竞争力；

我们相信全面的《货物贸易议定书》将深化经济效率和联系，改善社会福利，逐步消除贸易壁垒，增加贸易和投资，为缔约国企业实现规模经济创造更多机会；

我们致力于通过协调、统筹整个非洲的贸易自由化和贸易便利化措施的施行，以及在高质量基础设施、科技、贸易相关措施的制定和实施等领域进行合作，

---

① 《货物贸易议定书》(Protocol on Trade in Goods)，是《建立非洲大陆自由贸易区协定》子文件，其原文参见非盟网站，https://au.int/en。

② 鲁亚敏，上海师范大学非洲研究中心博士生；陶陶，上海海事大学外语学院讲师，博士。

从而扩大非洲内部贸易;以及

我们认识到各缔约国的发展水平不同,有必要向有特殊需要的缔约国提供灵活性、特殊和差别待遇以及技术援助。

兹协议如下:

第一部分 定义、目标和适用范围

第 1 条 定义

就本议定书而言,下列定义应适用:

1. 反倾销协定是指世界贸易组织《关于执行 1994 年关税与贸易总协定第六条的协定》;

2. 委员会是指根据本议定书第 31 条设立的货物贸易委员会;

3. 关税是指对货物进出口征收的或与货物进出口有关的任何种类的关税或费用,包括对此类进出口征收的或与之有关的任何形式的附加税或附加费;

4. 协调制度指《商品名称及编码协调制度国际公约》所建立的商品名称及编码协调制度;

5. 非关税壁垒是指通过征收关税以外的机制阻碍贸易的壁垒;

6. 原产地商品是指根据附件 2(原产地规则)所列的原产地规则,符合原产产品资格的货物;

7. 优惠贸易安排是指一缔约国对来自另一缔约国或第三方的进口给予优惠的任何贸易安排,包括以豁免方式给予的非互惠优惠方案;

8. 保障措施协定指世贸组织《保障措施协定》;

9. 关税减让表指各缔约国经谈判达成的具体关税减让和承诺清单,其透明地列举了在非洲大陆自由贸易区下进口货物的条款、条件和资格;

10. "TBT"(技术性贸易壁垒)是指技术性贸易壁垒;以及

11. 技术性贸易壁垒协定指世界贸易组织的《技术性贸易壁垒协定》。

第 2 条 目标

1. 本议定书的主要目标是根据《协定》第三条,建立一个货物贸易自由市场。

2. 本议定书的具体目标是通过以下方式促进非洲内部的货物贸易:

(1) 逐步取消关税;

(2) 逐步取消非关税壁垒;

（3）提升海关程序、贸易便利化和过境方面的效率；

（4）加强在技术性贸易壁垒以及卫生和植物检疫措施领域的合作；

（5）发展和促进区域和大陆价值链；

（6）促进整个非洲的社会经济发展、多样化和工业化。

第 3 条 适用范围

1. 本议定书的规定应适用于缔约国之间的货物贸易。

2. 附件 1（关税减让表），附件 2（原产地规则），附件 3（海关合作和行政互助），附件 4（关于贸易便利化的规定），附件 5（非关税壁垒），附件 6（技术性贸易壁垒），附件 7（卫生与植物检疫措施），附件 8（关于过境），附件 9（贸易救济）。上述附件一经通过即构成本议定书的组成部分。

第二部分 非歧视

第 4 条 最惠国待遇

1. 缔约国应根据《协定》第 18 条相互给予最惠国待遇。

2. 本议定书的任何规定均不妨碍缔约国与第三方缔结或维持优惠贸易安排，但此类贸易安排不得妨碍、破坏本议定书的目标，且在这种安排下给予第三方的任何利益、优惠或特权应在互惠基础上扩大至其他缔约国。

3. 本议定书的任何规定均不得妨碍两个或两个以上缔约国为实现本议定书的目标而相互给予优惠，但此种优惠应在互惠基础上扩大至其他缔约国。

4. 尽管有本条第 2 款和第 3 款的规定，但一缔约国没有义务在《协定》生效前将给予其他缔约国或第三方的贸易优惠给予另一缔约国。一缔约国应在考虑到各缔约国发展水平的情况下向其他缔约国提供机会，使其他缔约国能够在互惠基础上就该缔约国给予的优惠进行谈判。

第 5 条 国民待遇

在进口产品通过海关后，一缔约国对从其他缔约国进口的产品所给予的待遇不得低于原产于本国的同类产品的待遇。此类待遇应当涵盖根据 1994 年《关税与贸易总协定》第 3 条影响此类产品销售和销售条件的所有措施。

第 6 条 特殊与差别待遇

为符合非洲大陆自由贸易区"确保全面、互利的商品贸易"之目标，缔约国应向处于不同经济发展水平，或具有其他缔约国承认的个别特殊性的其他缔约国提供灵活性政策。这些灵活性政策应包括：在实施本协定时，根据具体情况给予特殊考虑和额外的过渡期。

第三部分　贸易自由化

第7条　进口税

1. 各缔约国应按照本议定书附件1所记录的各缔约国的关税减让表，逐步取消对原产于任何其他缔约国领土的货物所征收的进口税，以及与进口税具有同等效力的费用。

2. 对于实行自由化的产品，除本议定书另有规定外，各缔约国不得对原产于任何其他缔约国领土的货物征收任何新的进口关税或具有同等效力的费用。

3. 进口关税应包括对"从任何缔约国发往另一缔约国收货人的进口货物"所征收的关税，或与之有关的任何种类的关税或费用，包括任何形式的附加税或附加费，但不包括：

（1）根据1994年《关税与贸易总协定》第三条第（2）款及其解释性说明，对缔约国同类或具有直接竞争性或可替代的货物，或对全部或部分制造或生产进口货物的商品所征收的与国内税相当的费用；

（2）根据1994年《关税与贸易总协定》第6条和16条、世贸组织《补贴与反补贴措施协定》和本议定书第17条所征收的反倾销税或反补贴税；

（3）根据1994年《关税与贸易总协定》第19条、世贸组织《保障措施协定》和本议定书第18条和第19条，就保障措施征收的关税或征税；以及

（4）依照1994年《关税与贸易总协定》第8条规定所征收的其他费用或收费。

第8条　关税减让表

1. 各缔约国应根据本议定书附件1中所载的关税减让表，按照已经采用的关税模式对来自其他缔约国的进口产品实行优惠关税。《关税减让表》、已采用的关税模式以及与尚待谈判和通过的关税模式相关的待完成工作，应为本议定书的组成部分。

2. 虽有本议定书的规定，如果作为其他区域经济合作组织成员的缔约国彼此间能在消除关税和贸易壁垒方面达到比本议定书所规定的、更高层次的水平，则应保持这种更高水平的贸易自由化，并在可能的情况下加以提高。

第 9 条　全面取消数量限制

除本议定书、其附件和 1994 年《关税与贸易总协定》第 11 条及其他世贸组织相关协定另有规定的情况外,各缔约国不得对来自其他缔约国的进口、向其他缔约国的出口进行数量上的限制。

第 10 条　出口关税

1. 对原产于自身领土的货物,缔约国可征收出口关税或具有同等效力的费用。

2. 本条规定,对货物出口或对与之相关行动所征收的任何出口税与税收,应在非歧视的基础上,适用于出口到所有目的地的货物。

3. 缔约国根据本条第 2 款对出口货物所征收出口关税或其他税收,应在征收上述出口关税或其他税收之日起九十(90)天内通知秘书处。

第 11 条　《关税减让表》的修改

1. 在特殊情况下,各缔约国可请求修改其《关税减让表》。

2. 在此类特殊情况下,缔约国(以下简称"请求修改的缔约国")应向秘书处提出书面请求,并为提出此类请求的特殊状况提供相应证明。

3. 秘书处收到请求后,应立即将请求分发给所有缔约国。

4. 如果缔约国认为对修改后的缔约国的关税表有实质利害关系的(以下简称"具有实质利害关系的缔约国"),则应在三十(30)天内通过秘书处以书面形式向请求修改的缔约国进行通报,并附上相关证据。秘书处应立即将所有这类请求分发给所有缔约国。

5. 请求修改的缔约国与根据本条第 4 款所确定的具有实质利害关系的任何缔约国,应在秘书处协调下进行谈判,以期就任何必要的补偿性调整达成协议。在这种谈判和协定中,缔约国应维持不低于最初承诺的总体关税水平。

6. 谈判结果及随后对关税表的修改和任何补偿,均需要具有实质利害关系的缔约国批准并通知秘书处,由秘书处转交其他缔约国后,方可生效。补偿性调整应按照本议定书第 4 条进行。

7. 请求修改的缔约国在根据第 6 款规定作出补偿性调整并经部长理事会核准之前,不得修改其承诺。补偿性调整的结果应通知各缔约国。

第 12 条　消除非关税壁垒

除非本议定书另有规定,否则各缔约国对非关税壁垒的识别、分类、监测与消除应按照附件 5(非关税壁垒)的相关规定进行。

第 13 条　原产地规则

如果货物原产于某一缔约国,且符合附件 2(原产地规则)以及即将制定的《一般与特定产品规则》附录所列出的标准和条件,则该货物有权享受本议定书所规定的优惠待遇。

第四部分　海关合作、贸易便利化和过境

第 14 条　海关合作和行政互助

缔约国应当按照附件 3(海关合作和行政互助)的规定采取适当措施,包括作出海关合作与行政互助方面的相关安排。

第 15 条　贸易便利化

缔约国应按照附件 4(关于贸易便利化的规定)采取适当措施,包括作出贸易便利化的相关安排。

第 16 条　过境

缔约国应按照附件 8(关于过境)的规定采取适当措施,包括作出过境方面的相关安排。

第五部分　贸易救济

第 17 条　反倾销和反补贴措施

1. 除本协定书另有规定外,本议定书的任何规定均不得妨碍各缔约国采取反倾销和反补贴措施。

2. 在适用本条规定时,各缔约国应遵循附件 9(贸易救济)的规定以及与世界贸易组织相关协定一致的《非洲大陆自由贸易区关于实施贸易救济的准则》。

第 18 条　全球保障措施

本条的实施应符合附件 9(贸易救济)、《非洲大陆自由贸易区关于实施贸易救济的准则》、1994 年《关税与贸易总协定》第 19 条和世界贸易组织《保障措施协定》的规定。

第 19 条　优惠保障措施

1. 在进口到各缔约国的产品数量突然激增,并对各缔约国境内同类产品、直接竞争产品的国内生产者造成严重损害或严重威胁的情况下,缔约国可以实施保障措施。

2. 本条的实施应按照附件 9(贸易救济)的规定、《非洲大陆自由贸易区关于实施贸易救济的准则》的规定实行。

第 20 条　反倾销、反补贴和保障措施调查的相关合作

缔约国应根据附件 9(贸易救济)和《非洲大陆自由贸易区关于实施贸易救济的准则》的规定,在贸易救济领域开展合作。

第六部分　产品标准和规则

第 21 条　技术性贸易壁垒

本条的实施应按照附件 6(技术性贸易壁垒)的相关规定执行。

第 22 条　卫生与植物检疫措施

本条的实施应符合附件 7(卫生与植物检疫措施)的规定。

第七部分　补充政策

第 23 条　特殊经济安排、经济特区

1. 各缔约国可设立和实行特殊经济安排或经济特区,以加速发展。

2. 从特殊经济安排、经济特区当中受益的产品应遵守部长理事会制定的任何规则。本款规定的条例应支持非洲大陆的工业化计划。

3. 在非洲大陆自由贸易区特殊经济安排与经济特区内所生产产品的贸易,应遵守附件 2(原产地规则)的规定。

第 24 条　新兴产业

1. 为了保护具有战略意义的新兴产业,缔约国在采取合理措施克服与该新兴产业相关的困难后,可以采取保护该产业的措施。这些措施应在不歧视的基础上实施,并且有明确的时间限制。

2. 部长理事会应通过实施本条所应遵守的准则,作为本议定书的组成部分。

第 25 条　国有贸易企业的透明度和通知要求

1. 为确保国有贸易企业(STE)活动的透明度,各缔约国应将此类企业告知秘书处,由秘书处将信息转交其他缔约国。

2. 就本条而言,国有贸易企业是指被授予专有权、特殊待遇或特权(包括普通法以及宪法权利)的政府企业、非政府企业,包括营销委员会。它们在行使这

些权利时,应依照 1994 年《关税与贸易总协定》第 17 条之规定,通过采购或销售等方式影响进出口的水平或流动方向。

第八部分 例外情况

第 26 条 一般例外

一般例外措施实施的条件是,此类措施的实施方式不得构成缔约国之间在同等条件下的任意或不合理歧视,或变相限制国际贸易,本议定书的任何规定不得被解释为阻止任何缔约国采取或执行以下措施:

1. 为维护公共道德或维持公共秩序所必需的措施;

2. 为保护人类、动物或植物的生命或健康所必需的措施;

3. 与黄金或白银的进出口有关的措施;

4. 与监狱囚犯所生产产品有关的措施;

5. 为确保遵守与议定书规定不相抵触的法律或条例,包括有关海关执法、保护专利、商标和版权以及防止欺诈行为的法律或条例所必需的措施;

6. 为保护具有艺术、历史或考古价值的国宝而采取的措施;

7. 与保护可耗竭自然资源有关的措施,条件是此类措施的生效应该与限制国内生产或消费的措施相结合;

8. 为履行各缔约国所批准的任何政府间商品协定所规定的义务而采取的措施;

9. 涉及对国内原材料的出口所施加的限制,在此类材料的国内价格低于世界价格期间,此类限制措施作为政府稳定计划的一部分,对于确保国内加工产业获得此类原材料的基本数量是必需的,但此类限制不应推动国内相关产业的出口增长,也不应为该产业提供更多额外的保护,同时也不得背离本议定书关于非歧视方面的规定;以及

10. 对获取或分销食品或任何其他一般性或地方性短缺产品是至关重要的,但任何此类措施应符合所有缔约国有权获得此类产品的国际供应的平等份额这一原则,而且任何与本议定书的其他规定不符的此类措施,在导致采取此类措施的条件不存在时,应立即停止。

第 27 条 安全例外

本议定书的任何规定均不得解释为:

1. 要求任何缔约国提供其认为如披露则会违背其根本安全利益的任何信息；

2. 阻止任何缔约国采取其认为对保护其基本安全利益所必需的任何行动；

（1）与核裂变和聚变物质或衍生此类物质的物质有关的行动；

（2）涉及武器、弹药和战争器具的运输以及涉及直接或间接为军事设施提供补给而进行的其他商品或材料的运输；以及

（3）在战时或国际关系中的其他紧急情况下采取的行动；或

3. 阻止任何缔约国根据《联合国宪章》所承担的维护国际和平与安全的义务而采取的任何行动。

第 28 条　国际收支

1. 缔约国面临严重国际收支困境或处于此类困境的威胁之下，抑或是需要对其外部财政状况面临的困难采取保护措施，并且已经采取一切合理措施克服相关困难后，可根据缔约国相关的国际权利和义务采取适当的限制措施，包括根据世界贸易组织协定条款、国际货币基金组织协定条款和非洲开发银行协定条款所规定的权利与义务。此类措施应是公平的、非歧视性的、善意的、有期限的，并且不得超出纠正国际收支状况所必需的范围。

2. 有关缔约国在采取或维持此种措施后，应立即通知其他缔约国，并尽快制定出取消此种措施的时间表。

第九部分　技术援助、能力建设与合作

第 29 条　技术援助、能力建设与合作

1. 秘书处应与缔约国、区域经济合作组织和各合作伙伴一道，互相协调，并为贸易及与贸易有关问题提供技术援助和能力建设，以执行本议定书。

2. 缔约国同意为执行本议定书加强合作。

3. 秘书处应探索确保这些方案成功实施所需资源的获取途径。

第十部分　机构规定

第 30 条　磋商与争端解决

除非本议定书另有规定外，《争端解决规则与程序议定书》的有关规定应适

用于根据本议定书项下的磋商与争端解决。

第 31 条　执行、监督和评估

1. 部长理事会根据《协定》第 11 条设立货物贸易委员会,该委员会应履行部长理事会授予的职责,以促进本议定书的实施并实现其目标。委员会可设立其认为适当的附属机构,以有效履行其职责。

2. 除非另有决定,本委员会及其附属机构应向所有缔约国代表开放。

3. 委员会主席应由缔约国选举产生。

4. 根据《协定》第 13 条第 5 款,秘书处应与缔约国协商,编写年度实况报告,以促进本议定书的执行、监督和评估进程。

5. 这些报告应由部长理事会审议和通过。

第 32 条　修正

对本议定书的修正应按照《协定》第 29 条的规定进行。

服务贸易议定书[①]

鲁亚敏　译　赵文杰　校[②]

序言

我们，非洲联盟成员国，

决心建立非洲大陆服务贸易原则和规则框架，以期根据非洲大陆自由贸易区的目标促进非洲内部贸易，并促进非洲大陆内部的经济增长和发展；

渴望在服务贸易逐步自由化的基础上，建立一个开放的、有章可循的、透明的、包容的和一体化的单一服务市场，为非洲人民在各部门提供经济、社会和增进福利的机会；

意识到迫切需要巩固和扩大区域经济共同体和非洲大陆层面在服务业自由化和监管协调方面取得的成就；

希望利用非洲服务提供者，特别是微型、小型和中型服务提供者的潜力和能力，参与区域和全球价值链；

认可缔约国有权为实现国家政策目标在其领土内对服务供应进行监管，并在考虑到不同国家服务业条例的发展程度，缔约国行使这一权利的特别需要，以及不损害消费者保护、环境保护和总体可持续发展的前提下，制定新条例，以实现合法的国家政策目标，包括竞争力、消费者保护和总体可持续发展；

认识到最不发达国家、内陆国家、岛屿国家和脆弱经济体因其特殊的经济状况及其发展、贸易和金融需求而面临的严重困难；

承认 2018 年 1 月 28 日在埃塞俄比亚亚的斯亚贝巴举行的非盟国家元首

---

① 《服务贸易议定书》(Protocol on Trade in Services)，是《建立非洲大陆自由贸易区协定》子文件，其原文参见非盟网站，http://au.int/en。
② 鲁亚敏，上海师范大学非洲研究中心博士生；赵文杰，上海师范大学非洲研究中心博士生。

和政府首脑会议第三十届常会通过的关于《通过执行亚穆苏克罗决议而建立非洲单一的航空运输市场》的非洲联盟首脑会议决议（非洲联盟首脑会议第 666 号决议）；

进一步认可航空运输服务，特别是非洲单一的航空运输市场，对促进非洲内部贸易和快速推进非洲大陆自由贸易区的潜在重大贡献。

兹协议如下：

第一部分　定义

第 1 条　定义

就本议定书而言：

1. "商业存在"指任何类型的商业或专业机构，包括通过：

（1）法人的设立、取得或维持，或

（2）为提供服务而在缔约国境内设立或维持分支机构或代表处。

2. "直接税"包括对总收入、总资本或收入或资本要素征收的所有税项，其中包括对财产转让收益的税项，对不动产、继承和赠与的税项，对企业支付的工资或薪金总额的税项以及对资本增值的税项。

3. "法人"指根据缔约国适用法律正式组建或以其他方式组织起来的任何法律实体，不论其是否以营利为目的，也不论其为私人所有或政府所有，包括任何公司、信托、合伙企业、合资企业、独资企业或协会；

4. 法人：

（1）与另一人有"关联"，即该法人控制该另一人或为该另一人所控制，或该法人与该另一人受同一人所控制；

（2）由一缔约国的人员所"控制"，如果这些人员有权提名该法人的多数董事或以其他方式合法指导该法人的行动；

（3）由一缔约国的人员所"拥有"，如果缔约国的人员实益拥有其 50% 以上的股本权益；

5. "另一缔约国法人"系指符合下列条件之一的法人：

（1）根据该另一缔约国的法律组建或以其他方式组织，并在该缔约国或任何其他缔约国境内从事实质性商业活动的；

（2）在通过商业存在提供服务的情况下，由以下人员拥有或控制：

① 该缔约国的自然人;或

② 根据第(i)款附属条款确定的另一缔约国的法人;

6."措施"是指缔约国采取的任何措施,无论是法律、条例、规则、程序、决定、行政行动,还是任何其他形式的措施;

7."缔约国影响服务贸易的措施"包括以下方面的措施:

(1)服务的购买、支付或使用;

(2)在提供服务时,获取和使用这些缔约国要求普遍向公众提供的服务;

(3)一缔约国人员在另一缔约国境内提供服务,包括商业存在;

8."服务的垄断提供者"是指在一缔约国领土的相关市场上作为该服务的唯一提供者经营或经该缔约国形式上或实际上授权或确立的任何人,不论其为公营或私营;

9."另一缔约国的自然人"指居住在该另一缔约国或任何其他缔约国境内,且受该另一缔约国的法律制约的自然人:

(1)是其国民;

(2)有永久居留权;

10."人"是指自然人或法人;

11.服务"部门"指:

(1)缔约国具体承诺表中规定的某一具体承诺,该服务的一个或多个分部门或所有分部门;

(2)在其他情况下,则指该服务部门的全部,包括其所有分部门;

12."另一缔约国的服务"指所提供的下列服务:

(1)从该另一缔约国领土或在该另一缔约国领土内提供的服务,或在海运的情况下,由根据该另一缔约国法律注册的船只提供的服务,或由该另一缔约国的个人通过经营船只和/或全部或部分使用船只提供的服务;或

(2)在通过商业存在或自然人存在提供服务的情况下,由该另一缔约国的服务提供者提供的服务;

13."服务消费者"指得到或使用服务的任何人;

14."服务提供者"指提供服务的任何人①;

---

① 如果服务不是由法人直接提供,而是通过分支机构或代表处等其他形式的商业存在提供,服务提供者(即法人)仍应通过这种存在享受本协定为服务提供者规定的待遇。此类待遇应给予提供服务的存在,而不必给予服务提供者位于提供服务的领土以外的任何其他地区。

15. "提供服务"包括服务的生产、分销、营销、销售和交付;

16. "服务贸易"是指:

(1) 自一缔约国领土向任何其他缔约国领土提供服务;

(2) 在一缔约国领土内向任何其他缔约国的服务消费者提供服务;

(3) 一缔约国的服务提供者通过在任何其他缔约国境内的商业存在提供服务;

(4) 一缔约国的服务提供者通过在任何其他缔约国领土内的自然人存在提供服务。

第二部分　适用范围

第 2 条　适用范围

1. 本议定书适用于缔约国影响服务贸易的措施。

2. 就本议定书而言,服务贸易以本议定书第 1 条(p)项所界定的四种服务供应模式为基础。

3. 就本议定书而言:

(1) "缔约国采取的措施"是指:

① 中央、地区或地方政府和机关所采取的措施;以及

② 由中央、地区或地方政府或机关授权行使权力的非政府机构所采取的措施。

各缔约国在履行本议定书规定的义务和承诺时,应采取合理措施,确保其领土内的地区、地方政府、机关和非政府机构遵守这些义务和承诺。

(2) "服务"包括任何部门的任何服务,但为行使政府权力而提供的服务除外。

(3) "为行使政府权力而提供的服务"是指既不以商业为基础,也不与一个或多个服务提供者竞争的任何服务。

4. 政府机构为政府目的且不以商业转售为目的进行的采购,不属于本议定书的范围。

5. 本议定书不适用于影响以下方面的措施:

(1) 不论以何种方式授予的空中交通权;以及

(2) 与行使空中交通权直接相关的服务。

6. 本议定书应适用于影响以下方面的措施:

（1）航空器的维修和保养服务；

（2）航空运输服务的销售和营销；

（3）计算机订座系统服务。

第三部分 目标

第 3 条 目标

1. 本议定书的主要目标是支持实现《非洲大陆自由贸易区协定》第 3 条所规定的各项目标：特别是为服务贸易建立一个单一的自由化市场。

2. 本议定书的具体目标是：

（1）通过以下方式增强服务业竞争力：规模经济、降低经营成本、加强非洲大陆市场准入、改善资源分配（包括发展与贸易相关的基础设施）；

（2）根据可持续发展目标促进可持续发展；

（3）推动国内外投资；

（4）加快工业发展，促进区域价值链发展；

（5）通过消除服务贸易壁垒，在公平、平衡和互利的基础上逐步开放整个非洲大陆的服务贸易；

（6）确保服务贸易自由化与具体服务部门各附件之间的一致性和互补性；

（7）根据《服务贸易总协定》第 5 条之规定，推行服务贸易自由化，扩大自由化的深度和范围，增加、改善和发展服务出口，同时充分保留监管和制定新条例的权利；

（8）促进和加强缔约国在服务贸易方面的共识与合作，以提高其服务市场的能力、效率和竞争力；

（9）促进服务领域的研究和技术进步，加快经济和社会发展。

第四部分 一般义务和原则

第 4 条 最惠国待遇

1. 就本议定书所涵盖的任何措施，各缔约国在本议定书生效后，应立即无条件地给予任何其他缔约国的服务和服务提供者不低于其给予任何第三方的同类服务和服务提供者的待遇。

2. 本议定书的任何条款均不得妨碍缔约国根据世界贸易组织《服务贸易总协定》第五条的规定与第三方签订新的优惠协定,但此类协定不得妨碍或损害本议定书的目标。这种优惠待遇应在互惠和非歧视的基础上给予所有缔约国。

3. 尽管有第 1 款的规定,两个或两个以上缔约国仍可根据本议定书的目标进行谈判,并就特定部门或分部门的服务贸易自由化达成一致。其他缔约国应有机会在互惠的基础上就其中给予的优惠进行谈判。

4. 尽管有第 2 款的规定,但作为本议定书成员国或受益国的某一缔约国,无义务在本议定书生效前将其与任何第三方商定的优惠给予其他缔约国。该缔约国可向其他缔约国提供机会,在互惠的基础上就所给予的优惠进行谈判。

5. 对本议定书规定的解释不得妨碍任何缔约国向毗邻国家提供或给予优惠,以促进仅限于毗邻边境地区的当地生产和消费的服务的交流。

6. 缔约国可保留与第 1 款不一致的措施,但该措施应列入最惠国待遇豁免清单。商定的最惠国待遇豁免清单应作为本议定书的附件。缔约国应定期审查最惠国待遇豁免,以确定哪些最惠国待遇豁免可以取消。

第 5 条　透明度

1. 除紧急情况外,各缔约国应在便于查阅的媒介①上及时公布与本议定书的实施有关或对其实施有影响的所有普遍适用的措施,最迟应在这些措施生效时公布。缔约国签署的涉及或影响服务贸易的国际和区域协定也应予以公布。

2. 各缔约国应通知秘书处其在本议定书生效之前或之后与第三方签订的任何有关或影响服务贸易的任何国际和区域协定。

3. 各缔约国应及时并至少每年一次通知秘书处对本议定书规定的服务贸易产生重大影响的任何新的或对现行法律、条例或行政指导原则的任何修改。

4. 缔约国向秘书处提交通知后,秘书处应及时将该通知分发给所有缔约国。

5. 各缔约国应及时答复任何其他缔约国就其第 1 款所指的任何普遍适用的措施或国际和/或区域协定提出的对具体信息的所有要求。缔约国还应答复任何其他缔约国就可能对本议定书的实施产生重大影响的实际措施或拟议措施提出的任何问题。

6. 各缔约国应指定相关的咨询点,以便根据要求向缔约国提供与服务贸易

---

① 例如,利用非洲联盟的某种官方语言通过政府公报、时事通讯、议事录或网站予以公布。

有关的以及应遵守上述通知要求的所有此类事项的具体信息。

第 6 条　机密信息的披露

本议定书的任何条款均不得要求任何缔约国披露机密信息和数据,因为披露这些信息和数据将妨碍执法,或以其他方式违反公共利益,或损害某些公私企业的合法商业利益。

第 7 条　特殊与差别待遇

为确保所有缔约国更多地参与服务贸易并从中受益,各缔约国应:

1. 特别考虑服务部门承诺和供应模式的逐步自由化,以促进关键部门的增长、社会和可持续经济发展;

2. 在执行本议定书以建立一体化和自由化的单一服务贸易市场时,应考虑到缔约国可能遇到的挑战,并可在行动计划框架内,根据具体情况,给予诸如过渡期等灵活性策略,以适应特殊经济状况和发展、贸易和金融需要;

3. 特别考虑通过大陆支持方案提供技术援助和能力建设。

第 8 条　监管权

各缔约国为实现国家政策目标,可对其领土内的服务和服务提供者进行监管并制定新条例,但这些条例不得损害本议定书规定的任何权利和义务。

第 9 条　国内法规

1. 在作出具体承诺的部门,各缔约国应确保以合理、客观、透明和公正的方式管理影响服务贸易的所有普遍适用的措施。

2. 各缔约国均应在实际可行的情况下,维持或尽快建立司法、仲裁或行政法庭或程序,以便应受影响的服务提供者的请求,对影响服务贸易的行政决定及时进行审查,并在请求合理的情况下提供适当的补救办法。如果这些程序不独立于负责作出有关行政决定的机构,缔约国应确保这些程序事实上提供了客观和公正的审查。

3. 在提供本议定书所规定的自由化服务需要授权的情况下,缔约国主管机关应在提交根据国内法律和法规被认为是完整的申请后的合理期限内,将有关申请的决定通知申请人。应申请人的要求,缔约国主管机关应在不无故拖延的情况下提供有关申请进展状况的信息。

第 10 条　相互承认

1. 在符合本条第 3 款要求的情况下,为全部或部分满足服务提供者的授权、许可或认证标准或准则,缔约国可以认可在另一缔约国获得的教育或经历、达到的要求或授予的许可或认证。这种认可可以通过协调或其他方式实现,可以基于与有关缔约国的协定或安排,也可以自主给予。

2. 加入本条第 1 款所述类型的协定或安排的缔约国,无论是现在加入还是将来加入,均应为其他有关缔约国提供充分的机会,以便就加入此类协定或安排进行谈判,或就与之类似的协定或安排进行谈判。当一个缔约国自主给予承认时,应为任何其他缔约国提供充分的机会,以表明在该缔约国领土上获得的教育、经历、许可或认证或达到的要求应得到承认。

3. 缔约国给予承认的方式,不得构成缔约国之间在适用其对服务提供者的授权、许可或认证的标准或准则时的歧视,也不得构成对服务贸易的变相限制。

4. 各缔约国均应:

(1)在本协定对其生效之日起十二个月内,向秘书处通报其现有的承认措施,并说明这些措施是否基于本条第 1 款所述类型的协定或安排;

(2)在就本条第 1 款所述类型的协定或安排开始谈判之前,通过秘书处及时通知各缔约国,以便使任何其他缔约国有充分的机会在谈判进入实质性阶段之前表明其参加谈判的意愿;以及

(3)在采取新的承认措施或对现有措施进行重大修改时,及时通过秘书处通报各缔约国,并说明这些措施是否以本条第 1 款所述类型的协定或安排为基础。

5. 在适当情况下,承认应基于缔约国商定的非洲大陆自由贸易区标准。在适当情况下,缔约国应与相关政府间组织和非政府组织合作,制定并通过非洲大陆共同的承认标准和准则,以及相关服务贸易和行业的大陆共同实践标准。

第 11 条　垄断和专营服务提供者

1. 各缔约国应确保在其领土上的任何垄断服务提供者在相关市场上提供垄断服务时,其行为不违背该缔约国根据本议定书规定的义务和作出的具体承诺。

2. 如果缔约国的垄断服务提供者直接或通过附属公司参与竞争,提供其垄断权范围之外的服务,而该服务又受该缔约国具体承诺的约束,则该缔约国应确保该服务提供者不滥用其垄断地位,在其领土内以与这些承诺不一致的方式行事。

3. 缔约国如有理由认为任何其他缔约国的垄断服务提供者的行为与本条第 1 款和第 2 款的规定不一致,可以要求设立、维持或授权该服务提供者的缔约国提供有关业务的具体信息。

4. 如果在本议定书生效之后,缔约国对其具体承诺所涵盖的某项服务的提

供授予垄断权,该缔约国应不迟于授予垄断权的计划实施前三个月通知秘书处,而且有关修改具体承诺的规定将予适用。

5. 本条的规定也应适用于某一缔约国形式上或实际上的专营服务提供者的情况:

(1) 授权或设立少数服务提供者;

(2) 实质上防止这些服务提供者在其领土内相互竞争。

第 12 条　反竞争商业行为

1. 缔约国认可,除涉及垄断和专营服务提供者的商业行为外,服务提供者的某些商业行为可能会限制竞争,从而限制服务贸易。

2. 各缔约国应根据任何其他缔约国的请求进行协商,以消除本条第 1 款所述的行为。被请求的缔约国应当对这一请求作出答复,并通过提供与所涉事项相关的可公开获得的非机密信息予以合作。被请求的缔约国应向请求缔约国提供其他可获得的信息,但须遵守国内法律,并须就请求缔约国保障其机密性达成令人满意的协定。

第 13 条　支付和转移

1. 除本议定书第 14 条规定的情况外,缔约国不得限制与其具体承诺有关的经常性交易的国际转账和支付。

2. 本议定书的任何条款均不影响国际货币基金组织成员根据基金组织协定条款所享有的权利和承担的义务,包括使用符合协定条款的汇兑行动,但缔约国不得对任何资本交易施加与其有关此类交易的具体承诺不一致的限制,除非根据本议定书第 14 条的规定或应基金组织的请求。

第 14 条　保障国际收支平衡的限制

1. 在国际收支和对外财政出现严重困难或面临严重困难威胁的情况下,缔约国可对其已作出具体承诺的服务贸易,包括对与这些承诺有关的交易的支付或转移采取或保持限制。我们认可,在经济发展或经济转型过程中,缔约国的国际收支可能会受到特殊压力,因此有必要采取限制措施,以确保维持一定水平的财政储备,使其足以执行经济发展或经济转型方案。

2. 本条第 1 款所述限制:

(1) 不得在各缔约国间造成歧视;

(2) 应与国际货币基金组织的协定条款相一致;

(3) 避免对任何其他缔约国的商业、经济和财政利益造成不必要的损害;

（4）不得超出为处理本条第 1 款所述情况的必要限度；

（5）应是临时性的，并随着本条第 1 款所述情况的改善而逐步取消。

3. 在确定此类限制的适用范围时，缔约国可优先考虑对其经济或发展方案更为重要的服务提供。但是，不得为保护某一特定服务部门而采取或保持这种限制。

4. 根据本条第 1 款采取或保持的任何限制，或其中的任何变更，应及时通知秘书处。

5. 适用本条规定的缔约国应及时在服务贸易委员会内就根据本条采取的限制措施进行磋商。

6. 服务贸易委员会应制定定期协商的程序，以便向有关缔约国提出其认为适当的建议。

7. 这种协商应评估有关缔约国的国际收支状况以及根据本条规定所采取或保持的限制措施，尤其应考虑到以下因素：

（1）国际收支和对外财政困难的性质和程度；

（2）磋商缔约国的外部经济和贸易环境；

（3）可用的其他纠正措施。

8. 协商应讨论任何限制是否符合本条第 2 款的规定，特别是根据本条第 2 款第（5）项逐步取消限制的问题。

9. 在这种协商中，应接受国际货币基金组织提出的有关外汇、货币储备和国际收支的所有统计结果和其他事实，并根据基金组织对磋商缔约国的国际收支和对外财政状况的评估得出结论。

10. 如果非国际货币基金组织成员国的缔约国希望适用本条规定，部长理事会应制定审查程序和任何其他必要的程序。

第 15 条 一般例外

本议定书的任何条款均不得解释为阻止任何缔约国采取或实施以下措施，但须符合下列要求，即此类措施的实施方式不得构成在条件类似的缔约国之间进行任意或不合理的歧视，或对服务贸易进行变相限制：

1. 保护公共道德或维持公共秩序所必需的[①]；

2. 保护人类、动物或植物的生命或健康所必需的；

3. 确保遵守与本议定书规定不相抵触的法律或法规所必需的，包括与以下

---

① 只有当社会的某项基本利益受到真正和足够严重的威胁时，才能援引公共秩序例外条款。

方面有关的内容：

(1) 防止欺骗和欺诈行为，或处理服务合同违约的影响；

(2) 在处理和传播个人数据时保护个人隐私，保护个人记录和账户的机密性；

(3) 安全。

4. 与国民待遇不一致，条件是此类差别待遇的目的是确保对其他缔约国的服务或服务提供者公平或有效地征收直接税；以及①

5. 与最惠国义务不一致，条件是此类差别待遇是缔约国受其约束的任何其他国际协定或安排中的避免双重征税协定或避免双重征税规定的结果。

第 16 条　安全例外

1. 本议定书的任何条款不得解释为：

(1) 要求任何缔约国提供其认为披露会损害其基本安全利益的任何信息；

(2) 阻止任何缔约国采取其认为保护其基本安全利益所需的任何行动：

① 涉及为军事设施补给直接或间接实施的服务提供；

② 涉及核裂变和聚变材料或其衍生材料；以及

③ 在战时或国际关系中的其他紧急情况下采取的行动；或

(3) 阻止任何缔约国根据《联合国宪章》规定的维护国际和平与安全的义务采取任何行动。

2. 应尽可能向秘书处通报根据本条第 1 款第(2)项和第 1 款第(3)项采取的措施及其终止的情况。

第 17 条　补贴

1. 本议定书的任何条款均不得解释为阻止各缔约国在其发展方案中使用

---

① 旨在确保公平或有效征收或征收直接税的措施包括缔约国在其税收制度下采取的以下措施：

　1. 适用于非居民服务提供者，承认非居民的纳税义务是针对来源于或位于缔约国领土内的应税项目确定的；或

　2. 适用于非居民，以确保在缔约国领土内征税或收税；或

　3. 适用于非居民或居民，以防止避税或逃税，包括合规措施；或

　4. 适用于在另一缔约国境内或从另一缔约国境内提供服务的消费者，以确保对这些消费者征收来自该缔约国领土内的税款；或

　5. 对全球应税项目纳税的服务提供者与其他服务提供者进行区分，以确认它们之间税基性质的差异；或

　6. 确定、分配或分摊居民个人或分支机构的收入、利润、收益、损失、扣除或抵免，或关联人或同一人的分支机构之间的收入、利润、收益、损失、扣除或抵免，以保障缔约国的税基。

第 15 条第(4)款和本脚注中的税收术语或概念是根据采取措施的缔约国国内法律中的税收定义和概念或等同或类似的定义和概念确定的。

补贴。

2. 缔约国应确定信息交流机制,并审查缔约国向其国内服务提供者提供的与服务贸易有关的所有补贴。

3. 任何缔约国如认为自身受到另一缔约国补贴的不利影响,可要求就此类事项与该缔约国进行协商。此类请求应得到同情的考虑。

第五部分　逐步自由化

第 18 条　逐步自由化

1. 缔约国应在逐步自由化原则的基础上开展连续数轮谈判,同时发展监管合作和部门纪律,并考虑到 1991 年《阿布贾条约》的目标,即在所有贸易领域加强地区和非洲大陆一体化,并遵循逐步实现非洲经济共同体最终目标的一般原则。

2. 缔约国应根据需要,通过制定各部门的监管框架,就具体部门的义务进行谈判,同时考虑到区域经济共同体的最佳做法和既得成果,以及经谈判达成的监管合作部门协定。缔约国同意,应在建立非洲自由贸易区之后,根据服务贸易委员会商定的工作方案,启动继续这一进程的谈判。

3. 自由化进程应侧重于逐步消除服务贸易措施的不利影响,以此提供有效的市场准入,促进非洲内部的服务贸易。

4. 优先部门清单和服务贸易方式应作为本议定书的附件,并构成本议定书的组成部分。

5. 成员国制定的过渡执行工作方案应在本协定生效前,指导完成本议定书中尚未完成的第 I 阶段谈判。

第 19 条　市场准入

1. 在通过本议定书第 1 条第 16 款所确定的供应模式进行市场准入方面,各缔约国应给予任何其他缔约国的服务和服务提供者不低于其明细表中商定和规定的条款、限制和条件所规定的待遇。①

---

① 如果一缔约国就通过第 1 条第 16 款定义的供应模式提供服务作出了市场准入承诺,而且资本的跨境流动是该服务本身的一个重要组成部分,则该缔约国承诺允许这种资本流动。如果一缔约国就通过第 1 条第 16 款第(3)项所述供应模式提供服务作出了市场准入承诺,该缔约国即承诺允许相关的资本转移进入其领土。

2. 在作出市场准入承诺的部门,除非缔约国在其明细表中另有规定,否则缔约国不得在地区分区或在其全部领土内维持或采取的措施定义如下:

(1)无论以数量配额、垄断、专营服务提供者的形式,还是以经济需求测试要求的形式,限制服务提供者的数量;

(2)以数量配额或经济需求测试要求的形式限制服务交易或资产总值;

(3)以配额或经济需求测试要求的形式,以指定的数字单位表示的对服务业务总数或服务产出总量的限制;①

(4)以数量配额或经济需求测试要求的形式,限制特定服务部门或服务提供者可雇用的、提供具体服务所必需且与之直接有关的自然人总数;

(5)限制或要求服务提供者通过特定类型的法人实体或合营企业提供服务的措施;以及

(6)以限制外国股权最高百分比或限制单个或总体外国投资总额的方式,限制外国资本的参与。

第20条　国民待遇

1. 对于明细表所列的各部门,在遵守其中规定的任何条件和资格的情况下,各缔约国应给予任何其他缔约国的服务和服务提供者不低于其给予本国同类服务和服务提供者的待遇,但须遵守其具体承诺明细表中商定和规定的条件和资格。

2. 缔约国为满足本条第1款的要求,可通过对任何其他缔约国的服务和服务提供者给予与其本国同类服务和服务提供者形式上相同或不同的待遇。

3. 如形式上相同或形式上不同的待遇改变竞争条件,使之有利于缔约国的服务或服务提供者,而不利于任何其他缔约国的同类服务或服务提供者,则应视为较为不利的待遇。

第21条　附加承诺

缔约国可就本议定书第19条或第20条未列入明细表的影响服务贸易的措施,包括但不限于有关资格、标准或许可事项的措施进行谈判,作出承诺。这些承诺应列入缔约国的具体承诺明细表。

第22条　具体承诺明细表

1.各缔约国应在一份明细表中列出其根据本议定书第19条、第20条和第

---

① 第1条(g)款(iii)项不包括缔约国限制提供服务的投入的措施。

21 条作出的具体承诺。

2. 对于已作出此类承诺的部门,每一具体承诺明细表应具体说明:

(1) 市场准入的条款、限制和条件;

(2) 国民待遇的条件和资格;

(3) 与附加承诺有关的承诺;以及

(4) 在适当时,实施此类承诺的期限,包括生效日期。

3. 与本议定书第 19 条和第 20 条均不一致的措施,应在与本议定书第 19 条有关的一栏中注明。在这种情况下,所注明的内容也将被视为对本议定书第 20 条规定了条件或资格。

4. 具体承诺明细表、服务贸易方式和优先部门清单一经通过,即构成本议定书的组成部分。

5. 成员国制定的过渡执行工作方案应在本协定生效前,指导完成本议定书中尚未完成的第Ⅰ阶段谈判。

第 23 条 具体承诺明细表的修改

1. 缔约国(在本条中称为"修改缔约国")可在其明细表中的任何承诺生效之日起三年后的任何时候,根据本条的规定修改或撤回该承诺。

2. 修改缔约国应在不迟于修改或撤回承诺的计划实施日期之前三(3)个月将其根据本条修改或撤回承诺的意向通知秘书处。秘书处应及时将此信息分发给缔约国。

3. 如果某一缔约国根据本议定书享有的利益可能受到本条第 2 款通知的拟议的修改或撤回的影响(在本条中称为"受影响缔约国"),则应其请求,修改缔约国应与其进行谈判,以便就任何必要的补偿性调整达成协议。在这种谈判和协定中,有关缔约国应努力保持互利承诺的总体水平,使其不低于谈判前的承诺对贸易的有利程度。

4. 补偿性调整应在最惠国基础上进行。

5. 如修改缔约国和任何受影响缔约国在规定的谈判期限结束前未达成协议,该受影响缔约国可将此事项提交争端解决。任何受影响缔约国如果希望行使其可能获得赔偿的权利,则必须参与争端解决程序。

6. 如果受影响缔约国没有要求解决争端,修改缔约国可在合理期限内自由执行拟议的修改或撤回。

7. 修改缔约国在根据争端解决结果作出补偿性调整之前,不得修改或撤回其承诺。

8. 如果修改缔约国执行其拟议的修改或撤回,但不遵守仲裁结果,参与争端解决的任何受影响缔约国可根据仲裁结果修改或撤回实质上等同的利益。尽管有本议定书第 4 条规定的义务,但这种修改或撤回只能针对修改缔约国执行。

9. 服务贸易委员会应为此类谈判提供便利,并制定相关的适当程序。

第 24 条　利益拒绝给予

在事先通知和协商的情况下,如果服务是由非缔约国的法人提供,且与该缔约国经济没有实际和持续的联系,或者在另一缔约国或任何其他缔约国领土内的商业活动微不足道或根本没有商业活动,则缔约国可以拒绝给予该服务提供者本议定书所述的利益。

第六部分　机构规定

第 25 条　协商与争端解决

《关于争端解决规则与程序的议定书》的规定适用于本议定书规定的协商和争端解决。

第 26 条　执行、监督和评估

1. 部长理事会应根据本协定第 11 条设立服务贸易委员会,该委员会应履行部长理事会可能赋予它的职能,以促进本议定书的实施并进一步实现其目标。委员会可设立其认为适当的附属机构,以有效履行其职能。

2. 服务贸易委员会主席应由缔约国选举产生。

3. 服务贸易委员会应为缔约国编写年度报告,以促进本议定书的执行、监测和评估进程。

第 27 条　技术援助、能力建设与合作

1. 缔约国认可技术援助、能力建设与合作的重要性,以便完善服务自由化,支持缔约国努力加强其提供服务的能力,并促进本议定书目标的实施和实现。

2. 缔约国同意,在可能的情况下,与发展伙伴合作,调动资源并采取措施,支持缔约国的国内努力,特别希望:

(1) 为服务贸易提供能力建设和培训;

(2) 提高服务提供者收集有关国际、大陆、区域和国家层面的条例和标准的信息并达到这些条例和标准的能力;

（3）支持服务贸易统计数据的收集和管理；

（4）提高正规和非正规服务提供者的出口能力，特别关注微型、小型和中型服务提供者，妇女和青年服务提供者；

（5）支持相互承认协定的谈判；

（6）为缔约国服务提供者之间的互动和对话提供便利，以促进市场准入机会、同行学习和最佳做法交流方面的信息共享；

（7）在缔约国根据本议定书作出承诺的部门解决质量和标准方面的需求，以支持制定和采用标准；以及

（8）在大陆、区域和国家层面制定和执行具体服务部门的监管制度，特别是在缔约国已作出具体承诺的部门。

3. 秘书处应与缔约国、区域经济共同体和合作伙伴合作，协调提供技术援助。

第 28 条　本议定书附件

1. 成员国可为执行本议定书制定附件，特别是：

（1）具体承诺明细表；

（2）最惠国待遇豁免；

（3）航空运输服务；

（4）优先部门清单；以及

（5）监管合作的框架文件。

2. 这些附件一经首脑会议通过，即构成本议定书的组成部分。

3. 缔约国可为执行本议定书制定附加附件，供首脑会议通过。这些附件一经首脑会议通过，即构成本议定书的组成部分。

第 29 条　修正

本议定书应按照本协定第 29 条之规定予以修正。

关于解决争端规则和程序的议定书①

鲁亚敏　译　陶　陶　校②

我们非洲联盟成员国，

达成协议如下：

第1条　定义

1. "AB"系指根据本议定书第20条设立的上诉机构；

2. "申诉方"系指根据本协定启动争端解决程序的缔约国；

3. "协商一致"系指在作出决定时，出席争端解决机构会议的缔约国没有一个对该决定提出正式反对；

4. "日"指工作日，但涉及易腐货物的情况除外，其"日"指公历日；

5. "争端"指缔约国之间就其权利和义务对本协定的解释和/或适用存在分歧；

6. "争端解决机构"系指根据本议定书第5条设立的争端解决机构；

7. "专家组"系指根据本议定书第9条设立的争端解决专家组；

8. "争端或诉讼当事方"系指争端或诉讼的缔约国；

9. "有关缔约国"是争端解决机构的裁决和建议所针对的缔约国；

10. "第三方"指在争端中有重大利害关系的缔约国。

第2条　目标

本议定书规定了根据《协定》第20条设立的争端解决机制的管理，旨在确保争端解决过程透明、负责、公正、可预见并符合《协定》的规定。

第3条　适用范围

1. 本议定书适用于缔约国之间就《协定》规定的权利和义务产生的争端。

---

① 《关于解决争端规则和程序的议定书》(Protocol on Rules and Procedures on the Settlement of Disputes)，是《建立非洲大陆自由贸易区协定》子文件，其原文参见非盟网站，http://au.int/en。

② 鲁亚敏，上海师范大学非洲研究中心博士生；陶陶，上海海事大学外语学院讲师，博士。

2. 本议定书的适用须遵守《协定》所载的关于解决争端的特别、附加规则和程序。如本议定书的规则和程序与本协定的特别或附加规则和程序之间存在差异,应以特别或附加规则和程序为准。

3. 就本条而言,当起诉方根据本议定书第 7 条要求进行磋商时,争端解决程序应视为已根据本议定书启动。

4. 就某一具体事项援引本议定书规则和程序的缔约国,不得就同一事项诉诸另一法院以解决该争端。

第 4 条 一般规定

1. 非洲大陆自由贸易区的争端解决机制是为区域贸易体系提供安全性和可预测性的核心要素。争端解决机制应维护各缔约国在《协定》下的权利和义务,并根据国际公法的习惯解释规则澄清《协定》的现有规定。

2. 争端解决机构(DSB)所作的建议或裁决应旨在根据《协定》规定的权利和义务,实现争端的圆满解决。

3. 对于根据本议定书的磋商和争端解决规定正式提出的事项,应将相互商定的解决办法通知争端解决机构,任何缔约国可在机构中提出与此有关的任何问题。

4. 对根据本议定书的协商和争端解决规定正式提出的事项的所有决议,包括仲裁裁决,均应与《协定》一致。

5. 调解、斡旋、调停和使用争端解决程序的请求不应被用作或视为挑衅行为。如果发生争端,各缔约国将本着诚意参与相关程序,努力解决争端。此外,不应将不同事项的申诉和反诉联系起来。

6. 专家组和上诉机构在其调查结果和建议中,不得增加或减少缔约国根据《协定》享有的权利和承担的义务。

第 5 条 争端解决机构

1. 除《协定》另有规定外,以执行本议定书的各项规定,但《协定》另有规定的除外。

2. 争端解决机构应由缔约国的代表组成。

3. 争端解决机构有权:

(1) 设立争端解决专家组和上诉机构;

(2) 通过专家组和上诉机构的报告;

(3) 对专家组和上诉机构的裁决和建议的执行情况进行持续监督;以及

（4）授权中止减让和《协定》规定的其他义务。

4.争端解决机构应设主席,并应制定其认为履行其职责所必需的议事规则。争端解决机构主席应由缔约国选举产生。

5.争端解决机构应在必要时举行会议,以履行本议定书所规定的职能。

6.如需要争端解决机构就本议定书的规则和程序规定作出决定,则该决定应以协商一致方式作出。

7.争端解决机构应将与《协定》条款有关的任何争端通知秘书处。

第6条 争端解决机制下的程序

1.当各缔约国之间发生争端时,首先应进行协商,以友好方式解决争端。

2.如未能友好解决,争端任何一方应在通知争端其他各方后,通过主席将该事项提交争端解决机构,并请求设立争端解决专家组(以下简称"专家组"),以解决争端。

3.争端解决机构(DSB)应通过专家组遴选的议事规则,包括行为问题准则,以确保公正性。

4.专家组应按本议定书的规定启动正式解决争端程序,争端各方应真诚地及时遵守专家组就程序事项可能向其发出的任何指示、裁定和规定,并应按专家组规定的要求提出意见、论点和反驳。

5.争端解决机构应对争端作出裁定,其裁定即为最终裁定,对争端各方具有约束力。

6.如争端各方认为将仲裁作为解决争端的第一途径是适宜的,争端各方可按照本议定书第27条的规定进行仲裁。

第7条 磋商

1.缔约国为鼓励友好解决争端,申明决心加强和完善缔约国所采用的磋商程序的效力。

2.各缔约国承诺对另一缔约国就影响《协定》实施的措施所提出的任何陈述给予考虑,并提供充分的机会进行磋商。

3.磋商请求应通过秘书处以书面形式通知争端解决机构(DSB),应说明请求的理由,包括确认争论的问题和说明申诉的法律依据。

4.根据本议定书提出磋商请求时,除非另有约定,被请求的缔约国应当在收到请求之日起十日内答复请求,并应当在收到请求之日起三十日内本着诚意进行磋商,以期达成双方满意的解决方案。

5. 如果受理请求的缔约国在收到请求之日起十日内未作出答复,或者在收到请求之日起三十日内或者双方另行商定的期限内未进行磋商,提出磋商请求的缔约国可将该事项提交争端解决机构,请求设立专家组。

6. 在协商过程中以及根据本议定书采取进一步行动之前,缔约国应设法使争端得到令人满意的解决。

7. 协商应:

(1) 保密;

(2) 不损害任何缔约国在任何进一步程序中的权利。

8. 如争端当事国在收到磋商请求之日起六十日内未能通过磋商解决争端,则申诉方可将该事项提交争端解决机构,以便设立专家组。除非当事方另有协议,协商可在被诉方领土内举行。除非争端当事国同意继续或中止磋商,否则磋商应在六十日内结束。

9. 在紧急情况下,包括涉及易腐货物的情况:

(1) 缔约国应在收到请求之日起十日内进行协商;

(2) 如当事各方未能在收到请求之日起二十日内通过协商解决争端,申诉方可将该事项提交争端解决机构,以设立专家组;

(3) 根据附件 5(非关税壁垒)、附件 2(消除和合作消除非关税壁垒程序)的规定,达成双方同意的解决方案并发布事实报告后,如果一缔约国仍未能解决非关税壁垒,则提出请求的缔约国进入到诉诸争端解决专家组阶段。尽管本议定书已有规定,上述争端当事方仍可同意根据本议定书第 27 条的规定将问题提交仲裁;

(4) 争端各方、争端解决机构、专家组和上诉机构应尽一切努力,尽可能加快程序。

10. 如非争端当事方的缔约国认为其在磋商中有重大贸易利益,该缔约国可于发出磋商请求后十日内向争端当事国请求加入磋商程序。

11. 如争端各方一致认为实质性利益的主张有充分理由,则应将第三方加入磋商。如加入磋商的请求未被接受,有争端的缔约国应通知争端解决机构,在此情况下,申请国可自由请求磋商。

第 8 条 斡旋、调停及调解

1. 争端缔约国可在任何时候自愿进行斡旋、调停或调解。涉及斡旋、调停或调解的程序应保密,不得损害缔约国在任何其他诉讼中的权利。

2. 争端的任何缔约国可在任何时候要求进行斡旋、调停或调解。任何争端当事国均可随时开始或终止斡旋、调停或调解。一旦斡旋、调停或调解程序终止，申诉方可继续请求设立专家组。

3. 如斡旋、调解或调停自收到磋商请求之日起的六十日内开始，则起诉方在请求设立专家组之前，应给予自收到磋商请求之日起六十日的时间。如果争端各缔约国共同认为斡旋、调停或调解程序未能解决争端，起诉方可在六十日期限内提出设立专家组的要求。

4. 参与本条规定的程序的缔约国如果认为斡旋、调停或调解程序未能解决争端，可以随时中止或终止这些程序。

5. 如争端各方同意，斡旋、调停或调解程序可在专家组程序进行的同时继续进行。

6. 争端的任何缔约国均可要求秘书处秘书长促进斡旋、调停或调解的进程，包括要求其主动提供这些服务。此类请求应通知争端解决机构和秘书处。

第 9 条　专家组的设立

1. 如不能通过磋商达成友好解决，申诉方应以书面形式将该事项提交争端解决机构，并请求成立专家组。专家组成立后应迅速通知争端各方。

2. 根据本条第 1 款所述，设立专家组的请求应表明是否进行过磋商，指明所争议的具体措施，并提供足以明确陈述问题的申诉的法律依据摘要。

3. 如果申请方要求设立一个不同于标准职权范围的专家组，则书面请求应包括特别职权范围的拟议文本。

4. 争端解决机构会议应在设立专家组的请求提出后十五日内召开，但至少提前十日通知争端解决机构。

5. 专家组应在本条第 4 款所述争端解决机构召开会议后十日内组成。

第 10 条　专家组的组成

1. 秘书处应在《协定》生效后，制订和保留一份愿意且能够担任专家组成员的指示性名单或者名册。

2. 各缔约国每年可向秘书处提名两位人选，列入指示性名单或名册，并说明他们与《协定》有关的专门知识领域。个人指示性名单或名册应由秘书处提交争端解决机构审议和批准。

3. 列在指示性名单或名册上的个人应：

(1) 具有法律、国际贸易、《协定》所涵盖的其他事项或解决国际贸易协定争端方面的专业知识或经验；

（2）根据客观性、可靠性和良好判断力来严格选择；

（3）公正、独立于任何一方，且不隶属于任何一方或接受任何一方的指示；以及

（4）遵守由争端解决机构制定并由部长理事会通过的行为守则。

4.除非争端各方另有协议，专家组成员的选择应确保其独立性和完整性，并应在争端主题事项方面具有足够多样化的背景和广泛的经验。

5.为确保和维护专家组成员的公正性和独立性，除非争端各方另有协议，否则争端缔约国的国民不得担任与该争端有关的专家组成员。

6.秘书处应向争端各方提名专家组成员。除有令人信服的理由外，争端各方不得反对提名。

7.如在专家组设立之日起三十日内，争端各方未就专家组的成员达成一致意见，应争端任一方的请求，秘书处秘书长与争端解决机构主席协商，经争端缔约国同意后，任命被认为最合适的专家组成员，以组成专家组。

8.争端解决机构主席应当在收到此类请求之日起十日内，将专家组的组成情况告知各缔约国。

9.如只有两个争端当事国，专家组应由三名成员组成。如有两个以上争端当事国，专家组应由五名成员组成。

10.专家组成员应以个人身份任职，不得担任政府代表或任何组织的代表。

11.专家组成员在审议当前的事项时，不得接受任何缔约国的指示或受其影响。

第11条 专家组的职权范围

1.除非争端各方在专家组成立后二十日内另有协议，专家组成员具有下列职权范围：

（1）根据争端各方引用的《协定》的有关规定，审查申诉方提交争端解决机构的事项；以及

（2）作出调查结果以协助争端机构提出建议或作出《协定》所规定的裁决。

2.专家组应处理争端各方援引的《协定》中的有关规定。

3.在设立专家组时，争端解决机构可授权其主席与争端各缔约国协商，并根据第1款的规定拟定专家组的职权范围。由此拟定的职权范围应分发给所有缔约国。如果商定了标准职权范围以外的其他职权，任何缔约国可向争端解决

机构提出与之有关的任何观点。

第 12 条 专家组的职能

1. 专家组的主要职能是协助争端解决机构履行其在《协定》下的职责。

2. 专家组在履行该职责时,应对其审理的事项进行客观评估,包括客观评估案件事实以及《协定》相关条款的可适用性以及是否符合该协定的有关规定,并作出调查结果以协助争端解决机构作出建议与裁决。

3. 专家组应与争端各方进行广泛和定期的磋商,并给予它们充分的机会,以达成双方满意的解决办法。

第 13 条 第三方

1. 争端所有当事方的利益,包括第三方的利益,应在专家组程序中得到充分考虑。

2. 第三方在通过争端解决机构将其实质性利益通知专家组后,如争端各方同意该实质性利益的主张有充分理由,则第三方应有机会陈述意见并向专家组提交书面意见。

3. 意见书的副本应送达争端各方,并应反映在专家组的报告中。

4. 如果第三方认为专家组程序中已涉及的措施损害或抵消了其根据《协定》所获得的利益,则该第三方可依据本议定书诉诸正常的争端解决程序。此类争端应尽可能提交原专家组解决。

5. 第三方应在专家组首次会议上收到争端各方提交的材料。

第 14 条 多方申诉程序

1. 如果一个以上缔约国就同一事项请求设立专家组,则可设立单一专家组审查这些申诉,但要考虑到所有有关缔约国的权利。在可行的情况下,应设立单一专家组审查此类申诉。

2. 单一专家组应组织审查并向争端解决机构提交调查结果,单一专家组确保争议各方在诉诸不同的专家组审查申诉时本应享有的权利不会受到任何损害。如果某一争端方提出请求,专家组应就有关争端分别提交报告。每一申诉方的书面陈述应提供给其他申诉方,并且每一申诉方均有权在另一申诉方向专家组陈述意见时在场。

3. 如果设立了多个专家组来审查与同一事项有关的申诉,则应尽可能地由相同的人员出任每个单独专家组的成员,并应协调处理此类争议的专家组程序时间表。

第 15 条　专家组程序

1. 专家组程序应具有足够的灵活性,以确保各专家组能有效和及时地解决争端。

2. 专家组成员应在与争端各方协商后,于专家组组成和确定其职权范围后七日内,确定专家组程序时间表。所制定的时间表应分发给所有缔约国。

3. 在确定专家组程序的时间表时,专家组应在第 2 款所述七日届满后的十个工作日内,规定争端各方提交书面意见的精确的时限。争端各方应遵守规定的时限。

4. 自专家组成立之日起至向争端各方发出最终报告之日止,专家组开展业务的期限不得超过五个月,在紧急情况下,包括涉及易腐货物的情况,该期限不得超过一个半月。

5. 如争端各方未能达成彼此满意的解决方案,专家组应以书面报告的形式向争端解决机构提交其调查结果。在这种情况下,专家组报告应列明事实调查结果、相关条款的适用性以及专家组所作调查结果和建议的基本理由。

6. 如果争端各方已就问题达成和解,专家组的报告应仅限于对案件的简要说明以及报告已达成的解决方案。

7. 如专家组确定其不能在五个月内发布报告,或在紧急情况下不能在一个半月内发布报告,则专家组应立即书面通知争端解决机构延迟发布报告的原因以及专家组能够发布报告的期限的评估。如专家组不能在本条第 4 款规定的期限内发布报告,则专家组应在其组成之日起九个月内发布报告。

8. 专家组的报告应在争端各方不在场的情况下起草,并应以当事方和任何其他个人、专家或机构根据本议定书提供的信息和证据为基础。

9. 专家组应作出一份反映专家组多数成员意见的单独报告。

10. 除非专家组在与争端各方磋商后另有决定,否则在不影响本条规定的情况下,专家组应遵循《关于专家组工作程序的附件》中规定的工作程序。

11. 专家组应争端双方的要求,可随时暂停其工作,暂停期限为双方商定的不超过十二个月的期限,并应申诉方的要求在该商定期限结束时恢复其工作。如申诉方在商定的暂停期届满前未要求恢复专家组的工作,则该程序应终止。专家组工作的暂停和终止不影响任何一方就同一事项在另一程序中的权利。

第 16 条　获取信息的权利

1. 在通知争端缔约国的有关机关后,专家组有权向其认为适当的任何来源寻求信息和技术建议。

2. 专家组有权向任何缔约国寻求信息和技术咨询,只要该缔约国不是争端当事方。

3. 当专家组向某一缔约国寻求信息或技术咨询时,该缔约国应当在专家组规定的时间内对提供此类信息的请求作出答复。

4. 未经信息提供方正式授权,不得披露所提供的机密信息。

5. 如一争端方提出有关科学或其他技术事项的事实性问题,专家组可要求具有相关资格和经验的专家评审组以书面形式提供咨询报告。

6. 专家评审组的成立规则及其程序规定在《专家审议附件》中。

7. 专家组可向任何有关来源获取信息,并可就可能提交其审议的任何事项征求专家的意见。

第 17 条　保密

1. 各专家组的审议情况应保密。

2. 争端一方应当将争端另一方提交给专家组并指定为机密的任何信息视为机密。

3. 本议定书的任何规定均不妨碍争端一方向公众披露其自身立场的声明。

4. 专家组的报告应在争端各方不在场的情况下,根据所提供的资料和所作的陈述起草。

5. 专家组报告中各成员发表的意见应是匿名的。

第 18 条　专家组报告

1. 专家组应审查争端各方的反驳意见和论点,并向争端各方发出一份载有争端事实和论点的说明性章节的报告草稿。

2. 争端各方应在专家组规定的期限内,以书面形式向专家组提交其对报告草案的评论。

3. 考虑到根据本条第 2 款收到的任何评论,或在接收争端各方书面意见的设定期限届满时,专家组应向争端各方发布一份临时报告,其中应包括说明性章节以及专家组的调查结果和结论。

4. 在专家组设定的期限内,争端任何一方均可在争端各方发布和分发最终报告之前,就临时报告的具体方面提出书面审查请求。

5. 应争端任何一方的请求,专家组应与争端各方举行会议,审查临时报告的具体方面的问题。

6. 如在规定的期限内未收到任何一方关于临时报告的意见,则临时报告应被视为最终报告,并应立即分发给争端当事方和任何利害关系方,并提交争端解决机构审议。

7. 专家组的最终报告应包括对在临时审议阶段提出的论点的讨论。

第 19 条　专家组报告的通过

1. 为使各缔约国有足够的时间审议专家组的报告,在专家组分发报告之日起二十日内,不得将报告提交争端解决机构审议。

2. 对专家组报告有异议的缔约国应向争端解决机构提供书面理由,解释其异议,其中可能包括发现新的事实,这些事实就其性质而言对裁决具有决定性影响,但前提是:

(1) 此类异议必须在审议专家组报告的争端解决机构会议召开前十日内通知争端解决机构;而且

(2) 提出异议的当事方应将异议副本送达争端其他各方和作出报告的专家组。

3. 争端各方应有权充分参与争端解决机构对专家组报告的审议,其意见应予以充分记录。

4. 自专家组最终报告分发给缔约国之日起六十日内,除非一争端方正式通知争端解决机构其上诉决定,或争端解决机构一致决定不通过该报告,否则该报告应在为此目的召开的争端解决机构会议上审议、通过和签署。如果一争端方已通知其上诉决定,则专家组的报告在上诉完成后方可由争端解决机构考虑通过。除本条另有规定外,争端解决机构的决定应为最终决定。

5. 争端各方有权在报告通过后七日内获得一份经签署的报告副本。

6. 某一缔约国应在向争端解决机构提出上诉决定之日起三十日之内,向争端解决机构提出对专家组报告的上诉。

第 20 条　上诉机构

1. 争端解决机构应设立常设上诉机构。上诉机构应听取专家组对案件的上诉。

2. 上诉机构应由七人组成,任何一个案件应由其中三人任职。

3. 上诉机构成员应实行轮流任职。这种轮换应根据上诉机构的工作程序确定。

4. 争端解决机构应任命人员在上诉机构任职,任期四年,每人可连任一次。

一旦出现空缺,即应予以填补。被任命接替任期未满的人员,其任期为前任的剩余任期。

5. 争端解决机构须在出现空缺之日起两个月内任命一人填补空缺。

6. 若争端解决机构未能在两个月内任命人员填补空缺,则争端解决机构主席应与秘书处协商后在一个月内填补空缺。

7. 上诉机构应由具有公认权威并在法律、国际贸易和各适用协定所涉主题方面具有公认专业知识的人员组成。

8. 上诉机构成员不得隶属于任何政府。上诉机构应广泛代表非洲大陆自由贸易区内的成员。咨询委员会的所有人员应随时待命,并应随时了解非洲大陆自由贸易区的争端解决活动和其他相关活动。他们不得参与审议任何可能造成直接或间接利益冲突的争端。

第 21 条　上诉

1. 只有争端当事方可对专家组的报告提出上诉。根据本议定书第 13 条第 2 款通知争端解决机构对此事有重大利害关系的第三方,可向上诉机构提交书面意见,并有机会向上诉机构陈述。

2. 一般情况下,从争端一方正式通知其上诉决定之日起至上诉机构分发其报告之日止,诉讼程序不得超过六十日。在确定其时间表时,上诉机构应考虑到本议定书第 7 条第 9(4)款的相关规定。如上诉机构认为其不能在六十日内提交报告,则应书面告知争端解决机构延迟提交报告的原因,并估计其提交报告的期限。在任何情况下,诉讼程序不得超过九十日。

3. 上诉应限于专家组报告所涉及的法律问题和专家组所作出的法律解释。

4. 上诉机构应根据需要提供适当的行政和法律支持。

5. 上诉机构任职人员的费用,包括差旅费和生活津贴,应根据非盟的财务规则和条例从非洲大陆自由贸易区预算中支付。

第 22 条　上诉审议程序

1. 工作程序应由上诉机构与争端解决机构主席协商后制定,并通知各缔约国供其参考。

2. 上诉机构的程序应保密。

3. 根据本条进行上诉不得超过九十日。

4. 上诉机构的报告应在争端各方不在场的情况下,根据所提供的资料和所作的陈述起草。

5. 上诉机构报告中由任职于上诉机构的个人发表的意见应当匿名。

6. 上诉机构应在上诉程序中处理依据本议定书第 21 条第 3 款提出的每一问题。

7. 上诉机构可以维持、修改或推翻专家组的法律调查结果和结论。

8. 上诉机构应制定一份反映其大多数成员意见的报告。

9. 上诉机构报告应由争端解决机构通过,争端各方应无条件接受,除非争端解决机构在向缔约国分发仲裁报告后三十日内以协商一致方式决定不通过该报告。这一通过程序不得妨碍缔约国就上诉机构报告表达意见的权利。

第 23 条　专家组和上诉机构的建议

如果专家组或上诉机构认为某项措施不符合《协定》,则应建议有关缔约国使该措施符合《协定》。除提出建议外,专家组或上诉机构还可向有关缔约国提出执行建议的方式。

第 24 条　对执行建议和裁决的监督

1. 缔约国应立即遵守争端解决机构的建议和裁决。

2. 有关缔约国应在专家组或上诉机构通过报告之日起三十日内举行的争端解决机构会议上,向争端解决机构通报其执行争端解决机构建议和裁决的意向。

3. 如有关缔约国发现立即遵守争端解决机构的建议和裁决是不可行,则应给予有关缔约国一段合理期限,但须遵守以下原则:

(1) 如果争端解决机构批准该建议,则有关缔约国应在所建议的期限内实行;或

(2) 如果没有获得批准,争议双方在专家组和上诉机构的报告以及争端解决机构的建议和裁决通过之日起四十五日内同意的期限;或

(3) 在没有此种同意的情况下,在建议和裁决通过之日起九十日内,通过具有约束力的仲裁确定一段时间。在此类仲裁中,仲裁员应遵循的指导原则是,执行专家组或上诉机构建议的合理期限不超过自专家组或上诉机构报告通过之日起十五个月。但是,此期限可视具体情况缩短或延长。

4. 如果争端当事方在将该事项提交仲裁后十日内,未能就仲裁员人选达成一致,则秘书处应在与双方协商后十日内与争端解决机构协商以指定仲裁员。

5. 秘书处应随时向争端解决机构通报根据本议定书作出的决定的执行情况。

6. 除非专家组或上诉机构根据本议定书第15条第7款或第21条第2款延长提交报告的时间外,自争端解决机构设立专家组之日起至确定合理期限之日止的期限不得超过十五个月,除非争端各方另有约定。如专家组或上诉机构延长了提交报告的时间,所需的额外时间应加上十五个月的期限;除非争端各方同意存在特殊情况,否则总时间不得超过十八个月。

7. 如果就遵守建议和裁决所采取的措施是否存在或是否与适用协定相一致的问题上存在分歧,则此类分歧应通过诉诸这些争端解决程序加以决定,包括在可能的情况下诉诸原专家组。专家组应在成立之日起九十日内分发其报告。如果专家组认为无法在此期限内分发其报告,则应书面告知争端解决机构延迟原因以及提交报告的估计期限。

8. 争端解决机构应监督已通过的建议或裁决的执行情况。在建议或裁决通过后,任何缔约国均可在任何时间向争端解决机构提出有关建议或裁决执行方面的问题。除非争端解决机构另有决定,建议或裁决的执行问题应在根据本条第3款确定合理期限之日起六个月后列入争端解决机构会议议程,并应保留在争端解决机构议程上,直至问题得到解决。

9. 在每次争端解决机构会议召开前至少十日,有关缔约国应向争端解决机构提供一份详细的状况报告,其中应包括:

(1) 该裁定和建议的执行程度;

(2) 影响裁决和建议执行的任何问题;

(3) 有关缔约国所请求的充分遵守裁决和建议执行的期限。

第 25 条　补偿和中止减让或任何其他义务

1. 缔约国有义务全面执行争端解决机构的建议和裁决。如果争端解决机构通过的建议和裁决未在合理期限内执行,则受害方可采取补偿、中止减让或其他义务方面的临时措施。但是,补偿、中止减让或其他义务均不如完全执行所通过的建议。补偿是自愿的,如果给予,则应符合《协定》。

2. 中止减让或其他义务应是暂时的,只在符合《协定》的范围内适用,并应持续到下列时间:直至与《协定》不一致的情况或任何其他已确定的违约情况消除;或缔约国执行了建议,或对不遵守协定所造成或引起的损害提供解决办法;或达成双方满意的解决方案。

3. 如争端解决机构的裁决和建议未在合理期限内得到执行,受损害的一方可要求争端解决机构采取临时措施,包括赔偿和中止减让。

4. 如果有关缔约国未能使被认定不符合《协定》的措施符合《协定》的规定，或未能在根据本议定书第 24 条第 3 款确定的合理期限内遵守决定和裁定，则该缔约国应根据请求与申诉方进行谈判，以期达成双方均可接受的补偿。如果在二十日内未能达成令人满意的补偿，申诉方可请求争端解决机构授权中止向有关缔约国适用《协定》规定下的减让或其他义务。

5. 在考虑中止哪些减让或其他义务时，申诉方应适用以下原则和程序：

（1）总的原则是，起诉方应首先寻求对与专家组或上诉机构认定有违反义务或造成无效或损害的部门相同的部门中止减让或其他义务；

（2）如该缔约方认为中止对相同部门的减让或其他义务不可行或无效，则可寻求中止《协定》项下其他部门的减让或其他义务；

（3）如该缔约方认为中止对本协议其他部门的减让或其他义务不可行或无效，且情况足够严重，则该缔约国可寻求中止《协定》项下的减让或其他义务；而且

（4）如果争端一方决定根据第（2）款或第（3）款请求授权中止减让或其他义务，则该方应在向争端解决机构提出的请求中说明理由。

6. 在适用上述原则时，该缔约方应考虑：

（1）专家组或上诉机构认定存在违反义务或其他造成无效或损害的部门贸易，以及该贸易对该方的重要性；以及

（2）与无效或损害有关的更广泛的经济因素及中止减让或其他义务的更广泛的经济后果。

7. 争端解决机构授权的中止减让或其他义务的程度应等于无效或损害的程度。

8. 当本条第 4 款所述情况发生时，争端解决机构应在请求之日起三十日内授权中止减让或其他义务，除非争端解决机构经协商一致决定拒绝该请求。但是，如果有关缔约国对提议的中止程度有异议，或者声称在申诉方根据本条第 5 款（2）项或（3）项请求授权中止减让或其他义务的情况下，未遵循第 5 款所规定的原则和程序，则应将该事项提交仲裁。如果存在原专家组成员的话，则此类仲裁应由原专家组进行，或由争端解决机构主席指定的仲裁员进行，该程序应在合理期限结束之日起六十日内完成。在仲裁过程中，不得中止减让或其他义务。

9. 根据本条第 7 款行事的仲裁员不得审查拟予中止的减让或其他义务的性质，而应确定中止的程度是否等同于无效或损害的程度。仲裁员还可决定是否

允许根据本协定暂停减让或其他义务。但是,如果提交仲裁的事项包括本条第3款所规定的原则和程序未被遵循的主张,仲裁员应审查该主张。如果仲裁员确定这些原则和程序未被遵循,则申诉方应根据本条第5款适用这些原则和程序。争议当事方应将仲裁员的裁决视为最终裁决并予以接受,不得寻求第二次仲裁。仲裁员的裁决应立即通知争端解决机构,争端解决机构在收到请求后应授权中止减让或其他义务,只要该请求与仲裁员的裁决一致,除非争端解决机构经协商一致决定拒绝该请求。

第 26 条　费用

1. 争端解决机构应根据非盟的财务规则和条例确定专家组成员、仲裁员与专家的报酬和费用。

2. 专家组成员、仲裁员和专家的报酬、差旅费和住宿费应由争端各方平均承担,或按争端解决机构确定的比例承担。

3. 争端一方应承担争端解决机构确定的所有其他程序费用。

4. 争端各方应在专家组设立或组成时向秘书处缴纳其应承担的专家组成员费用份额。

第 27 条　仲裁

1. 当事方经协商一致,可以申请仲裁,并应就仲裁诉讼所采用的程序达成一致。

2. 可能根据本条将争端提交仲裁的争端各方不得同时将同一事项提交争端解决机构。

3. 当事方同意诉诸仲裁的,应通知争端解决机构。

4. 只有经仲裁程序各方同意,第三方才能加入仲裁程序。

5. 仲裁程序的各方应当遵守仲裁裁决,并将该裁决通知争端解决机构以便执行。

6. 如争端一方拒绝合作,则申诉方应将该事项提交争端解决机构裁决。

7. 仲裁裁决应依照本议定书第24条和第25条的规定执行(细节上可作必要修改)。

第 28 条　技术合作

1. 应缔约国请求,秘书处可就争端解决提供额外的法律咨询和协助,但须以能够确保秘书处继续保持公正的方式进行。

2. 秘书处可为具有利害关系的各缔约国举办有关争端解决程序和做法的

特别培训班,使这些缔约国能够发展有关争端解决机制的专家能力。

第 29 条　秘书处的职责

1. 秘书处应负责协助专家组,特别是就所处理事项的法律、历史和程序方面提供协助,并提供秘书支持。

2. 秘书处应按照本议定书为专家组的组成提供便利。

3. 为履行本议定书第 28 条规定的职能,秘书处应利用在国际贸易法方面具有丰富经验的专家协助专家组成员。

4. 秘书处应履行《协定》和本议定书所要求的其他职能和职责。

5. 秘书处应负责来自或发往争端解决机构和缔约国的所有有关通知。

第 30 条　解释规则

专家组与上诉机构应根据国际公法解释习惯解释规则,包括 1969 年《维也纳条约法公约》,来解释本协定的条款。

第 31 条　修正

本议定书应根据《协定》第 29 条予以修正。

兹证明,我们非洲联盟成员国的国家元首和政府首脑或正式授权的代表签署了以阿拉伯文、英文、法文和葡萄牙文作成的本协议正本四份并加盖了印鉴,所有文本具有同等效力。

本协定于 2018 年 3 月 21 日在基加利签署。

非洲前政要演讲选[①]

[①] *60 years OAU-AU 1963—2023*，*Speeches and Statements made at the first OAU Summit*，May，1963. https://au. int/sites/default/files/documents/43261-doc-AUECHO _ 2023 _ SPECIAL _ EDITION _ SPEECHES. pdf.

埃塞俄比亚皇帝海尔·塞拉西一世①的演讲

杨志宇 译 汤 诚 校②

　　以我们的名义,并以埃塞俄比亚政府和人民的名义,我们欢迎今天来到埃塞俄比亚参加此次庄严会议的非洲独立国家的国家元首和政府首脑们。此次会议史无前例。非洲大陆及其儿女的奉献和献身精神,再次得到了强有力的证明。对非洲和所有非洲人而言,这的确是一个具有重要历史意义的日子。

　　今天,我们站在世界事务的舞台。面对世界舆论,我们齐聚一堂,是为表明我们在世界事务走向中的作用,也为履行领导这个拥有两亿五千万人口的伟大大陆的责任。今天的非洲,正处于从过去向未来的过渡阶段。此刻我们站立于此,从过去走向未来;我们已经开始着手的任务,不容等待;非洲的建设,不容等待。我们必须行动起来,形塑未来,在历史长河之中留下我们的印记。

　　通过此次会议,我们力求确定未来的方向,并规划命运的航程。同样重要的是,我们要知道我们从何而来。对过去的认知,对确立我们作为非洲人的个性和身份至关重要。

　　这个世界并非零敲碎打地创造出来的。非洲的诞生,既不比地球上其他区域晚,也不比其他区域早。非洲人和其他区域的人一样,拥有人类的所有属性,天赋和缺陷、美德和缺点。几千年前,非洲文明繁荣昌盛,与其他大陆的文明相

---

①　本文为海尔·塞拉西一世(Haile Selassie I, 1892—1975)在1963年亚的斯亚贝巴非洲国家首脑会议上的发言。海尔·塞拉西一世,原名塔法里·马康南(Tafari Makonnen),是埃塞俄比亚帝国(1941年前称阿比西尼亚帝国)的末代皇帝,统治时间为1930年11月2日至1974年9月12日。在第二次世界大战期间,海尔·塞拉西一世领导埃塞俄比亚抗击意大利的侵略,并在战后积极支持非洲和第三世界人民反对殖民主义、帝国主义的斗争。1963年5月,30个独立的非洲国家代表在亚的斯亚贝巴举行会议,建立非洲统一组织,他当选为名誉主席。

②　杨志宇,上海师范大学非洲研究中心硕士生;汤诚,上海师范大学图书馆副研究馆员,非洲研究中心博士。

比毫不逊色。在那些世纪里,非洲人政治自由,经济独立。他们的社会形态是自己的,他们的文化是真正本土的。

笼罩在非洲最早时代到非洲被重新发现之间的几个世纪的迷雾正在逐渐被驱散。可以确定的是,在那些漫长的岁月里,非洲人生于斯、长于斯、死于斯。地球上其他地方的人们忙于自己的事务,自负地宣称世界始于他们的地平线,也终于他们的地平线。他们全然不知,非洲正在按照自己的模式发展,在自己的生命中成长,并在 19 世纪最终重新进入世界的意识当中。

过去一百五十年发生的事件无需赘述。我们被迫陷入的殖民主义时期,最终导致我们的大陆被束缚和捆绑;我们曾经骄傲和自由的人民遭受屈辱和奴役;非洲的地形被人为和任意的疆界划分得支离破碎。在那些苦难的岁月里,我们许多人在战斗中被击倒,甚至流血牺牲,还有一些人被卖身为奴。这是殖民主义者为他们提供的"保护"和处置财产所索取的代价。非洲成为被剥削的物质资源,非洲人则成为可被购买的财产,或者充其量成为沦为附庸和奴仆的民族。非洲是其他国家产品的市场,也是为其工厂提供原料的来源。

如今,非洲已经走出这段黑暗的岁月。我们的世界末日已经过去。非洲作为一个自由的大陆已获重生,非洲人作为自由人已获重生。曾经流淌的鲜血和忍受的苦难,如今已成为非洲争取自由和团结的代言。那些拒绝接受殖民者对他们的审判,在最黑暗的时刻坚定不移地坚持非洲应该摆脱政治、经济和精神统治的人们,将在与非洲人相遇的任何地方被铭记和敬仰。他们中的许多人从未踏足这片大陆,其他人则生于斯死于斯。与那些以身作则地向我们展示自由和人类尊严的珍贵,并展示出没有自由和人类尊严的生命是多么微不足道的人们的英勇斗争相比,我们今天所表达的,并不能增添其价值,因为他们的事迹,早已载入史册。

非洲的胜利虽得以宣告,但尚未完全实现,抵抗的地区依然存在。今天,我们的首要任务是最终解放仍受外国剥削和控制的非洲人。目标就在眼前,胜利触手可及,但我们不能动摇,不能停顿,不能松懈,我们必须最后奋力一击。现在,斗争已渐入疲态,胜利已如此之多,激动人心的成就感已让我们近乎满足。但是,除非所有非洲人都获得自由,否则我们的自由毫无意义。我们在罗得西亚、莫桑比克、安哥拉和南非的兄弟们,正在痛苦中呼唤我们的支持和援助。我们必须在他们的斗争中,与他们站在一起并支持他们。如果我们仅仅在口头上支持他们的解放事业,而没有用行动来支持我们的言辞,那就是背叛。我们要对他们说,你们的请求不会无人理睬。非洲和所有热爱自由的国家的资源都将为你们服务。请保持乐观,因为你们的解放即将到来。

当我们重申让整个非洲都获得自由的誓言时,也让我们下定决心,治愈旧日的创伤,遗忘过去的伤痕。近二十五年前,埃塞俄比亚就这样对待侵略者,埃塞俄比亚人在这一过程中找到了和平与荣耀。对过去不公正的记忆,不应使我们偏离当前更紧迫的事务。我们必须与前殖民者和平共处,避免相互指责和怨恨,摒弃复仇和报复的奢望,以免仇恨的酸液侵蚀我们的灵魂,毒害我们的心灵。让我们以非洲人的尊严行事,为我们自己的特质、特点和能力感到自豪。作为自由人,我们必须努力建立新的关系,消除任何怨恨和敌意,恢复我们对自己作为个体的信念和信心,与其他同样自由的人民平等交往。

今天,我们冷静、自信、勇敢地展望未来。我们憧憬一个不仅自由而且统一的非洲。面对这一新挑战,我们可以从过去的经验教训中获得安慰和鼓励。我们知道,我们之间存在差异。非洲人享有不同的文化、独特的价值观和特点。但我们也知道,即使来自迥异的背景,也能而且已经实现了团结。种族、宗教、文化和传统的差异,并非各民族走到一起不可逾越的障碍。历史教导我们,团结就是力量;历史也告诫我们,在寻求共同利益的过程中要淡化并克服我们的分歧,以我们联合起来的力量,为实现真正的非洲兄弟情谊和统一而奋斗。

有些人声称非洲不可能实现统一,认为那些将我们拉向不同方向的力量太过强大,难以克服。在我们周围,不乏怀疑和悲观情绪,也不乏批评和指责。这些人谈论非洲,谈论非洲的未来,谈论其在 20 世纪的地位时,用的都是阴沉的语调。他们预言非洲人之间将出现分歧和分裂,预言我们的大陆将陷入内讧和混乱。让我们用实际行动粉碎这些预言,让其在这些预言家的困惑中消散。还有一些人对非洲抱有美好的希望,他们希冀以惊奇和敬畏的目光创造崭新而幸福的生活,他们致力于实现这一目标,并受到兄弟们的榜样激励。非洲过去的成就要归功于这些兄弟们。让我们回报他们的信任,赢得他们的赞许。

非洲统一之路已树立起里程碑。近年来,会议、大会、声明和公告接踵而至。区域性组织已经建立。基于共同利益、背景和传统的地方性团体也已创建。

但是,纵观这些年来所说、所写、所做的一切,始终贯穿着一个共同的主题。统一是公认的目标。我们对实现它的技术和战术争论不休,但撇开语义不谈,我们之间几乎没有争议。我们决心创建一个非洲人的联盟。从某种真正意义上而言,我们的非洲大陆尚未建成;它仍在等待它的创造者。我们的责任和优先事项是唤醒沉睡的非洲巨人,而非唤醒19世纪欧洲的民族主义,也非唤醒地区意识,而是唤醒一个非洲兄弟情谊的愿景,使其团结一致来实现更伟大、更崇高的目标。

最重要的是,我们必须避免部族主义的陷阱。如果我们因部族而分裂,就会为外国干涉敞开大门,并可能带来有害的后果。刚果就是上述所说情况的明证。尽管刚果的局势有所改善,但我们不能因此沾沾自喜。由于部族纷争,刚果人民遭受了难以言喻的苦难,国家的经济增长也受到严重阻碍。

尽管我们一致认为,本大陆的最终命运在于政治联合,但我们也必须认识到,要实现这一目标,障碍重重,挑战严峻。非洲人民并非在统一的条件下获得自由。非洲人维持着不同的政治制度,维持着多元的经济状况,我们的社会秩序植根于不同的文化和传统。此外,对于这个联盟该"如何做"和"做什么",我们也没有明确的共识。联盟的形式是联邦制、邦联制还是单一制?各独立国家的主权是否需要削弱,削弱多少,在哪些领域削弱? 在这些问题和其他问题上仍未达成一致意见。如果我们等待达成共识的答案,那么几代人之后,事情也不会有什么进展,而辩论仍将继续。

因此,我们无须担心无法在一夜之间实现完全的联盟。我们所追求的联盟只能逐步实现,正如我们每天取得的进步,虽然缓慢但不可逆转地推动我们沿着这条道路缓慢前进。美国和苏联的例子在前。我们必须记住,它们花了多长时间才能实现联盟。奠定了坚实的基础之后,如果建筑工人技艺高超,材料优良,那就能建起一座坚固的房屋。

因此,过渡期不可避免。旧的关系和安排可能还会在一段时间内存续。区域组织可能会履行目前尚无法以其他方式满足的合理职能和需求。但区别在于:我们认识到这些只是暂时的权宜之计,直到我们创造条件,实现非洲的完全统一。

尽管如此,我们仍可做很多事情来加速这一过渡。在某些问题上,我们立场一致;在某些问题上,我们意见一致。我们要抓住这些达成共识的领域,并加以充分利用。我们现在就要采取行动,在考虑到当前现实的同时,沿着命运为我们规划的方向取得明确且显而易见的进步。无论内部的政治制度如何,我们都信奉民主行动的原则。让我们将这些原则应用于要建立的统一中去。我们要在政治、经济、社会和军事等各个领域制定自己的计划。那些对非洲发展持反对态度的人,从非洲大陆的分裂和割据中获得了极大满足,他们也会从三十多个非洲国家因对长期措施和目标的争议而分裂、瘫痪和无法行动的悲惨景象中获得极大满足。如果我们在可行的领域采取行动,这将带来积极结果,并必然推动我们进一步迈向最终的联盟。

尽管过去多年来一直在努力,但我们仍然缺乏一种机制,让我们能够在希望以一个声音说话时这样发声,并在我们有意时就非洲问题作出并执行决定。1963 年的评论家们在讨论非洲问题时,谈到了蒙罗维亚国家、布拉柴维尔集团、卡萨布兰卡集团等。让我们结束这些称谓。我们需要的是一个单一的非洲组织,通过它发出非洲的统一声音,通过它研究和解决非洲的问题。我们需要这样一个组织,来为解决非洲人的争端制定可接受的解决方案,并推动共同防御措施的研究和采纳,以及经济和社会领域的合作计划。让我们在这次会议上,基于我们都认同的原则,创建一个我们都能参与的机构。我们确信在其理事会中,我们的声音将具有适当的分量,并确信其决定将只由非洲人作出,并将充分考虑所有重要的非洲因素。

我们今天相聚于此,是要为非洲统一奠定基础。让我们此时此地就基本文件达成一致,以此为非洲大陆未来的和平、和谐与统一奠定基础。让我们今后的会议以此坚实的成就为起点。我们不要将这次会议必须采取的唯一行动、作出的唯一决定推迟到以后再考虑和研究。只有这样,这次会议才具有真正的意义。不通过《非洲宪章》,本次会议就不能结束;不建立一个我们所描述的非洲组织,我们就不能离开这里。如果上述任务未能完成,就是我们对非洲和所领导的人民的失职。如果我们成功了,那么也只有到那时,我们才能证明我们在这里的意义。

我们所说的组织必须有一个结构良好的框架,有一个常设总部和一个胜任的秘书处,以保持常设机构会议之间必要的连续性。它还必须包括专门机构,以处理分配给各组织的特定领域事务。除非非洲人为之奋斗已久的政治自由得到相应的经济和社会发展的补充和支持,否则,维持我们自由的生命之气可能会熄灭。在我们努力提高人民生活水平和充实独立基础的过程中,我们需要依靠他人的援助和支持。但仅靠这些是不够的,而且只会使非洲永远依赖他人。

因此,需要设立一个专门机构来推动和协调整个非洲大陆的经济计划,并提供非洲国家间相互进行经济援助的机制。该机构可迅速采取措施来增加我们之间的贸易和商业。非洲矿产资源丰富,我们应合作开发这些资源。我们需要制定一项非洲发展计划,该计划将使每个国家专注于那些最适合其资源、地理和气候条件的生产活动。我们假定每个非洲国家都有自己的国家发展计划,现在我们只需相聚一堂分享经验,来确保非洲大陆计划的正确实施。现在,非洲国家之间的旅行以及电报和电话通信极为迂回曲折。两个邻国之间的陆路交通往往很困难,甚至难以实现。难怪我们之间的贸易一直处于令人沮丧的低水平状态。这些不合时宜的现象是我们必须摆脱遗产残余;是那个世纪遗留的让非洲人彼此孤立的遗产。这些都是我们必须集中精力解决的关键领域。

另一个应立即实施的项目是成立非洲开发银行,我们各国政府都全力支持这一提议,并已对其进行了深入研究。未来几周内财政部部长会议将在喀土穆举行,应将这一提议转变为现实。这次会议还可以适当地继续研究现有区域经济集团对非洲的影响,并开展进一步的研究,以加速扩大我们之间的经济联系。

如同世界各大洲一样,非洲国家之间也时常发生争执。这些争执必须限制在非洲大陆之内,不受非洲以外因素的干扰。必须商定永久性安排,以协助和平解决争端。这些分歧无论多么少,都不能任其发展和恶化。必须制定和平解决争端的程序,以使武力的威胁或使用不再危及我们大陆的和平。

必须采取措施建立非洲防卫体系。非洲大陆安全的军事规划必须在一个集体框架内共同进行。保护这片大陆不受境外武装袭击的责任主要在于非洲人自己。任何非洲国家受到军事侵略的威胁时,必须能够提供迅速和有效的帮助。我们不能仅仅依靠国际道义。非洲对自身事务的控制取决于是否存在适当的军事安排,以确保这片大陆免受此类威胁。在捍卫自身独立的同时,我们必须决心与世界各国和平共处。

非洲于最艰难困苦的情形下获得自由。我们所面临的诸多障碍之中,不少源于我们的人民受教育程度低,缺乏对非洲同胞的了解。国外教育充其量只是国内教育不完善的替代品。我们必须在教育和文化领域作出巨大努力,这不仅包括提高识字率,为增长和发展提供所需的熟练和训练有素的技术人员,还包括增进我们之间的相互了解。几年前,埃塞俄比亚为来自非洲其他国家的学生设立了一项奖学金计划。事实证明,该计划非常有益且富有成效。我们敦促其他国家也开展此类项目。我们应认真考虑设立一所由所有非洲国家共同赞助的非洲大学。在这里,非洲未来的领导人将在大陆兄弟情谊的氛围中接受培训。在这个非洲机构中,非洲生活的超国家层面将导向非洲完全统一的最终目标。埃塞俄比亚已准备在此时此地决定大学的选址,并确定对大学的财政捐助。

这只是对可以实现的目标的最简单概括。对于这些措施,我们都达成了一致,现在我们的共识应成为行动的基础。

非洲在世界事务中的影响力与日俱增,因为我们的集体意见不仅集中于与非洲大陆有关的事项上,还集中于世界各地所有人都在思考的那些紧迫问题上。随着我们彼此了解的加深及相互信任和信心的增长,我们能够协调政治和行动,并为成功解决紧迫和关键的世界问题作出贡献。

这并非易事。但是,如果我们的意见要得到应有的重视,所有非洲国家就必须就共同的问题采取协调行动。我们非洲人在本世纪的国家中占据着与众不同,实际上是独一无二的地位。长期以来,我们遭受压迫、暴政和奴役,那么谁比我们更有资格为所有人争取机会和权利,像自由人一样生活和成长呢?几十年来,难道我们不是不公正和未能享有人类应得权利的受害者?我们要求停止核试验和军备竞赛,因为这些活动是错误的,它们对人类的生存构成了可怕的威胁,浪费和挥霍了人类的物质财产。我们要求结束种族隔离,因为这是错误的,这是对人类尊严的侮辱。在这些问题上,我们出于崇高的原则行事,我们行动的出发点是我们最深层的正直和信念。

如果我们允许被狭隘私利和虚荣野心所诱惑,如果我们为换取短期利益而出卖自己的信念,那当我们声称为良知发声时,谁会来听?谁会认为我们的话值得重视?我们必须勇敢、公开、诚实地就世界重大问题发表意见,必须直言不讳地讲述对错。如果我们屈服于甜言蜜语或威胁,如果我们在不可能作出体面妥协的情况下妥协,我们的影响力就会削弱。我们不要背弃理想,也不要牺牲作为贫困者、无知者、被压迫者的捍卫者的权利。我们的行为和态度必须明确无误。只有原则才能赋予我们的行为以力量和意义。让我们忠于自己的信仰,让信仰为我们服务,为我们争光。

今天,我们以原则和正义的名义重申,我们反对任何形式的偏见,特别是我们要再次承诺消除本大陆上的种族歧视。只要非洲任何地方仍有人声称种族歧视存在,我们就永远无法满足于已有的成就,因为种族歧视是对我们为之奋斗的精神和心理平等的否定,也是对非洲人为之奋斗的人格和尊严的否定。只要南非种族隔离展现出的有辱人格的景象仍昼夜不停地困扰我们,我们的政治和经济自由就将毫无意义。我们必须加倍努力,将南非种族隔离这一罪恶从我们的土地上驱逐出去。如果我们利用现有的手段,南非的种族隔离制度就会像殖民主义一样,很快成为历史的记忆。如果我们集中资源并善加利用,这一幽灵将永被驱逐。

在努力实现这一目标的进程中,与我们的其他努力一样,我们与亚洲朋友和兄弟团结一致。非洲与亚洲有着殖民主义、被剥削、被歧视和被压迫的共同遭遇。在万隆会议上,非洲和亚洲国家致力于将这两个大陆从外国统治中解放出来,并申明所有国家都有权在不受任何外来干涉的情况下以自己的方式发展。《万隆宣言》及其原则今天对我们所有人仍然有效。我们希望印度和中国领导人本着万隆精神,为解决两国之间的争端开辟和平的道路。

我们还必须谈及核灾难的危险,它威胁着我们所珍视的和所宝贵的一切,包括生命本身。被迫在这种不祥的阴影之中度过日常生活,我们不能失去希望,也不能陷入绝望。不受控制的核冲突所带来的后果是如此可怕,以至于任何一个有理智的人都无法容忍。我们必须达成一致:非洲必须获得自由和保护,并作为一个无核化区,以免遭受卷入核军备竞赛的后果。

尼日利亚、阿拉伯联合共和国和埃塞俄比亚参加的日内瓦谈判仍在继续,进展缓慢且艰难。我们无法获知,在已取得的有限进展中,有多大一部分可以归功于不结盟国家在这些讨论中日益重要的作用,但我们可以从核大国为达成最终协议而采取的试探性步骤中获得些许满足感。我们仍然相信,为驱散未来地平线上的阴云,在我们努力下必将取得成功,因为失败不可想象。我们需要持久的耐心和坚定的决心,并坚信全能的上帝会指引我们前进。

最后,我们不能没有提到联合国就结束演讲。我们个人一生都以集体安全原则作为指导和启发,因此现在不会提出任何背离或不符合这一理想或《联合国宪章》宣言的措施。放弃一项经得起时间考验并在过去一再证明其固有价值的原则,确实是愚蠢之举。削弱当今存在的唯一有效的世界组织,尤其是削弱这个虽不完美,但提供了最佳屏障来防止任何力量剥夺我们来之不易的自由和尊严的组织,更是愚不可及。

我们所说的《非洲宪章》完全符合《联合国宪章》的精神。我们设想的非洲组织绝不是要取代联合国在国家或国际活动中的地位。相反,我们建议的措施将补充和完善联合国及其专门机构的计划,并希望使双方的活动倍有意义和卓有成效。我们所追求的,是使我们的共同努力倍增对确保世界和平、促进人类福祉和理解所作出的贡献。

一个世纪之后,当后人翻开历史的篇章,试图追踪和理解非洲大陆的成长与发展时,他们会发现这次会议是怎样的呢?人们是否会记得,在这次会议上,解放了的非洲的领导人果敢而坚定地行动起来,决心按照自己的意愿来塑造非洲人民的未来命运呢?这次会议是否将因其取得的丰硕成果,因其所作决定的智慧和成熟而受到纪念呢?还是会因为非洲领导人无法超越地方偏见和个人分歧而被回忆,带来随之而来的失望和幻灭呢?

　　这些问题让我们所有人都停下来思考。答案掌握在我们自己手中。今天摆在我们面前的挑战和机遇,比非洲千年史中的任何时期都更为重大,当然我们面临的风险和危险同样巨大。历史和环境赋予我们的巨大责任,要求我们平衡和冷静的思考。如果我们成功地完成了摆在面前的任务,我们的名字将被铭记,我们的事迹将被后人回忆。如果我们失败了,历史将对我们的失败感到困惑,并为失去的机会而哀悼。我们以祈祷的心态展望未来的日子,希望在此聚会的人能获得智慧、判断力和灵感,使我们能够对信任并将命运托付给我们的各国人民和国家持守信心。

加纳共和国总统克瓦米·恩克鲁玛[①]的演讲

杨志宇 译 汤 诚 校[②]

尊敬的阁下们、同事们、兄弟们、朋友们：

在非洲国家首脑们第一次集会时，我荣幸成为会议的东道主，当时只有 8 个独立国家的代表参加。5 年后的今天，在亚的斯亚贝巴，多达 32 个国家的代表，作为海尔·塞拉西一世皇帝陛下和埃塞俄比亚政府和人民的客人在这里相聚一堂。我谨代表加纳政府和人民，对皇帝陛下的热诚欢迎和慷慨款待致以深切谢意。

在这一短暂的时期内，独立国家数量的猛增，是我们人民不屈不挠和不可抗拒的独立浪潮的有力证明，也是本世纪后半叶世界革命形势迅速发展的标志。在面临大陆统一的任务中，我们一定要与整个革命形势的发展步调一致，否则不进则退。这项任务只能由我们这代人，而不能由任何其他世代的人来完成。在我们这个时代，如果跟不上前所未有的行动和事件的发展势头，那将是自寻失败，自我毁灭。

全大陆赋予我们的重任，就是要在此次会议上为我们的联盟奠定基础。我们的具体责任，就是通过在此设立必不可少的组织机构，来执行这一任务。

不久我们就会发现，本大陆反对殖民主义的斗争，并未因实现国家独立而结

---

① 本文为克瓦米·恩克鲁玛(Kwame Nkrumah, 1909—1966)在 1963 年亚的斯亚贝巴非洲国家首脑会议上的发言。克瓦米·恩克鲁玛，加纳的首位总理兼总统，也是非洲泛非主义运动的主要领导人之一。他于 1947 年创立了加纳的统一大会党(Convention People's Party, CPP)，1957 年 3 月 6 日，在恩克鲁玛的领导下，黄金海岸成为撒哈拉以南非洲第一个获得独立的国家，并更名为加纳。恩克鲁玛成为加纳的首任总理。1960 年，加纳宣布成为共和国，恩克鲁玛当选为首任总统。恩克鲁玛是泛非主义的坚定支持者，倡导非洲国家的团结和联合。他希望建立一个统一的非洲国家，抵抗殖民主义和新殖民主义的影响。他还支持其他非洲国家的独立运动，并积极参与了非洲统一组织(OAU，简称非统组织，非盟的前身)的创立。恩克鲁玛被视为非洲解放和统一运动的象征，他的思想对后来的非洲领导人和独立运动产生了深远影响。

② 杨志宇，上海师范大学非洲研究中心硕士生;汤诚，上海师范大学图书馆副研究馆员，非洲研究中心博士。

束。独立只是序幕,接踵而来的是更加错综复杂的斗争。我们要争取的,是管理我们经济和社会事务的权利,是按照我们的意愿来建设自己的社会,是不受压迫性和屈辱性的新殖民主义的控制和干涉。

从一开始,我们就面临快速变革带来的挫败的威胁,但快速变革是必须的;我们也面临不稳定的威胁,因此不懈努力和有序治理必不可少。

分散的行动,或是善意的决心,都不能解决我们目前的问题。唯一有效的办法,就是团结一致,建立统一的非洲。我们已经到了这样一个阶段:要么团结起来,要么重蹈拉丁美洲的覆辙——在经历一个半世纪的政治独立之后,又不情愿和痛苦地沦为帝国主义的猎物。

作为一个大陆,我们在一个不同的时代实现了独立,而此时的帝国主义变得更强大、更残忍、更有经验、在国际交往中更加危险。我们的经济进步,要求结束殖民主义和新殖民主义在非洲的统治。

但正如大家所知,形塑我们国家的命运,需要每个国家的政治独立,并为此全力以赴;那么同样必须承认的是,我们的经济独立取决于非洲联盟,并同样需要专注于政治成就。

全大陆的统一,并不比各自国家的独立更容易。如果与殖民主义交好,全大陆的统一即使不失败,也将被延误。非洲统一,首先属于政治范畴,只能以政治手段来实现。非洲的社会经济发展,只能在这个政治范畴内实现,而非相反。美利坚合众国和苏维埃社会主义共和国联盟,都是先有革命人民的政治抉择,此后才有强大的社会力量和物质财富的现实。

除了同心协力,还有什么办法能使我们大陆最富饶但仍受奴役的地区从殖民占领下解放出来,并使之有益于我们大陆的全面发展呢? 我们大陆去殖民化的每一步,都会在有殖民驻军的地区遭遇更大抵抗。

这是出于帝国主义利益来支撑殖民主义和新殖民主义的重大图谋。如果将其视为孤立无关的个别行动,那就是在以最令人痛心的方式欺骗自己。当葡萄牙侵犯塞内加尔的边境,当南非的维沃尔德①把预算的七分之一拨给军队和警

---

① 译者注:亨德里克·弗伦施·维沃尔德(Hendrik Frensch Verwoerd, 1901—1966),南非政治家和社会学家,以推动并维护种族隔离制度而臭名昭著。维沃尔德是南非国民党(National Party)的重要领导人之一,1958 年到 1966 年曾担任南非总理。在他的领导下,南非政府进一步强化了种族隔离政策,使其成为国家法律。他的政策规定了严格的种族分类,剥夺了黑人和其他非白人种族的政治权利,并强制将他们迁往所谓的"班图斯坦"或"黑人家园"。维沃尔德的政策和措施受到国际社会的广泛批评,并导致南非在国际上的孤立。他于 1966 年遇刺身亡。

察,当法国作为其防卫政策的一部分建立起干预部队以便对法语非洲进行干预,当韦兰斯基①谈论南罗得西亚并入南非,所有这些精心筹划都只为一个目标:继续奴役我们尚未独立的兄弟,继续破坏非洲主权国家的独立。

除了非洲统一,我们是否还有对付这种图谋的其他武器?统一对保卫我们的自由和为被压迫的自由战士兄弟赢得自由,是否至关重要?不是只有统一才能使我们结成一支有生力量,推动我们前进,并对世界和平作出可贵的贡献?哪一个独立的非洲国家能已声称,国家的财政结构和银行机构能完全适应国家发展?哪个国家敢于宣告,其物质资源和人力才能都为自己的国家所用?谁又能否认,在其农业和城市发展中存在相当程度的失望和幻灭?

在独立的非洲国家,我们正在重新经历殖民统治下的那种不稳定和失败。我们很快认识到,政治独立还不足以使我们摆脱殖民统治的后果。

非洲人民为从殖民统治下获得自由而开展的群众运动,不仅是对殖民统治所强加的条件的反抗。

人民支持我们为独立而战,因为他们相信,非洲国家政府能以一种在殖民统治下永远无法实现的办法治愈过去的痼疾。既然我们独立了,如果我们依然允许殖民时代那种状况依然存在,那么所有推翻殖民主义时的那种不满情绪,就会集结起来反对我们。

我们非洲是有资源,但要靠我们整合,进而积极为人民服务。如果我们不能通过协作努力,在统一规划的框架下这样做,那么,我们的进步就无法跟上当今的形势,也无法满足人民的强烈要求。我们的困难症状就会加剧,而问题本身就会变得根深蒂固。到那时,即使我们想以奋斗来实现非洲大陆的社会正义和物质富有,想以泛非统一来获得稳定和安宁,也会太迟了。

除非现在就实现非洲统一,否则我们今天坐在这里,明天就会成为新殖民主义的受害者和殉难者。

种种迹象表明,帝国主义者并未从我们的事务中收手。有时它们的干涉显

---

① 译者注:罗伊·韦兰斯基(Roy Welensky, 1907—1991),北罗得西亚(现赞比亚)和尼亚萨兰(现马拉维)政治家,是罗得西亚与尼亚萨兰联邦(Central African Federation)的第二任也是最后一任总理。在韦兰斯基的领导下,联邦政府试图在英属中非地区推进经济和社会发展,同时保持白人少数统治的政策。他主张联邦独立,并反对英国政府对中非事务的干预。然而,随着非洲民族主义运动的崛起和国际压力的增加,联邦政府面临着越来越大的挑战。1963 年,罗得西亚与尼亚萨兰联邦解体,分别成为北罗得西亚(后独立为赞比亚)、尼亚萨兰(后独立为马拉维)和南罗得西亚(现津巴布韦)。韦兰斯基退隐,离开政治舞台。

而易见,比如在刚果。但一般而言,它们都在许多代理人的掩饰之下,干涉我们的内政,煽起我们的边界纷争,制造紧张和不稳定的政治气氛。只要我们不消除不满的根源,我们就会助长这些新殖民主义势力,并成为杀害自己的刽子手。我们不能无视历史的教训。

我们的大陆,可能是世界上矿产和工农业初级原料最丰富的大陆。1945—1955 年的 11 年间,西方公司仅从刚果一地出口的铜、橡胶、棉花及其他商品,价值就高达 27.73 亿美元。1947—1951 年的 6 年中,西方黄金开采公司从南非谋取到 8.14 亿美元的利润。

我们的大陆在水利发电的潜力方面确实超过所有其他大陆。据一些专家估计,非洲水利发电能力占世界总量的 42%。我们还有什么必要继续为世界工业化地区砍柴挑水呢?当然,有人会说,我们既无资金,又无工业技术,也无交通联络,更无内部市场,甚至对于如何最好地利用资源,我们也很难达成共识。然而,全球所有证券交易所市场都对非洲的黄金、钻石、铀、白金、铜和铁矿石等充满关注。我们的资本源源不断地外流,灌溉着整个西方经济体系。目前在美国储存贵金属的诺克斯堡,据说有 52% 的黄金来自我们的矿区。非洲提供了世界黄金总量的 60% 以上。大量生产核能的铀、生产电子设备的铜、生产超音速飞机用的钛、重工业用的钢铁、轻工业用的各种原材料等,都出自我们的大陆。但正是这些,构成了外部经济强国的基本经济实力。

专家们估计,仅刚果盆地就可出产足够的粮食作物,满足世界近半数人口的需求。

多少世纪以来,非洲一向是西方世界的摇钱树。正是我们的大陆帮助西方世界积累起巨额的财富。

的确,我们正在尽快摆脱殖民主义的枷锁。但与此相反,帝国主义者正在我们之间制造分裂,以此继续掠夺我们的资源。

当美洲大陆各殖民地在 18 世纪寻求从帝国主义统治下获得解放时,并没有我们今天所理解的新殖民主义的威胁。因此,美洲各国能自由地形成最适合他们需要的统一,制定宪法来维持统一,而不受任何外部干涉。然而,我们现在却不得不与外部干涉作斗争。那么,我们更需要团结起来,实现非洲统一,才能使我们免于新殖民主义的控制。

我们是有资源,但殖民主义阻碍我们积累有效的资本,当然我们自己也未能充分运用我们独立后的权力来调动资源,以通过经济社会发展实现最有效的腾飞。

我们过于忙于治理各自的国家,以至于未能充分理解联盟的基本需求,这些需求根植于共同的目标、共同的规划和共同的努力。忽视这些基本必要条件的联盟,只能是虚假的存在。只有集结起我们的生产能力并合力生产,才能使我们积累起资本。一旦起步,这种势头就会增强。有了我们自己银行控制的资本,并真正运用到我们的工农业发展上,我们就会前进。我们将积累机器设备,建立钢铁厂、铸造厂和各种工厂;我们将以陆地、海上和空中的交通联络把大陆的所有国家连接起来;我们将以水力发电震惊世界;我们将排干沼泽和湿地,消除疫区,给予营养不良者食物,使我们的人民摆脱寄生虫和疾病的困扰;科技有可能使撒哈拉大沙漠变成有利于工农业发展的广阔绿洲。我们将利用广播、电视和庞大的印刷出版业,把我们的人民从文盲的黑暗深渊中解救出来。

十多年前,这些还只是白日呓语和痴心幻想。但时至今日,科学已超出物理世界的局限,技术已深入至寂静的自然界。时间和空间已简化为不那么重要的抽象概念。用大机器铺设道路、开发森林、修筑水坝、建设机场;用巨型卡车和飞机运送货物;用庞大的实验室制造药品;进行复杂的地质调查,建设巨型电站,建起大规模的工厂。这一切都以惊人的速度进行。当今世界,已不再是行进在灌木丛林中的世界,也已不再是骑在骆驼和驴背上的世界了。

我们绝不能按照骆驼和驴子的步速来解决我们的需求、发展和安全问题。我们不得不清除那些枝枝蔓蔓又落伍过时的观念丛林,因为它阻碍我们最广阔和最早实现经济独立之路,阻碍我们把人民生活提高到最高水平的现代开放之路。

甚至对缺少像非洲这样丰富资源的大陆来说,这也是一个能看到人类需求终结的时代。对非洲大陆而言问题很简单,我们只需联合政治力量,坚定地把握我们的祖传遗产。我们所要做的,就是以联合力量,开发非洲大陆的巨量资源。非洲的统一将为外国投资提供稳定的场所。只要其行为不危害非洲的利益,外资就会受到鼓励。这种投资将以其企业促进非洲国家的经济发展,促进非洲人的就业和技能提升,因此将受到欢迎。在与统一的非洲交涉时,投资者无须担心与之谈判的政府会频繁更迭。他们无需在一个时期内与众多的国家交涉和谈判,只需与一个执行全大陆协调政策的统一政府打交道。

舍此之外,我们还有什么选择呢? 如果我们在这个阶段犹豫不决,让时光白白流逝,让新殖民主义巩固其在本大陆的阵地,那么寄信任于我们的广大人民的命运又将如何呢？我们的自由战士的命运又将如何呢？我们尚未获自由的非洲领土的命运又将如何呢？

除非我们在非洲建立起大型工业综合体——这只有在非洲统一之后才能做到，否则我们的农民就不得不听任外国商品市场的摆布，我们就不得不面临推翻殖民者那样的动乱。除非我们能确保公平的价格和稳定的市场，否则对农民而言，教育和机械化有何用，甚至有了发展资金又有何用？除非我们能保证他们得到公平的劳动回报和更高的生活水准，否则农民、工人和农场劳工又能从政治独立中得到什么呢？

除非我们能在非洲建立大型工业综合体，否则城市工人和那些在过度拥挤的土地上的农民，又能从政治独立中得到什么呢？如果他们继续失业或从事无技能的工作，那么独立虽然让我们能为其提供较好的文化教育和技术培训，也使其有了更大的能量和雄心，但这又有何用呢？

几乎所有非洲国家同邻国都有边界争端。这一点大家心知肚明，无需赘言。但我想提醒诸位的是，正如在欧洲曾经发生过的一样，殖民主义遗留下的这一毁灭性问题，将会随着我们无计划、不协调的工业发展，把我们拽入敌对的战争中去。除非我们能对基本问题达成互相谅解，并通过实现非洲统一消弭现有边界的多余和过时意义，从而成功防范这种危险，否则，我们为独立而战就徒劳无益。只有非洲统一才能调解不断恶化的各国边境争端。诸位尊贵的阁下，治疗这些病害的药方就在我们手边，它在每个海关关卡向我们显现，从每个非洲人内心向我们呼喊。创造一个所有非洲独立国家参与的真正的政治联盟，我们就能应对各种紧急情况，各种敌人和各种复杂问题。这倒并非因为我们是超凡脱俗之人，而是因为我们生长在科技的时代。在这个时代，贫困、愚昧和疾病不再是人类的主宰，而是人类世界中退却的敌人。我们生长在社会性规划的时代。在这个时代，生产和分配不再由混乱、贪婪和个人利益主导，而是由社会需求来决定。我们同全人类一道，已从乌托邦的幻梦中觉醒，切实地追求进步和社会正义。

最为重要的是，我们处于这样的时代，非洲大陆拥有近三亿人口，现代生产方法和技术的经济资本化和盈利性至关重要。单凭我们个人的单独努力，无法成功实现全面发展。在此情况下，肯定也不可能在姐妹国家最困难时向其提供足够的支援，来改善其经济和社会结构。只有一个在联合政府领导下的统一非洲，才能有力地动员各国的物资和精神资源，加以充分有效运用，迅速改变人民生活条件。

如果我们不以共同的态度和共同的目的来解决非洲的问题,我们将会彼此争吵不休,直至再次被殖民,成为比之前所遭遇的更庞大的殖民主义的工具。

我们一定要统一。此时此地,在不牺牲我们主权的情况下,我们要建立一个以共同防卫、统一的外事和外交、共同的国籍,统一的非洲货币、非洲货币区和非洲中央银行为基础的政治联盟。为了获得非洲大陆的完全解放,我们必须统一。

我们需要有共同的防卫体系和全非最高司令部,来确保非洲的稳定安全。

人民赋予我们这一神圣使命,我们不能辜负他们的信任。如果我们在解决非洲统一问题上表示出一点点犹豫或拖延,都将辜负人民对我们的期望。

向非洲的殖民压迫者提供武器或其他军事援助,不仅应被视作对为非洲独立而斗争的自由战士的打压,也应被视为对整个非洲的侵略。我们要如何应对这种侵略呢? 唯有依靠我们全力统一起来的力量。

我们许多人已经把不结盟作为这片大陆的信条。我们不希望也无意卷入冷战。但是,由于我们各国在目前世界政治中的弱势和不安全,大国寻求军事基地和势力范围将把冷战带入非洲,带来核战争的风险。因此,我们应该宣布非洲为无核区,并迫切地从冷战的干扰中挣脱出来。但是,除非我们以统一的姿态支持这一要求,否则我们无力强制实现这一目标。

相反,许多独立的非洲国家与前殖民宗主国签订了军事协议。试图通过这些手段建立的稳定和安全是虚幻的,因为宗主国会抓住机会通过直接军事介入来实现其新殖民主义控制。我们已经看到,新殖民主义者如何利用它们的军事基地来巩固自身,甚至攻击邻近的独立国家。这些基地是紧张局势的中心,也是潜在军事冲突的危险点。它们不仅威胁到所在国家的安全,也威胁邻国的安全。面对这种军事介入,我们如何能希望使非洲成为无核区,并摆脱冷战压力呢? 唯有以非洲不受外来指令或核存在束缚的共同愿望为基础,以共同防御政策建立共同的防御力量才能实现。特别是如果要摒弃与帝国主义的军事协议,就需要一个全能的非洲最高指挥部。要斩断与过去的殖民主义和今天仍扰乱我们的新殖民主义的直接联系,这是唯一方法。

我们不希望也不设想将非洲最高指挥部变成目前统治世界大部分地区的强权政治的一部分,而是要将其作为重要且不可或缺的工具,来确保非洲的稳定与安全。

我们需要为非洲制定统一的经济规划。在非洲的经济权力掌握在我们手中之前,群众对维护我们的安全、确保政权的稳定,以及将力量投入实现我们的目标,不会有真正的关切和兴趣。只要我们表现出意愿,凭借我们联合起来的资源、精力和才能,我们就有办法将我们各个国家的经济结构从贫穷转变为富裕,从不平等转变为满足大众的需求。只有在整个大陆的基础上,我们才能规划如何适当利用我们的所有资源,以实现非洲大陆的全面发展。

否则,我们如何才能保留自己的资本用于自身发展? 我们如何才能为自己的产业建立内部市场? 在各国分属不同经济区的情况下,我们如何才能打破非洲国家之间的货币和贸易壁垒? 我们中经济实力较强的国家又如何才能帮助较弱和欠发达国家?

我们要牢记,没有独立的货币,就不可能实现独立的融资和独立的发展。由某个外国资源支持的货币体系当然会受制于该国在贸易和金融层面的安排。

由于我们受制于不同外国列强的货币体系,因此存在诸多海关和货币壁垒,这无疑扩大了我们非洲国家间的裂痕。例如,如果相关的社区和家庭为国家边界和货币限制所分割,它们如何能成功地进行贸易,如何能相互支持? 在这种情况下,它们唯一的选择就是使用走私货币,从而使那些利用我们金融和经济困难牟利的国内外骗子发财致富。

如今,没有一个独立的非洲国家有机会独自走上独立的经济发展之路。许多试图这样做的国家几乎游走于崩溃边缘,或者不得不回到前宗主国的怀抱。除非我们在大陆层面制定统一政策,否则这种状况不会改变。建立具有凝聚力的共同经济体的第一步是建立一个统一货币区,首先要就我们的货币制定出一个共同的货币平价方案。为促进这一安排,加纳将改为十进制系统。当我们发现固定的货币平价方案能成功运作时,似乎没有理由不发行一种共同货币,没有理由不建立一家发行共同货币的银行。有了这样的银行和货币,我们就能够自力更生,因为这种安排能够得到非洲联盟各成员国产品的全面支持。毕竟,货币的购买力取决于生产力和国家对自然资源、人力资源和其他物质资源的生产性开发。

在我们通过共同防卫系统确保自身稳定,并通过共同货币、货币区和中央发行银行使我们的经济不受外国控制时,我们可以调查非洲大陆的资源。我们可以开始确认非洲实际上是不是资源最丰富的,而不像我们通常被教导的那样——"非洲是各大洲中最贫瘠的"。我们可以确定非洲是否拥有世界最大的水力发电潜力,以及非洲是否可以将水电和其他能源用于我们自己的工业。我们可以继续规划大陆层级的工业化,并为近三亿人建立一个共同市场。

制定非洲大陆层面的非洲工业和农业发展规划至关重要。

我们的统一必将带来诸多福祉,而我们的持续分裂必将带来诸多灾难。如果我们今天未能统一,后人不仅会归咎于我们错误的推理和勇气的缺乏,还会归咎于我们在帝国主义势力面前的投降之举。

我们聚集于这次大会的历史时刻,是革命性的时刻,同样也是决定性的时刻。威胁我们的经济帝国主义,第一次感受到来自非洲人民不可抗拒的意志的挑战。

非洲人民在呼吁统一,呼吁打破将他们分隔开来的边界,要求结束非洲姐妹国家之间的边界争端。这些争端源于将我们分开的人为障碍。正是殖民主义,使我们陷入了边界争端,拒绝我们进行种族和文化融合。

非洲人民在呼吁统一。只有统一,才能使他们在新殖民主义的长时间影响中不失去他们的遗产。在热切追求统一的过程中他们明白,只有实现统一,才能赋予他们的自由和非洲的独立以完整意义。

正是这种普遍的决心,推动我们必须建立起一个由独立非洲国家组成的联盟。拖延会危及我们的福祉,危及我们作为自由国家而存在。有人建议,我们统一的方式应该是渐进的,应该一步一步来。这种观点认为,非洲是一个静态的实体,有着"冰封的"问题,这些问题可以逐个消除。当所有问题都得以解决时,我们可以走到一起说:"现在一切都好了。让我们现在统一起来。"

这种观点没有考虑外部压力,没有意识到拖延会加深我们被孤立和排外的危险;这种观点会扩大我们的分歧,使我们越来越疏远,陷入新殖民主义的蛛网中。这样一来,我们的联盟只会变成一个不断褪色的期望,非洲全面救赎的伟大计划可能会失败,甚至永难实现。

还有人认为,只要加强区域间关系的更大合作,就能解决我们的困难。这种看待问题的方式,否定了对相互关系和相互依存的正确认识,否定了非洲独立后会拥有进步的未来的信念。这种观点所流露出的含义,是只有通过双边协议来继续依赖外部资源,以此来获得外部世界的经济和援助,才能解决问题。

事实在于,尽管早在殖民时代之前,我们就已在各领域相互合作和联系,但这并未赋予非洲大陆以认同感和政治经济力量。正是这些力量,得以帮助我们有效处理当今非洲面临的复杂问题。就外部援助而言,一个统一的非洲将更有利于吸引外国援助。这种安排提供了更令人信服的优势,即给予非洲的援助将来自全世界的任何地方,因为我们的谈判能力将变得无比强大。我们将不再依赖有限的援助,整个世界的援助都可供我们选择。

我们究竟在非洲寻求什么?我们想要的是联合国那样的《宪章》,一个基于经验中的解决方案作出决策但有时会被成员国忽视的联合国组织,相关团体根据利益形成集团并施加压力?还是打算把非洲变成美洲国家组织那样松散的国家组织,其中较弱的国家在政治或经济上受制于较强或更强大的国家,而所有国家都受制于某个强大的外部国家或国家集团?我们所有人怀着深情谈论的统一非洲,难道就是这样的东西?

各位阁下,请允许我询问一句:这就是我们所期待的统一非洲的框架吗?一种在将来允许加纳、尼日利亚、苏丹、利比里亚、埃及或埃塞俄比亚等国利用其优越的经济或政治影响力施加压力,从而决定布隆迪、多哥或尼亚萨兰到莫桑比克的贸易流向的安排?

我们都希望实现统一的非洲。这种统一,不仅体现在对"统一"概念的理解上,更在于我们共同的愿望,即一起前进,共同应对只有在非洲大陆层面才能得到最佳解决的那些问题。

多年前第一届美国国会在费城召开时,一位代表在宣告统一的首要任务时提到,他们以"自然状态"相见,也就是说,他们不是以弗吉尼亚人或宾夕法尼亚人的身份来到费城,而是仅以美国人的身份。那时,自称为美国人是一种新奇陌生的体验。尊敬的各位阁下,我是否可在此同样坚称,我们今天不是作为加纳人、几内亚人、埃及人、阿尔及利亚人、摩洛哥人、马里人、利比里亚人、刚果人或尼日利亚人来此会面,而是作为非洲人相见于此。作为非洲人,我们团结一致,决心留在这里,直至就新统一契约的基本原则达成一致,从而为当下和未来所建立新的大陆政府提供足够的安排保障。

如果我们成功地建立起一套新原则,并将其作为建立实现非洲大陆统一的新《宪章》或章程的基础,并为我们的人民创造社会和政治进步,那么至少在我看来,本次会议应该标志着我们各种集团和区域集团的终结。如果我们失败了,让这个伟大的历史机遇溜走,那么我们就会陷入更大的分歧和分裂,非洲人民为此永远不会原谅我们,非洲境内的民众和进步力量将谴责我们。因此,我确信不会让他们失望。

各位阁下,我的发言之所以长篇累牍,是因为我们不仅要向在座的各位解释,而且需要向把非洲的命运托付给我们的人民解释。因此,在建立有效的机制以实现非洲统一之前，我们不能离开这里。最后，我仅提出以下建议供大家考虑：

各位阁下，首先，我们应制定一份有关统一和联合原则的宣言，所有人都必须忠实忠诚地遵守这些原则，以此奠定统一的基础。同时应正式宣布，所有独立的非洲国家现在在此同意建立非洲国家联盟。

作为实现非洲统一的第二个紧急步骤，现在应成立一个由全非外交部长组成的委员会，并在结束这次会议前确定他们开会的日期。

该委员会应代表我们各国政府首脑建立一个由官员和专家们组成的常设机构，制定非洲联盟政府相关机制。这个官员与专家机构应由每个独立非洲国家选送两位顶尖人才组成。现有集团的各种《宪章》和其他相关文件也可提交给这些官员和专家。应召集由独立非洲国家政府首脑组成的主席团开会，并且敲定《宪章》和其他相关议案，建立起非洲联合政府。

我们还须确定这个官员和专家机构的工作地点，即何处可作为联盟政府总部的新首都。非洲中心地带可能是最公平的建议，比如中非共和国的班吉或刚果的利奥波德维尔。大家可能会有其他提议。同时，应授权外交部长、官员和专家们建立：

1. 一个负责制定非洲国家联合政府的宪法的委员会；

2. 一个负责制定非洲大陆层面的联合或共同的经济和工业计划的委员会；该计划应包括建立以下机构的提议：

a. 非洲共同市场；

b. 非洲货币；

c. 非洲货币区；

d. 非洲中央银行；

e. 非洲大陆交通系统。

3. 一个负责制定共同外交政策和相关细节的委员会；

4. 一个负责制定共同防御体系相关规划的委员会；

5. 一个负责提出共同非洲公民身份的相关建议的委员会。

这些委员会将向外长委员会报告，外长委员会应在本次会议结束后六个月内向主席团提交建议。主席团在联盟总部召开会议，审议并批准外长委员会的建议。

为立即给联盟总部的常设官员和专家的工作提供资金，我建议现在就成立一个特别委员会来制定预算。

阁下们，通过这些步骤，我们将坚定不移地走上通往非洲联盟政府的道路。只有一个具有中央政治指导的统一的非洲，才能成功地为南罗得西亚、安哥拉、莫桑比克、西南非洲、贝专纳兰、斯威士兰、巴苏陀兰、葡属几内亚，当然还有南非的自由战士们提供有效的物质和精神支持。

几内亚共和国总统塞古·杜尔[①]的演讲

杨志宇 译 汤 诚 校[②]

　　在非洲人民的历史长河中,我们不懈追求自由与幸福的种种努力,生动展示了我们社会的多元活力。本次国家元首和政府首脑会议,不仅是非洲人民共同命运的宣言,更是他们宣示存在、并肩决心终结专制的殖民统治的庄严时刻。这一切,都是为了根除那些迫使非洲人民屈服的不正当原因和手段,为了根除将非洲的物质和精神财富交给外部利益与用于非人道的目的。

　　亚的斯亚贝巴成为这段历史中的一个非常时刻,是非洲世界发生质变的一个里程碑式的日子。这一时刻,标志着非洲、非洲人民及其经济、社会、军事、文化、道德和精神结构的彻底非殖民化;这一里程碑,标志着非洲国家进入了一个更为统一、更为有效、创造性活动更加活跃的时代。我们相聚于此的目的,在于通过全面恢复非洲人民、非洲共同文明、非洲人的价值观和非洲文化来实现更快的进步。

　　埃塞俄比亚是一个伟大的民族。这个非洲民族,一直在为非洲独立而奋斗,为维护自由而奋斗,为不受外来控制或干涉正常行使人民权利而奋斗,为充分行使主权管理自己的事务而英勇奋斗。

　　由于本次非洲会议在埃塞俄比亚首都亚的斯亚贝巴举行,埃塞俄比亚与非洲历史的联系变得更加紧密;从此,他们置身于这一连绵不断的事件和事实之

---

① 本文为塞古·杜尔(Ahmed Sékou Touré, 1922—1984)在 1963 年亚的斯亚贝巴非洲国家首脑会议上的发言。塞古·杜尔,几内亚共和国首任总统,1958 年 10 月到 1984 年 3 月执政。塞古·杜尔的政策主张走"非资本主义道路"和建设"社会主义",他认为社会主义是保护公众利益并使他们免受剥削的唯一道路。塞古·杜尔被认为是非洲民族解放运动的先驱之一,他积极推动非洲各国的反帝、反殖斗争,并倡导非洲的团结和区域性合作。他与加纳的克瓦米·恩克鲁玛和马里的莫迪博·凯塔共同宣布成立了加纳-几内亚-马里联盟,并参与筹备和召集了三次全非人民大会,最终促成了"非洲统一组织"(今非洲联盟的前身)的成立。塞古·杜尔与中国关系密切,1959 年 10 月,几内亚成为第一个与中国建立外交关系的撒哈拉沙漠以南非洲国家。1960 年,塞古·杜尔访华,成为首位访华的非洲国家元首。

② 杨志宇,上海师范大学非洲研究中心硕士生;汤诚,上海师范大学图书馆副研究馆员,非洲研究中心博士。

中。这些事件与事实,由整个非洲大陆的人民有意识地引导和推动,以符合其对事务的理解和对进步的渴望。

在 1885 年的柏林会议上,欧洲各国出于对权力和文明横向扩张的专横,在其无序的经济发展中,开始瓜分当时被视为一块蛋糕的非洲。但是,1963 年 5 月,在自由之城亚的斯亚贝巴,非洲人民的合格代表、真正值得尊敬的儿女们,在共同命运的旗帜下,在忠于自己个性和祖国原始特质的旗帜下,相聚一堂。非洲这一次将以合法和正当的方式,在唯一和独特的《宪章》中重建各国的统一。这是体现兄弟情谊的《宪章》,是捍卫和发展权利和利益的《宪章》,是团结一致、不屈不挠的《宪章》,是非洲自由与和平、正义与进步的《宪章》。

亚的斯亚贝巴会议将不局限于解决非洲当前的问题。此次会议意识到,非洲是世界的一部分,因此将理所当然地关注直接或间接影响人类生活条件、安全、和平与进步的所有国际问题。

非洲统一已成为我们所有人民共同的深切愿望。迅速实现这一目标所需的条件,要求我们各国、各政党、各工会、各知识分子协会、妇女协会、青年协会及非洲所有认真思考的人组成的组织对其给予关注,并为其大规模动员能量和能力。

非洲统一既有坚定的支持者,也有坚决的反对者。非洲统一是非洲人民和非洲国家加快非洲解放运动的决定性手段,同时也是一股强大的反帝反殖力量,是我们的人民与造成其贫困和经济社会落后的原因作斗争的工具。

非洲统一有着使非洲快速有效地实现进步的广阔前景。因此,所有敌视非洲彻底解放、敌视非洲经济和文化资源的合理和动态组织、敌视非洲与其姐妹大陆一起明智地寻求有尊严地和公正地解决国际问题的势力和利益集团,都在以各种方式坚决反对非洲统一。

借助颠覆、谎言、腐败和各种压力,非洲进步的敌人直接影响着非洲人的生活,其目的即使不是阻止非洲统一的最终实现,至少也是尽可能地推迟非洲统一的实现。因此,所有真诚希望努力建设新非洲的人,都应该了解非洲统一的基础。

从哲学上讲,无论一个人是黑种人、白种人、黄种人还是红种人,他都与其他人平等,都遵循同样的人类发展规律,都同样拥有对自由幸福生活、安全和持续发展的深切渴望。由于人类没有自发的繁殖,人们不得不得出这样的结论:根据人类世代繁衍的规律,所有的人,无论他们是谁,都与地球上所有其他人直接联系在一起。因此,人与人之间的差异,人与人之间能力和潜能的差异,并非源于天性的差异,而是完全源于人类生活条件的差异。因为无论这些条件的好坏,人都可在身体、智力和道德方面持续发展,否则,就会被剥夺一切充分发展的可能性。对个人而言如此,对社会而言也是如此,因为社会无非是一些人在某些社区(家庭、村庄、地区或国家等)范围内共同活动的集合体。

在这一层面,即人类社会层面,我们再次发现了塑造个人生活的相同的经济、社会、文化和政治问题。当然,这些问题的表现形式更为复杂。人与人之间的自然平等,源于人的基本行为方式的相似性,也规定了社会对自然现象和社会中人与人之间关系的态度。没有优等人和劣等人,就不可能有优等社会和劣等社会。国家平等是人类平等的结果。世上没有哪一个国家能垄断人类的才华、智慧或者推动人类进步所需的力量。所有国家,无论其人民的肤色或宗教信仰如何,无论其所在国的气候如何,无论其经济规模如何,都是人类的一部分。人类的创造才能、理解能力和取得成就的能力,仍将无差别地分布于各国之间,并由各国行使。

然而,有人一直在试图让全人类相信,非洲人,尤其是黑人,天生就低人一等,以此来为一个国家对另一个国家的可耻剥削而辩护。社会等级观念由此被创造出来,等级的顶点是西方国家,而被要求承担非人道负担的底层则是非洲国家。他们在物质资源方面的落后被故意混淆为他们天生的无能和劣等。

非洲人民要确保自己不处于由武断行为和不公正建立起来的金字塔底层,要确保与所有其他大陆的人民平等地参与世界事务,难道非洲统一不是其手段吗?

非洲国家在其历史进程中都曾经历外国统治,这阻碍了其文明、个性和文化的正常发展,也助长了外国利益对其财富和人民的大肆剥削。数以亿计的人在殖民战争、强迫劳动、奴役、驱逐中死亡。殖民化瓦解了曾经存在的非洲国家统一的大部分坚实基础。被奴役的非洲大陆被置于与其人民正常发展不相容的境地,非洲人民的作用被削弱和扭曲,以至于被视为牲畜或纯粹的商品或原材料,如果能适当使用,则可用来确保非洲大陆上少数侵占者的幸福。殖民化剥夺了我们的自由和尊严,剥夺了我们潜在的个性之花,剥夺了我们文明和文化的发展。我们每个民族都抵制了殖民渗透,后来又抵制了殖民剥削和压迫。我们每个民族都为重获自由而战斗,并作出了一切必要的牺牲。

如今,大多数国家都已获得独立,并建立了自己的国家,但它们面临相同的问题。这些国家必须从目前的状况中根除外国统治的后遗症、无责任感精神及社会苦难的根源,并将从殖民制度中继承的所有结构和资源归还给非洲,为其人民的统一行动提供政治和道德基础,以便在客观、稳健和有效的基础上重建国家,促进社会和人类的进步,并在非洲及全球范围促进更广泛的合作。

非洲统一的根本基础建构于各国人民对过去、现在和未来命运日益增长的共同意识。因此,非洲的统一,对每一个非洲人的价值,对每个非洲国家的政治和经济发展,都至关重要。对那些曾遭受其他民族剥削和压迫的民族而言,屈辱、无能、被教化和自我贬低确实是其处理自身事务的不负责任行为带来的后果。

即使是世界上最有教养、最聪明、最英俊的人,如果他生活在一个被殖民的社会,属于一个被外来国家剥夺和统治的民族,而这个外来国家将其人民仅仅视为可无情征税和索取劳动的对象,那这个人也无法从其优秀品质中获益。尽管拥有潜力和能力,这个人仍将被视为"低人一等",仍将处于被管束之下,因为他被剥夺了所有人类平衡、自由和责任的基本要素,而成为一个不完整的人。

国家独立之于这个人的重要性,如同非洲统一之于我们每个国家,如同土壤肥沃之于一棵树。

确实,我们任何一个孤立国家都无法有效地代表非洲,也没有任何一个国家可以完全恢复非洲人民的生活。总之,非洲文明、非洲文化、非洲人文主义,非洲对人类生活的贡献,要求所有非洲人民将智慧的意识和团结的行动,都投入普世幸福的建设场地中去。

如果非洲国家不能团结一致,继续被冲突所困扰,无法组织起来解决非洲大陆的根本问题,那么非洲国家将没有机会做其他事情,只能歌颂自由而无法真正享受自由,只能渴望有尊严和负责任的生活却无法享有这样的生活。

非洲人民过去、现在和将来的生活条件的特性要求非洲国家协调其行动,让他们基于对民主进步和社会公正的共同愿望,实现其自由选择的目标。

如果非洲统一能确保非洲国家获得更和谐的平衡,并使非洲在公正、平等和相互依存的基础上建设世界,那么非洲统一就能为建立和维护真正的国际平衡作出更大的贡献,而这种平衡将促进正义,加强各国之间的友爱。那些反对非洲统一的人,意识到这些道德、哲学和历史观念的适用性,意识到我们对这种统一的合法愿望,他们进而到处散布这样一种思想:这个目标不可能实现。他们谈论非洲国家政治和社会制度之间的差异,强调风俗习惯的多样性,包括经济和文化财富的多样性,尤其是表达方式的多样性,并草率地得出结论:非洲国家不可能克服所有这些他们认为相互矛盾的因素。

亚的斯亚贝巴会议必须响亮地驳斥这些预言,因为这些预言只会加深分裂,甚至使非洲无法有效地掌握自己的命运。

实现了大陆联合的欧洲、亚洲和美洲的各民族,他们真的拥有相同的习俗、相同的生活方式和相同的政治和社会结构吗? 他们讲着相同的语言,有着相同的经济制度吗? 我们不敢苟同。这种联合之所以具有独特的价值,正是因为成员国在政治层面上跨越了各自的政治、经济和社会制度的差异,共同构建起一个更大的共同体。在这个共同体中,各成员国协调行动,确保其个性和共同价值观快速和谐地发展。欧洲如何能通过共同的政治、经济和社会目标来确保成员国之间的平等,尊重每个国家的制度和个性,进而建立欧洲联合体? 美洲国家虽然制度和语言各异,又如何能够建立起一个庞大的政治、经济和文化共同体? 非洲为何不能实现类似的目标?

得出非洲不可能实现统一的结论,无异于为非洲敌人的不公正和侮辱性的观念辩护。这些敌人在历史上一直试图让人们相信存在优等民族和劣等民族。

因此我们认为,在这里哲学和政治原因与非洲经济革命的动态观念相汇合。如果说,独立和统一对表达我们各国人民的意愿及其快速发展的条件的确至关重要,那么独立和非洲统一本身并不会自动成为一劳永逸的目的。相反,它们都是我们可以利用的手段,有意识地用来实现我们更高目标的手段。这些手段将为我们的人民带来幸福、安全、平衡与和平。很显然,对于一个没有行动自由的民族而言,经济发展是不可能的;同样,对于一个经济贫困的民族而言,社会和人类的持续发展也是不可能的。

所有非洲国家或多或少都动态地选择了非洲的彻底解放。由于其行动的最终目标相同,其发展背后的特征也相同,因此,我们各国的意识自然会迎合其设定的使命的规模和要求。

非洲共同市场的建立、非洲的工业化、非洲资源的整合,以及我们努力避免矛盾和重叠的协调和合理化,都是各国作出相同选择的结果。这些选择要求各国政府采取现实和诚实的态度。

我们决心为人民创造幸福,与其他国家合作,建立一个更加繁荣、更加忠诚和更加人道的世界。

我们深知,现在不过是过去的延伸,而我们为之奋斗的幸福未来将是我们创造性活动的成果。非洲地位的新性质,以及各国人民政治、经济、社会和文化生活条件的进步和深厚的人文品质,将从我们发展努力的整合和协调中显现出来。

为确保我们人民的平衡动态发展,以及他们体面生活手段的不断增长,我们各国必须有条不紊地和系统地组织起来,而非采取同化的方式。因为我们各国所选择的解放目标是公正、合法且可实现的,新建立的架构的质量将能以具体方式促进姐妹国家之间的直接合作。此外,各国政府在执行会议决策时的诚信、忠诚和坚定态度,将成为我们为人民利益而共同工作并取得整体成功的因素。

非洲意识到自己在经济、技术和科学领域的落后,而这种落后影响了非洲的社会状况和文化生活。我们的国家、我们的政党、我们的工会、我们的各种组织已经取得了许多成就,但我们也必须承认,在逐步完成实现既定目标所必需的任务时,它们往往缺乏组织精神和方法。

我们目前的辩论是否有效,取决于所建立的组织的重要性和效率的高低。建立这样的组织,是为确保我们希望建立的新的统一大厦能正常运作。

会议应制定并通过《宪章》,规定其原则和基本目标,并设立执行秘书处,负责协调各国的活动。

如果会议仅局限于拟定动议、决议或宣言,而不明确规定在适当条件下取得成功的实际方法,这将有损于非洲的荣誉,有损泛非事业的成功。仅仅知道和说出非洲人民的需求是不够的;从今以后,我们还必须实现各国选择的目标,通过有效的组织和积极的行动,来实现人民所捍卫的深切愿望和正义事业。

《卡萨布兰卡宪章》和《蒙罗维亚宪章》是非洲统一的尝试,也是加速非洲历史进程的手段。

各出口委员会将采取如下原则:

● 每个委员会都将为某一特定产品设立,只接纳生产该产品的国家,每个国家都将获得与其产量相应的份额。

● 有关国家将统一其关税和税收以及有关产品的法规。这种统一应分阶段进行,并具有极大的灵活性,以便逐步适应。

● 该委员会在营销和销售方面将拥有非常广泛的权力,可以为了贸易和维持价格的利益而刺激或限制国家生产。委员会将以生产国合作社的形式运作。

同样的原则也可能推动非洲进口委员会的成立,该委员会可以就某一特定产品向外国企业发出总订单。

可设立一个非洲汽车委员会。该委员会通过批量订购,可为非洲购买者从有关公司获得更优惠的价格。同样的原则也适用于其他进口到非洲的商品。

这些进口委员会拥有强大的购买力,可在平等的基础上与国际大型制造商进行交易,并通过贸易合理化和型号标准化更容易地在非洲建立装配厂甚至生产厂。

这样非洲就可自己进行投资,创办自己的工业,而非对富裕国家抱过高期望。

沿着这种思路,共同市场或经济联盟将完全有利于非洲。我们必须确信这一点。

这些手段必须合并为一个唯一而独特的《宪章》,即《非洲统一宪章》。

新《宪章》的内容应符合非洲大陆发展的新需要。

《宪章》将通过其为我们确立的共同目标,构建行动框架和动力,推动我们在国家和国际层面为各国人民服务。

《宪章》标志着非洲大陆发展的一个转折点,并成为成功结束非洲去殖民化运动及其人文、经济和社会现实的共同基础。

非洲人的非洲,意味着有思想的非洲人,为了非洲人民的自由和身心健康,在真正的非洲基础上重建的非洲。

非洲的统一不是围绕一个人、一个国家或一个宗教而建立,而是围绕这一《宪章》而建立。《宪章》本身就是一个公正、动态、理性和现实的纲领。

非洲统一不应意味着我们各国的机构变得标准化,或成为任何外国经济、意识形态或军事集团的延伸。

从现在起,非洲的统一每天都在生长;这将是一项持续的创造,一项不可逆转的工程,它将把所有后代与在亚的斯亚贝巴奠定统一基石的那代人联系在一起。

在亚的斯亚贝巴能做的一切,都应该为未来做好准备,因为未来将给我们带来新问题,而且肯定是更为复杂的问题。

关于非洲在联合国及其专门机构中的代表性问题,我们只需指出,旧金山会议的世界背景早已过时,1945 年盛行的大国理念在我们这个时代已不再适用,因此有必要修订《联合国宪章》,使其建立在公正的基础上,承认我们大陆应有的地位。

非洲只需协调其在联合国的行动,以提高其效力。在经济领域,为确保其他大陆的幸福,非洲付出的代价比其他任何地方都大。我们必须设想对我们的手段进行协调,然后在统一的基础上改善与世界其他地区的关系。建立非洲共同市场或非洲经济集团,应成为各国的关切,其互补性不容否认。

非洲开发银行的建立,将是这一经济组织的基石。

简而言之,在"旨在确定国际经济合作基础的大型世界级会议"召开之前,将召开一次非洲大陆层面的经济会议。在这次会议上,非洲将不再作为穷国出席,而是作为一个拥有不可估量潜力的力量出席,为人类的共同遗产作出贡献。

为重建我们诸德兼备的文化,并使非洲在科学合作中发挥其作用,应引导我们制定一项具体、完整的普通教育和技术教育计划。

本着这一精神,会议应一致支持皇帝陛下关于建立非洲大学的卓越建议。这一大学的主要任务是收集、发展和传播非洲文化的精华。我们必须发表结束去殖民化的意向声明,并通过我们政治和外交斗争、对落后的殖民国家的经济抵制等手段,有效地解放仍处于殖民统治之下的非洲地区。最后,本次会议必须为外国在非洲的统治规定一个最后期限。届时,我们的武装力量应直接介入非洲大陆的合法防卫,抵御侵略者。

同样,会议应设立一个民族解放基金。我们正式建议每个独立的非洲国家在每个财年开始时将其国家预算的10%捐赠给该基金。

会议应派出一个外长代表团:

1. 向联合国秘书长提交本次会议关于去殖民化的结论。

2. 要求召集安全理事会,就如下内容考虑并寻求紧急解决方案:

a. 去殖民化委员会关于仍在葡萄牙统治下的非洲领土的报告;

b. 联合国委员会关于南非种族隔离政策的报告。

海尔·塞拉西皇帝陛下的发言非常精彩,他明确勾勒了大家为之向往的《非洲统一宪章》的内容。在他的发言结束时,他想知道历史会以成功还是失败来记住此次亚的斯亚贝巴会议。

这个问题的答案完全取决于聚集在这个大厅里的三十二位国家元首。

就我们而言,几内亚人民赋予我们的明确授权所要求的答复既简单又明确:"我们必须竭尽全力,无惧任何牺牲,在所不惜,确保亚的斯亚贝巴会议取得完全成功,从而使今天的人们和子孙后代铭记,此次会议代表着一个新非洲的诞生,一个永远团结并掌握自己命运的非洲的诞生。"

为此,我们请出席本次会议的非洲兄弟国家首脑在此庄严宣誓:如果他们没有为非洲建立一个符合我们人民希望的组织,一个由《宪章》确定并由常设秘书处指导的组织,他们将不会离开亚的斯亚贝巴。

　　非洲的历史,我们各国人民的命运,正在日复一日地上演。人的一生以几十年来计算,而非洲的生命无穷无尽。非洲要走的路没有尽头,每一代人都从过去的历史中继承遗产,并有责任将其发扬光大。

　　毫无疑问,我们这一代人,把会议将要作出的决定,把智慧、奉献和牺牲的总和,把将承担的无条件承诺的价值,视为自己的财富,并以这些使非洲幸福和强大,同时使她重获自由、统一,使各国人民获得民主进步的钥匙,以此来恢复非洲的荣光。

　　为了和平、国际友谊与合作,为了非洲的进步。

　　非洲统一万岁!

塞内加尔共和国总统利奥波德·塞达尔·桑戈尔①的演讲

王康旭　译　汤　诚　校②

陛下,各位阁下,我亲爱的兄弟们:

此时此刻,我们终于实现了自己长久以来的梦想:召开一次会议,让非洲所有独立国家的首脑友好地汇聚一堂。这是我们向前迈出的一大步。我们一致同意:我们无权失败。如果我们不想犯下叛国罪:背叛我们自己的同胞,背叛非洲母亲,那么我们现在就要将我们的梦想付诸实践。我想讨论的,是该如何将其付诸实践。

首先,我要强调方法的选择。要使我们的宏伟蓝图取得成功,方法的有效性比我们的感情力量更为重要。这种感情力量、这种激情是我们非洲性的特征之一,常常在动议的言辞中表现出来,其危害性仅次于缺乏现实主义的考量。而现在是时候在我们的土地上根据现实状况进行建设了。这是我们成功的基本条件。

我想尽可能简短地表达对必须关注的三点的看法:一是非洲统一的基础;二是非洲统一的目标;三是实现非洲统一的方式和方法。

一　非洲统一的基础

我们中的大多数人都认为,使我们彼此接近并必须使我们团结起来的是我

---

① 本文为利奥波德·塞达尔·桑戈尔(Léopold Sédar Senghor, 1906—2001)在1963年亚的斯亚贝巴非洲国家首脑会议上的发言。利奥波德·塞达尔·桑戈尔,塞内加尔首任总统(1960年至1980年在任),也是塞内加尔的诗人、哲学家、政治家以及文化理论家。桑戈尔在任期内推动了该国的教育和文化发展,并维持了塞内加尔的政治稳定。他的执政风格以宽容和对话为特点,提倡多元文化共存。桑戈尔是一位高产的诗人,他的诗歌作品以法语写成,融合了非洲的传统和西方的文学形式,探讨了非洲文化、身份认同以及人类的共同命运。

② 王康旭,上海师范大学非洲研究中心博士生;汤诚,上海师范大学图书馆副研究馆员,非洲研究中心博士。

们作为欠发达国家和前殖民地国家的地位。这也非错误。但我们并不是唯一处于这种地位的国家。如果客观地说,这就是全部真理的话,那么非洲的统一终有一天会随着欠发达国家地位的消失而解体。

我坚信,将我们联系在一起的,是更深层次的东西;我的信念是基于科学证明的事实。将我们联系在一起的东西超越了历史:它植根于史前,它源于地理学、民族学,因而也源于文化;它在基督教和伊斯兰教之前就已存在;它比所有的殖民历史都要古老;它就是我称之为非洲性的文化共同体。我将其定义为"非洲文明价值观的总和":无论是阿拉伯-柏柏尔人的非洲性,还是非洲黑人的非洲性,非洲性总是表现出同样的特征——他们在感情上充满激情,在表达上充满活力。我能从其他各大洲的地毯中一眼认出非洲地毯。巴尔多博物馆中的一些马赛克与马里的一些"泥染布"相似,这绝非偶然。

我知道,我们的语言多种多样,但从北到南,从阿拉伯语到霍屯督语,它们之间有一系列联系。我们的种族也多种多样,但自史前以来,他们就开始了交融。

对自身文化共同体和非洲性的意识,是我们在非洲统一道路上取得任何进展的必要前提。没有这种意识,就不可能有实现统一的意愿,更不用说为实现统一而作出有效努力。我不否认,我们的另一个共同点是,我们都处于欠发达国家的处境。我将这种处境具有的一些特征总结如下:缺乏资金和受过技术培训的人员而导致营养不良和生产力低下。尽管这种情况本质上属于物质和技术范畴,但为了摆脱这一局面,我们必须依靠精神能量。我们必须凝聚共同的灵魂。我们有一个共同的灵魂,它体现在我们的非洲性中。我们所需要的就是认识并接受它。而这也意味着我们必须首先摒弃一切狂热主义,无论是种族、宗教还是语言。只有这样,我们才能明确自己的目标。

二 非洲统一的目标

我们必须为自己的行动设定一个目标,显然,这是其他国家和大陆为自己设定的同一目标:通过经济增长实现发展。我所说的发展,是指让每个非洲人都能充分发挥其价值。这事关人的发展问题。

过去,殖民者认为我们低人一等,他们也是这样对待我们的。如果无法证明殖民者对我们的蔑视是合理的,那就让我们大胆地承认当时的处境,正如我刚才的表述所揭露的情况。只有强者才会受到尊重。如果说冷战使大国向我们示好,那当然是因为国际道义在它们的思想和心灵中得到了升华;但更重要的是,因为"亚非拉三个世界"实现了作为弱势方的团结并使其成为一股力量。即便如此,我们也不能产生幻想,恐惧不代表尊重,甚至我们非洲都不感到恐惧。

这意味着我们必须付出更多。我们作为弱势方拧成一股绳的力量还不够,因为让人害怕并不重要。重要的是,我们要将自身的每一个弱点都转化为力量,使每一个非洲人都能通过食物和教育来充实自己:使其成为一个成熟的人——因为他已经有意识地在自己的身体和灵魂中培养了非洲性的所有美德。这意味着,我们必须通过经济增长、提高福利以及其他手段,使每个非洲人充分发挥其潜力,达到其最佳状态。

根据经济学家目前的说法,非洲可以养活 30 亿人口。那么我想说的是,让我们复兴圣奥古斯丁和伊本·赫勒敦的美德,复兴撒拉哈沙漠南北两端的建筑家、雕塑家、画家和诗人的美德。

非洲将为建设世界文明作出巨大贡献。非洲统一将成为和平的先导因素,而没有和平就没有文明。

三 实现非洲统一的方式和方法

确定我们的目标很容易,而发现我们统一的坚实基础则较为困难,而更为困难的是找到统一的方式和方法。如果这很容易做到的话,我们就不应该把自己分成几个集团。在我看来,本次会议的具体目的,就是通过商定我们统一的方式和方法,将这些集团合而为一。

一见可知,有些障碍需要我们克服。当这些障碍清晰可见时,我们应该予以关注。我想提醒大家的是,首先我们必须摆脱种族、语言和宗教狂热主义,然后要摆脱狭隘民族主义。试想一下,拥有 3000 万、5000 万、6000 万居民的欧洲国家已发现,它们没有足够的土地或人口来管理经济,或者更确切地说,建立一个不被扭曲的文明。而在我们非洲国家中,人口最多的不超过 4000 万,我们该怎么办?

然而,如果不想遭受灾难,我们就应该思考欧洲和美国的例子。我们必须谨慎行事,一步一个脚印,逐个阶段向前推进。如果我们一开始就建立一个联邦,甚至是一个拥有自己议会和军事指挥部的联邦,我担心会迅速走向灾难。

如果我们能够很容易地克服宗教分歧,同时牢记我们都是属于启示宗教的信徒,那我们最终就敢于说出:种族、语言和文化差异不会被消除。但我不能这样讲,因为这会让我们的情况更为糟糕,但未来这些差异将走向和谐。

首先,我们应当承认这些具有互补性差异,甚至可帮助其组成区域联盟。我们可设想三个联盟:北非、西非和东非。南非解放后也可以成立一个南部非洲联盟。每一个联盟内又可以分为更小的联盟。

但在这次会议上,我们必须在区域联盟之上建立独立的非洲和马尔加什国家组织(称谓并不重要),这将是我们实现统一的主要工具。

这一组织应由哪些机构组成? 在我看来,一开始机构应该很少,目前设想四个:

1. 国家元首和政府首脑会议

这将是本组织的最高机构,只有其决定才具约束力。每年或每两年举行一次会议,一方面审议本组织前一时期的活动,另一方面为其确定新目标,每个成员国拥有一票表决权。不言而喻,如有可能,"组织《宪章》"和"国家元首和政府首脑会议议事规则"将在亚的斯亚贝巴制定。

2. 部长会议

这一会议将由各成员国根据需要审议的问题提名部长组成,其目的在于研究不同合作领域中的一些问题,并起草供国家元首和政府首脑会议讨论的草案,或向其提出建议。

3. 总秘书处

这是一个行政机构而非政治机构,是一个执行而非作出决定的机构。由会议提名的秘书长将配备副秘书长,并根据专门机构的数量确定所需主任人数。在副秘书长和主任的选择上,应确保各地区、各语言群体都有其相应代表。

4. 驻联合国的非洲组织

联合国目前有一个非洲组织,但遗憾的是,这是一个虚构的组织。当然,某种团结确实将不结盟国家联系在一起。但我们的问题与拉丁美洲甚至亚洲的问题不尽相同,这也是不争的事实。大国只为非洲保留一小部分国际援助就是明证。

如果我们真的希望非洲统一,如果我们希望行动有效,那驻联合国的非洲组织就必须成为活生生的事实,其审议应当无一例外地得到所有非洲国家的尊重。

类似的非洲组织可在联合国所有专门机构中成立。

正如我先前所言,我们的合作应扩展到各个领域,尤其是经济领域。我们争取所有非洲领土实现政治独立的斗争远未结束，对此我十分清楚。我甚至还要进一步指出：直到现在，我们在反对葡萄牙和南非殖民主义时言胜于行。现在时机已到，我们应有条不紊地对其组织所建议的外交和经济封锁，并进一步加以实施。

仍需指出的是，没有"经济共同体"就不会有"非洲共同体"。此处我们应该对"共同市场"和"经济共同体"加以区分。在非洲，"共同市场"往往被视为治愈欠发达所有弊病的灵丹妙药。现在，"共同市场"在某种程度上只是一个关税同盟，就像殖民制度下的那些关税同盟一样。而"经济共同体"则要好得多，因为经济共同体有共同的经济和金融政策，有协调的规划和货物及人员的自由流通，以及类似于管理共同市场的条款。

如你们所料，非洲经济共同体并非为明天而规划，而是我们今天就必须考虑这个问题，最好把我们的步骤和阶段引向这个方向。第一步可建立非洲共同市场。我们不会掩饰困难，实际上，共同市场的前提是确定共同的对外关税，取消关税和配额。但正如你们所知，现在我们的预算主要由关税和进出口税提供。同时，这些税款的一部分还用于保护我们的新兴产业。即使在这一领域，我们也将同样分阶段进行。

我已经详述在非洲统一道路上所面临的障碍。我认为上述内容是最好的方法，请原谅我这样表述。现在，我们必须确定这些障碍的范围，然后消除至少减少障碍，以便取得进展。为此，我们将赋予相关机构以合理和现实的组织架构。

最重要的是，我们每个人都要为此作出一些牺牲，接受并在实践中执行作为所有国际机构的一般原则：会员国平等、不干涉他国内政、不诉诸暴力解决分歧以及所有非洲国家之间的有效团结。

最后，我想回到演讲开头所述，无论这项事业多么困难，只要我们愿意，我们就能成功。但是，为了感受到这种愿望，我们必须思考、接受并意识到我们的共同点——我们都是非洲人。

非洲万岁！

坦噶尼喀共和国总统朱利叶斯·尼雷尔^①的演讲

王康旭　译　汤　诚　校^②

此次会议面临的一项任务便是形成共识,并以此来指导我们努力让非洲大陆摆脱殖民主义残余,指导非洲用同一个声音说话。

非洲和全世界的目光都投向了此次会议。他们焦急地等待着会议的结果。有些人希望会议失败,而有些人则祈祷会议成功。

我们相聚于此,并非为了解我们是否都想要一个自由的非洲。即使是非洲统一进程的最大敌人也明了,有一点毋庸置疑,那就是整个非洲都在用一个真诚的声音说话,那就是我们希望看到一个完全摆脱外国统治和种族主义的非洲。我们相聚于此,是为了解我们现在应该做些什么来实现非洲的最终解放。

我们相聚于此,并非为探讨我们是否想要非洲统一。事实上,即使是我们的敌人也知道,我们真诚地渴望统一。正因为对非洲完全统一后可能带来的后果感到恐惧,他们才不遗余力地强调我们的分歧,并不切实际地期望这些分歧将使非洲无法统一。不,我们相聚于此的目的,并非为弄清我们是否渴望统一,而是为了就实现非洲统一的路径形成共识。

---

① 本文为朱利叶斯·尼雷尔(Julius Nyerere,1922—1999)在1963年亚的斯亚贝巴非洲国家首脑会议上的发言。朱利叶斯·尼雷尔,坦桑尼亚(前坦噶尼喀)的首任总理和总统,也是非洲统一组织(现非洲联盟)的主要创始人之一。尼雷尔在政治上提倡非洲社会主义,特别是他提出的"乌贾马"(ujamaa,意为"家庭"或"社会")理念,深刻影响了坦桑尼亚的农业系统和社会经济发展。在国际政治舞台上,尼雷尔是泛非主义运动的重要人物。他支持非洲解放运动,并强烈反对南非的种族隔离政策。坦桑尼亚在他的领导下,成为包括南非的非洲人国民大会(ANC)在内的多个非洲解放运动的基地。1985年,他自愿退休,将领导权交给阿里·哈桑·姆维尼(Ali Hassan Mwinyi),并继续担任坦桑尼亚革命党(CCM)的主席直至1990年。

② 王康旭,上海师范大学非洲研究中心博士生;汤诚,上海师范大学图书馆副研究馆员,非洲研究中心博士。

　　我无意费力地向大家说明为什么非洲应该自由,为什么非洲应该统一,或者为什么非洲应该统一以实现自由,或为什么应该自由以实现统一。皇帝陛下和之前兄弟们的发言,已经更好地陈述了理由;我们人民所遭受的苦难,我们人民在压迫者手中已经流淌并仍在流淌的鲜血,已经更好地陈述了理由;数百万非洲人民死于列强所组织的奴隶掠夺,列强将威信建立于非洲屈辱之上,也更好地陈述了理由;那些树立在欧洲、美国和亚洲,对我们而言却是屈辱和压迫象征的荣耀纪念碑,仍然陈述了理由。因此,我再次重申,我不打算向你们解释为什么非洲应该自由,为什么非洲应该统一。我们来到这里,只为就实现自由和统一的路径达成共识。

　　由于有幸最后发言,我可以坦率地说,我们已经形成共识。在实现非洲最终解放的道路上,我们无一例外地认为,言胜于行的时代已经一去不返;时机已至,宜当行动;让我们的兄弟孤军奋战的时代已经一去不复返;从现在起,尚未独立的非洲兄弟,应该得到已独立国家的援助。

　　为使这幅共识的图景更为完整,请允许我加上坦噶尼喀的声音。各位看一下非洲地图立即就会明白,为什么从非常现实和特殊的意义而言,只要南边的邻国未实现自由,我们坦噶尼喀和刚果的兄弟们就不能安于或自满于我们的自由。

　　我们已在为南部非洲的解放尽微薄之力,不是因为我们对非洲自由有更多的奉献精神,而是因为我们毗邻尚未获得独立的非洲领土。我们准备做得更多,特别是准备支持我们的兄弟塞古·图雷总统的提议,将我国预算的百分之一用于解放仍未获自由的非洲地区。我想向英勇的阿尔及利亚兄弟本·贝拉保证,我们已做好准备,为最终消除非洲脸庞上的殖民主义耻辱而作出一定牺牲。

　　在我们寻求实现统一的共同路径时,人们常提及美利坚合众国的诞生方式,认为这是我们可效仿的榜样。但请允许我就此指出,美利坚合众国并非通过签署《美国宪法》而诞生的,而是十三个殖民地共同努力的最终结果。美国真正的统一,是由《独立宣言》和为实现独立而并肩作战的同志情谊铸就和确定的。我们不要等待成立一个统一的非洲政府,进而回避目前面临的任务。

　　我请求陛下和在座的兄弟们,现在我们应该以同样严肃和认真的态度,来看待外国势力继续占领非洲的,就如同看待外国势力占领大家有幸领导的国家的一部分。我们不要再说安哥拉不自由或莫桑比克不自由等,也不要再说我们正在帮助安哥拉人或莫桑比克人获得自由。这种说法掩盖了真相。真正令人蒙羞的事实是,非洲仍不自由,因此,应该由非洲采取必要的集体措施来使其获得自由。这是应该从这里向联合国安理会发出的明确而严肃的信息。

在实现统一的路径中,我们还形成了一点共识,那就是我们都重申致力于实现一个完全统一的非洲。但我们实际上都说过,非洲独立是一个过程,非洲统一也将是一个过程。不可能存在这样一个神,仅通过统一的意愿和说出"让我们统一"就能带来非洲统一。人类行动的本质并非意愿和实现的同步。这不在我们的能力范围之内,只能由诸神掌控。在人类的行动中,行动的意愿与实现之间,存在一个不可避免的过程。我们所需要做的,是在有了意愿之后立即迈出第一步。我想重申的是,非洲的统一不可能通过神的"让我们统一"这一意志来实现。我们也没有人准备以统一的名义,邀请拿破仑来通过征服实现统一。因此,我们只有一个实现非洲统一的方法,那就是自由协议。因此演讲伊始我就说,我们的任务,是探索如何在统一中实现自由,在自由中实现统一。这意味着在任何时候,我们都必须寻求我们之间的最大公约数。找到这一最大公约数之后,我们的责任就是当即行动,不待明天。

我相信,我们已在此为踏出第一步达成一致。在我看来,我们可选择我们的兄弟桑戈尔总统提出的任何建议作为一致共识的例子。现在,我们的外长们正在吸收大会已提出的各种建议,以《宪章》的形式将共识具体化。

有些人会说,这个《宪章》还不够深入或革命性不够。也许如此。但怎样才算足够呢?没有一个优秀的泥瓦匠会抱怨他的第一块砖砌得不够高。他知道,第一块砖能砌多高则砌多高,他将继续一砖一瓦地砌下去,直到大厦竣工。

什么是革命性?真正的革命者不是不切实际的梦想家,而是以科学客观的态度分析任何特定情况并采取相应行动的人。这就是本次会议一直在做的事情,即实事求是地审视我们在统一路径上的共识,然后采取相应的行动。

非洲的敌人现在正在祈祷,他们在祈祷这次会议失败。非洲人民也在祈祷,他们在祈祷泛非主义战胜狭隘的民族主义和地区主义,他们特别在祈祷以一部包罗万象的《非洲宪章》战胜《蒙罗维亚宪章》或《卡萨布兰卡宪章》。

我无须预言,"要不是坦噶尼喀的顽固和不合作,亚的斯亚贝巴会议就会取得成功"这句话将不会载入史册。我们的国家格言是"UHURU NA UMOJA"(自由与统一)。我们的国歌是"上帝保佑非洲"。

无论非洲朋友们身在何处,我们对其良好祝愿和祈祷表示感谢。

非洲的敌人想贬低这次会议的意义,说这次会议没有取得什么成果,那我们应该向他们提出这样的挑战:如果世界各国在联合国再次聚会时,能够像非洲各国在此相聚时处理非洲问题一样,本着友好合作的精神来处理世界问题,那么人类就会像非洲人民一样,朝着天下大同迈出巨大的一步。

阿拉伯联合共和国总统贾迈勒·阿卜杜勒·纳赛尔①的演讲

王康旭　译　汤　诚　校②

亲爱的朋友们：

从尼罗河入海之滨，阿拉伯联合共和国代表团，沿着这条极具创造性的河流上溯，抵达尼罗河最重要的源头之一，埃塞俄比亚这个伟大国家。

众位嘉宾之中，已有人曾在这宏伟之堂对埃塞俄比亚人民的慷慨热情，致以崇高敬意；称赞其对会议筹办的周密组织与所费苦心，以此确保了大会圆满成功。与此同时，我们要回顾，在人类历史的悠久岁月，我们早已领略这个国家的宽厚与细致。这份宽厚与细致，仿若尼罗河每年如期而至的洪水，总是在最恰当的时刻，准确无误地抵达，给予我们恩泽。

正是这样的埃塞俄比亚，她的大地、她的子民以及敬爱的皇帝陛下，都对此次会议倾注了关怀与努力。我们每个人都看在眼里，感激在心，并对此表示深深的谢意和感激。

亲爱的朋友们，请允许我尽量简短地发言，因为从刚才所听到的发言来看，我们的思想都集中在同一个方向，我们的观点都汇聚于同样的议题。这一点在

① 本文为贾迈勒·阿卜杜勒·纳赛尔(Gamal Abdel Nasser, 1918—1970)在1963年亚的斯亚贝巴非洲国家首脑会议上的发言。纳赛尔是埃及历史上具有深远影响的领导人之一。他在1952年领导了埃及的自由军官组织推翻了国王法鲁克一世，建立共和国，成为埃及的第二任总统。作为总统，纳赛尔对内推行一系列社会主义改革，包括土地改革和国有化政策，努力实现社会和经济的现代化，提高教育和医疗水平，推进工业化进程，特别是在基础设施建设方面取得显著成绩；他对外提倡泛阿拉伯主义，主张阿拉伯国家的团结与合作；他的理念影响了整个阿拉伯世界，推动了阿拉伯联盟的建立。他坚定反对殖民主义和帝国主义，支持全球范围内的反殖民斗争。1956年，纳赛尔宣布国有化苏伊士运河，引发苏伊士危机。尽管遭到英法以色列的军事干预，纳赛尔成功维护了埃及对运河的控制，提升了他在阿拉伯世界中的声望。

② 王康旭，上海师范大学非洲研究中心博士生；汤诚，上海师范大学图书馆副研究馆员，非洲研究中心博士。

外长们迅速达成的共识中表露无遗。他们先于我们到达,通过值得赞赏的努力,拟定了议程草案,其中很多议题都引起了我们的注意,占据了我们的思想,激发了我们的思考,并使我们在这些会议中达成一致意见。

因此,我们现在觉得,是时候将所有想法和愿望付诸行动了。如果允许我表达看法,我认为当前的任务应从以下方面展开:

首先,阿拉伯联合共和国认为,非洲大陆正处于斗争的关键阶段。近年来,独立的旗帜在非洲大陆升起,标志着自由已然诞生。然而,光诞生仍然不够,即使这诞生壮丽辉煌;自由必须成长,而且这种成长必须健全完整,能承担起当今时代赋予的责任。

因此我们认为,继自由诞生的奇迹之后,非洲大陆现在面临着生存的挑战。尽管境况艰难,它应当证明自己生存和发展的适应力,证明自己更新和延续生命的能力。

我认为已无必要详述这些艰难境况。我相信,只需提及那些笼罩在大陆上空的外部挑战,以及那些根植于大陆本土的内在难题,便足以说明问题。非洲大陆之外的挑战包括:

● 殖民主义尚未从非洲大陆的所有地区完全彻底地铲除,它顽固而残暴地控制着其中的一些地区,而在另一些地区则试图用虚假的面具来伪装并继续存在。

● 种族歧视和种族隔离仍然存在。这些政策由那些掠夺非洲财富、奴役非洲劳动的人强加于非洲的某些地区;尽管如此,他们仍毫无顾忌地践踏非洲人最基本的尊严。

● 存在一些伪装在军事协议背后的势力,将人民的土地变成威胁他们的基地。

● 有些人企图对新殖民主义工具进行伪装,并以联合国的名义渗透到非洲大陆。在刚果的暴力危机期间,这种工具带来了骇人听闻的悲剧,非洲革命烈士帕特里斯·卢蒙巴就是这场悲剧的受害者。即使在以援助名义向非洲人民提供帮助时,这种渗透行为也同样存在。

● 有些人坚持认为,非洲大陆只是一个纯粹的原材料仓库,而这些原材料的售价都无法满足非洲人民的基本需求,而全部利益却流向了那些进口国。这些国家试图通过其工业和科学进步,形成一种新形式的准殖民主义,即不公正地剥削他国财富,却不给予合理的回报。

● 甚至有些人在未经非洲大陆人民同意的情况下,将他们的土地变成核试验场。这违背了他们对和平的渴望,直接威胁到他们的生存,甚至污染了他们在家乡呼吸的空气。

● 有些人强行夺取和霸占当地人的土地,剥夺了合法所有者的权利,而把土地交给远道而来的殖民者。这些殖民者拒绝仅以客人的身份享受权利,反而以傲慢和恐怖手段施加主宰者的暴政。

● 有些人通过口号进行欺骗,甚至将正义与和平都用来服务既成事实,但没有正义就不可能有和平;接受没有正义的既成事实就意味着接受屈服,而这与和平相去甚远。

● 非洲大陆也存在其他艰难形势。虽然公正地说,非洲大陆不应为这些形势承担责任,但它仍有义务寻求最佳的解决办法,而不论责任如何分担。

● 例如,非洲大陆面临着严重的欠发达问题,大多数人民都生活在这一困境中,这导致非洲大陆与其他已取得进步的大陆在生活水平上存在令人震惊的差距。这不仅影响到非洲大陆的尊严和合法权益,还对世界和平构成严重威胁。在一个距离不再成为障碍的世界里,如何在极度富裕和令人震惊的贫困之间实现和平?

● 在国家内部也存在社会不平等的问题,这种状况应通过采取公平的措施来解决,使每位公民获得平等的生活机会。

● 非洲大陆还存在着发展问题,需要面对不发达的影响和满足社会公正的需求,其中涉及规划、融资和经验等问题。在所有这些领域,非洲大陆都需要大量援助。阿拉伯联合共和国对外援问题有自己的看法。我们认为,对欠发达国家人民进行援助,是在发展上先行一步的国家的义务,是基于人类相互依存和巩固和平的考虑。事实上,阿拉伯联合共和国认为,这种援助是具有殖民史的大国向其他国家支付的税款,是对非洲和亚洲无数人民过去和现在所遭受掠夺的补偿。这些人民的财富被系统地剥夺,以使他人独享繁荣,而他们却只能独享贫困。如果有人要求我们原谅过去,我们愿意从心底里原谅,但我们不愿意忘却。我们宽恕,但我们不会忘记却。我们以宽恕之心对待过去,但如果因此而天真,那将大错特错。

● 非洲许多国家之间存在边界问题,我们都知道这些边界有时是如何划定的。

● 历史遗留的痕迹给非洲大陆留下了众多黑暗的污点,如今需要在教育和文化领域作出巨大努力,才能解放非洲人民,摆脱一切束缚和阻碍其行动的无形枷锁。即使面对来自非洲大陆内外的艰难处境,我们仍处于一种使斗争愈发激烈严峻的环境中。我们在激烈的潮流中,为生活的进步而奋战。

● 还有一些势力,他们为了自己的利益,企图将欠发达状态强加给我们。他们甚至不惜挑拨兄弟相残,播下怀疑的种子,让我们收获仇恨。

● 冷战暗流涌动,压力重重。我们生活在一个科学进步,尤其是交通工具发展迅速的世界,距离已不再成为障碍。这使得冷战的冲突直接触及了我们的家园,影响着人们的心灵和思想。

因此,我们生活在一个充满期望的世界,一个人类合理合法诉求不断增加,而其潜能并未相应有效提升,从而满足这些需求的世界。要接近实现人类的广泛期望,唯有通过一致的行动。这种行动需要全国动员,贯彻人民的民主意愿,并使其在高涨的浪潮到来之前,自愿自觉地作出可传承的牺牲。而这所有一切都发生在冷战的环境和危险之中。

其次,我已向大家展示了非洲这一阶段斗争的不同方面。阿拉伯联合共和国认为,从能提供的客观性而言,从一种不诉诸奇迹也不沉溺于梦幻般乐观的客观性而言,首先我们需要的是一种自由和统一的非洲意志。

毫无疑问,这次会议本身就是自由和统一的非洲意志的证明。因此,召开这次会议本身,其重要性并不亚于会议通过的任何决议。在美丽的首都亚的斯亚贝巴,我们周围的这一场景具有历史意义,值得铭记:非洲大陆的往后数代人都将回顾这次会议,视其为非洲事业进步过程中的一个决定性转折点。

我们来到这里并非偶然,也非一蹴而就。我们通过各种途径,历经各种努力,汇聚于此,并最终取得成功,因为这源于对统一的强烈呼唤。这股力量我们无法抗拒,别人也无法阻止。

这一点已得到印证:在非洲大陆出现的所有组织和团体都意识到,在应对不同阶段的非洲进程时,是时候毫无保留地汇聚一堂了,这样此次会议才能凝聚成唯一和自由的非洲意志。

这一点也同样得以印证:帝国主义曾试图在非洲大陆上强加传统分裂:将撒哈拉以北和撒哈拉以南分裂,将白人非洲、黑人非洲和有色人种非洲分裂,将东非和西非分裂,将法语非洲和英语非洲分裂。这些企图如今都已崩溃,都已被真正的非洲现实冲刷殆尽。在非洲土地上,只剩下一种语言;无论其表达方式如何,都是共同命运的语言。

现在,我要谈第三点,也是最后一点。在此我想先对前两点做简单回顾。

首先我提到,非洲大陆正面临着斗争中最危险的阶段。在经历了诞生的奇迹之后,它面临着生存、成长和坚强存续的责任。

其次我提到,召开这次会议本身就是非洲自由意志存在的证明。

第三我想说,这种自由意志需要有组织的头脑和敏锐的神经,才能应对挑战,并有效地迈向崇高的非洲愿景。

这正是本次会议所肩负的使命。明确我们的责任界限是重要的一步。

更为重要的是,要让我们的统一意志与这些责任相契合。然而,决定性的最后一步是为这一意志配备强大的引擎,激发创造力,并驱动它与敏锐的神经一起,推动实现伟大的变革,以寻求非洲大地上的生活进步。

仅找出我们的问题是不够的。面对这些问题,我们只是相聚一堂,同样是不够的。重要的是要在各个层面上,根据形势需要来加以应对。如果只是高呼殖民主义的继续存在使我们蒙羞,它并不会从在非洲大陆仍然占据的地方撤走。

我们抨击殖民主义在我国的存在已有七十年。我们希望通过谈判使殖民主义离开,直到我们最终被迫拿起武器。

1956 年 6 月,殖民主义第一次从我们的土地上撤走,仅仅数月后的 10 月 29 日,又以全面入侵的形式重返我们这里。三个国家的军队在此集结。他们声称,我们恢复苏伊士运河的主权,以及取消 19 世纪海盗行为遗留下来的垄断,违反了国际法和条约的神圣性。我们不得不再次拿起武器,不情愿地参加一场强加给我们的战斗。

后来,我们在"苏伊士事件"中胜利了,这是非洲和世界各地自由的胜利,是解放的象征,为挣扎中的非洲大陆上的众多民族带来了希望。我并不是说,殖民主义集中的每个地方都应该有一次"苏伊士事件";但我认为,仅有良好的愿望是不够的,即使这些愿望得到了日渐强大的世界良知的支持。因此,我们的责任,要求我们为所有可能发生的情况做好准备。这种准备,需要有组织的头脑和敏锐的神经。要根除种族歧视和种族隔离,仅仅将其视为这个时代和其他任何时代全人类的耻辱是不够的,必须以各种方式英勇抵抗,直到我们达到全面抵制的阶段,并借此改变现状,将那些企图在非洲土地上孤立人民的人,转变为被人类社会孤立的群体,将其从国际合作的框架中驱逐出去。

为了通过各种手段有效抵制,我们需要有组织的头脑和敏锐的神经。

我们在非洲大陆以外面临的其他问题,也需要同样的应对,因为军事条约不会像秋叶一样自行飘落。对原材料的掠夺永无止境,掠夺者永不满足。殖民者不会心甘情愿地接受只有客人的权利,也不会放弃主人的专横。所有这些问题,非洲都需要有组织的头脑和敏锐的神经去战斗。

同样,非洲大陆还隐藏众多问题,如所有非洲国家的欠发达问题,各国的社会差距问题、边界发展和教育问题等。只要我们以同样的眼光看待这些问题,并相信必须找到解决办法,都需要有组织的头脑和敏锐的神经。

这同样适用于非洲对世界和平的责任。

这丝毫不意味着非洲应该成为一个国际集团,也不意味着非洲的努力应该被孤立于整个人类进步的进程之外。

这是我们最不愿考虑或要求的事情。相反,我们认为达到那种程度是一种狂热主义,其结果我们无法承受。幸运的是,在联合国大会堂举行的会议让我们时刻铭记,我们所期待的,是那些建立了联合国并在联合国面临各种威胁时挺身捍卫的国家的愿望的延伸。

但是,如前所述,我们需要的是非洲人有组织的头脑和敏锐的神经,来引导非洲人的自由统一意志,去面对摆在非洲大陆面前的各种问题和挑战。这些问题和挑战,阻碍了非洲大陆生活进步的潜力,减少了非洲大陆对人类进步的贡献。这就是本次大会所肩负的使命,而衡量大会是否成功完成这一使命,就在于大会是否履行了其对非洲和人类的历史责任。

我们要有追求自由统一的非洲意志的头脑与神经。

我们要有智慧果敢的头脑,像建设者一样去战斗,又像战士一样去建设,以建设者的能力和耐心去战斗,以战士的热情和干劲去建设。

我们要有大胆而富有想象力的神经,能面对危险,凭借远见卓识,展望广阔而崭新的创造性发展前景。

这就是我们在此肩负的责任。

我们的问题不需要重新被定义,因为我们都清楚其存在。我们的统一意志也无须证明,因为我们已相会于此。

我们需要的是强大的引擎,将我们伟大的抱负和无限的潜能转化为动力,并引导这股力量。为此,我们需要有组织的头脑和敏锐的神经。

让我们建立一个非洲联盟。

让全非洲拥有一个共同的《宪章》。

让非洲大陆的国家元首和代表定期举行会议。

让这一切都得以实现。

阿拉伯联合共和国所不愿看到的，是大家带着更多热情洋溢的言辞，或者形式主义的机构门面离开这里。

如果那样，我们不是在欺骗别人，而是在自欺欺人。如果那样，我们伤害的是非洲与和平。

如果那样，我们将失去真正拥有的东西，即对问题的认知和意志的统一。

亲爱的朋友们，让我们建立一个非洲联盟。阿拉伯联合共和国民主选举产生的全国人民权力大会，通过了工作《宪章》，宣布了这一倡议，并已于去年 6 月正式采纳。

让全非洲拥有一个共同的《宪章》。

让我们举行官方和民间的各级会议，以响应一些朋友提出的建议。

让一切成为现实，真正的现实。

让我们赋予它任何希望的计划，让我们确定彻底铲除殖民主义的最后日期，让我们制定文化和科学融合的计划，让我们启动经济协调合作以建立非洲共同市场。这一切以及更多的目标都有待我们努力，都需要有组织的头脑和敏锐的神经。

让我们时刻牢记，我们为非洲意志而建立，作为头脑和神经的任何组织，都不会在一夜之间实现非洲统一。但是，非洲意志总能从自身的潜力中产生愿景，描绘实现这些愿望的计划，并以敏锐的意识跟进实施。在此过程中，它不仅表达了统一的意愿，还深化了对统一的感受；换句话说，它源于对统一的渴望，并通过切身的经验，自发地增强了其效力。

亲爱的朋友们，阿拉伯联合共和国怀着开放的心态和思想，怀着善意的责任感来到这里，愿意尽我们所能，承担起对非洲大陆的历史责任。

我们来到这里，不带任何私心。我们认为以色列问题是最严重的问题之一。卡萨布兰卡联盟成员国也公正地赞同我们的观点，即以色列是帝国主义渗透非洲大陆的工具之一，也是帝国主义的组织基地之一。即便如此，我们也不会将这一问题提交本次会议讨论。因为我们深信，自由非洲这一事业的进展，将通过日复一日的实践揭示真相，并将其展示在非洲人的良知面前。

因此，我们来到这里，毫无保留，无所要求。

我们相信，共同努力将使我们无需任何保留；我们相信，共同努力的成功将满足我们的所有要求。

亲爱的朋友们，召开这次会议本身就证明非洲拥有自由统一的意志。阿拉伯联合共和国代表团,愿意竭尽全力,诚心诚意地寻求一种方案,使自由和统一的非洲拥有一个有组织的头脑和敏锐的神经。

如此,非洲将实现对自由和尊严的所有希望;更确切地说,非洲将实现其基于正义的和平的所有人类希望。

愿你们的努力得到祝福。

非洲经济研究

非洲数字经济发展特点与中非数字经济合作研究报告

张忠祥　赵文杰　陶　陶　梁凯宁

内容提要　近年来,数字经济为世界经济发展增添新动能。尽管非洲数字经济发展起步较晚,但近年来,非洲国家的经济增长和疫情对数字企业发展的推动使非洲数字经济实现了快速发展。当前,非洲数字经济发展的发展现状表现为非洲移动互联网呈现出最快增长率、非洲大陆数字企业得到初步发展以及非洲大陆人口规模带来巨大的数字市场等。在此背景下,非洲数字经济发展的特点主要包括非盟及非洲国家普遍重视数字经济的发展、数字基础设施建设势头迅猛、移动支付和电子商务快速崛起、大国加大与非洲数字经济领域的合作等。与此同时,非洲数字经济的发展短板也日益凸显:非洲仍存在明显的数字鸿沟、非洲数字企业的发展仍处于初级阶段、非洲数字经济与实体经济的深度融合仍是弱项、非洲数字经济发展所需的数字人才仍极度匮乏等。然而,非洲数字经济仍具备发展潜力优势,国际组织、主要大国与非洲开展数字经济合作便是有力说明。中非数字经济合作在合作平台搭建与合作内容多元化等方面初见成效,中非开展数字经济合作对双方也有着重要意义。尽管这一合作面临诸多挑战,但也蕴藏着宝贵机遇。展望未来,在深化中非数字经济合作方面,中方、非方及国际组织的联合参与将有助于"数字非洲"的早日实现。

关键词　非洲数字经济;现状与特点;中非数字经济合作;机遇与挑战

作者简介　张忠祥,上海师范大学非洲研究中心主任、教授、博士生导师;陶陶为上海海事大学外语学院讲师、博士;赵文杰和梁凯宁为上海师范大学非洲研究中心博士生。

引言

进入 21 世纪以来,随着移动互联网技术的快速发展与普及,大数据、人工智能、物联网、云计算、区块链等技术加速创新,数字化日益融入经济社会发展各领域全过程。数字经济呈现出发展速度快、辐射范围广、影响程度深的特点,正在成为重组全球要素资源、重塑全球经济结构、改变全球竞争格局的关键力量,对人类社会的发展进程产生了重大的影响。

数字经济(Digital Economy),又称互联网经济、网络经济、新经济,是继农业经济、工业经济之后的主要经济形态。近年来,数字化转型浪潮推动了数字经济的发展,数字经济成为第四次科技革命的重要组成部分。数字经济是指以数据资源作为关键生产要素、以现代信息网络作为重要载体、以信息通信技术的有效使用作为效率提升和经济结构优化的重要推动力的一系列经济活动。①

当前,数字经济正为世界经济发展增添新动能。据统计,2021 年全球 47 个国家数字经济增加值规模为 38.1 万亿美元,同比名义增长 15.6%,占 GDP 比重为 45.0%。其中,发达国家数字经济规模大,占比高;而发展中国家数字经济增长更快。从占比看,2021 年发达国家数字经济占 GDP 比重为 55.7%,德国、英国、美国数字经济占 GDP 比重均超过 65%;发展中国家数字经济占 GDP 比重为 29.8%。②

中国数字经济规模居世界第二位,信息通信基础设施、数字消费、数字产业等快速发展。数字基础设施全球领先,在"宽带中国"战略等重大政策推动下,高速宽带网络建设实现跨越式发展,建成全球最大的光纤网络。截至 2021 年 11 月,已开通 5G 基站 139.6 万个,占全球 5G 基站总数超过 70%,5G 终端用户达 4.97 亿。③

近年来,在数字全球化趋势带动下,非洲数字经济驶入快车道。经历约 20 年发展,非洲成功跨越 PC 互联网时代,进入移动互联网时代,数字经济在新冠疫情大流行期间成为防控疫情、推动复苏的新引擎。在内在需求拉动和国际力量推动下,非洲数字经济形成以电信运营商为核心,以数字设备和技术供应商为

---

① 中华人民共和国国务院公报:《数字经济及其核心产业统计分类(2021)》,第 17 页。
② 中国信息通信研究院:《全球数字经济白皮书》(2022 年),第 1—11 页。
③ 国家发展和改革委员会:《大力推动我国数字经济健康发展》,《求是》2022 年第 2 期。

依托,由国际数字企业和互联网平台广泛参与,以数据中心、智慧城市、移动通信和终端为热点,以数字创新企业为新增长点的生态格局。

根据世界银行集团国际金融公司(International Finance Corporation)和谷歌公司联合推出的报告《非洲互联网经济 2020》,2012 年非洲互联网经济约为 300 亿美元,占非洲 GDP 的 1.1%,2019 年为 1000 亿美元(3.9%),2020 年为 1150 亿美元(4.5%)。报告预计,到 2025 年,非洲互联网经济有望达到 1800 亿美元,占非洲 GDP 的 5.2%。到 2050 年,预计的潜在贡献可能达到 7120 亿美元,占非洲大陆 GDP 的 8.5%。①

中国与非洲数字经济合作既是中国开展的国际数字经济国际合作的一部分,也是构建新时代中非命运共同体的需要,2021 年召开的第八届中非合作论坛提出的"九项工程"中的第五项就是"数字创新工程",提出"双方将制定并实施中非数字创新伙伴计划",积极探讨和促进云计算、大数据、人工智能、物联网、移动互联网等新技术应用领域合作。因此,中非数字经济合作具有十分重要的意义,它既契合非洲发展的新需要,又有利于深化中非合作。

本报告聚焦非洲国家数字经济的发展状况与特点,并对非洲数字经济的潜力及发展趋势作出分析和预测,同时分析国际行为体与非洲数字合作的新进展,最后提出深化中非数字经济合作方面的对策建议,以期发挥高校智库的建言献策的积极作用。

一　非洲国家数字经济的发展现状与特点

随着智能手机在非洲年轻人口中的普及应用,信息通信技术的更迭换代,接入移动网络的非洲用户呈上升趋势。非洲国家采取多项措施降低网络资费,加大网络基础设施建设,非洲的移动支付、电子商务以及线上订购出行票务发展尤为迅速。在某些国家,传统农业与数字技术实现了初步融合应用;移动支付带来的数字金融也取得了蓬勃发展;而电子商务的快速发展则催生了数字技术服务于物流业的创新发展;新冠疫情期间,医疗卫生领域与数字领域的融合发展也成为非洲数字经济发展中的一大亮点。数字经济影响了非洲大陆生活的多个方

---

① IFC, Google：*e-Conomy Africa 2020*，p.15，https://www.ifc.org/wps/wcm/connect/e358c23f-afe3-49c5-a509-034257688580/e-Conomy-Africa-2020.pdf? MOD＝AJPERES&CVID＝nmuGYF2.（2022 年 10 月 9 日访问）

面,并在国家经济建设中发挥重要作用。

(一)非洲数字经济兴起的原因

第一,20世纪90年代中叶以来非洲国家经济的中速发展积累了社会财富,一部分民众率先享受到了发展带来的红利。非洲中产阶级的扩大,对资金往来和消费品的需求显著增长。传统市场无法为这些享受到发展成果的民众提供优质消费品与便捷服务,而与互联网平台结合的数字企业则为这些民众提供了个性化定制产品。

第二,非洲城市化进程的有序推进增加了城市居民人数。2013年,麦肯锡公司发布了《非洲雄狮走向数字化:非洲互联网的变革潜力》,该报告中提到非洲城市化浪潮助力非洲步入数字经济时代。[①]越来越多的年轻人和受过教育的人口涌向城市,城市化的不断上升为数字经济的发展积聚了人力优势。此外,不断完善的城市基础设施改造也有利于推广数字化产品及服务,促进数字经济的发展。

第三,全球数字经济发展成果为非洲数字经济带来示范效应,吸引了非洲国家的注意力。虽然数字经济在非洲起步较晚,但数字经济在发展经济、解决就业、消除贫困、实现平等方面发挥着巨大作用,也能帮助非洲在未来克服发展挑战。数字技术和新商业模式的应用成为推动非洲数字经济发展的重要引擎,被非洲领导人寄予厚望。受此激励,数字经济得到了政府的政策支持并为相关国家带来经济效益。

第四,非洲数字经济的快速发展为非洲经济带来了"滚雪球"效应。随着非洲通信网络在移动互联网的推动下呈指数级增长,数字经济所提供的数字创新与解决方案正从方方面面改变着非洲大陆民众的生活,数字化覆盖范围包括传统服务业领域以及医疗卫生、农业、教育、物流、金融、娱乐等等。非洲人口结构的年轻化也为数字经济的可持续发展营造了良好的生态环境。

正是由于数字经济可以为非洲带来包容性增长,实现创新,改善就业环境,提供大众化的服务及减少贫困,实现更大范围的平等,因此数字经济在非洲找到

---

① MiKinsey Global Institute, *Lions go digital:The Internet's transformative potential in Africa*, November 2013, p. 1. https://www.mckinsey.com/~/media/mckinsey/industries/technology%20media%20and%20telecommunications/high%20tech/our%20insights/lions%20go%20digital%20the%20internets%20transformative%20potential%20in%20africa/mgi_lions_go_digital_full_report_nov2013.pdf.(2022年7月15日访问)

了其发展的必要性。

(二) 非洲数字经济在新冠疫情期间得到迅速发展

新冠病毒的流行给人类社会和经济发展的多方面带来消极影响,因疫情导致的各种限制使得各国国内生产和国际贸易停滞甚至下降,给政府带来严重的财政压力,同时个人收入也受到波及。工作岗位、教育投入、卫生和其他公共服务资源遭受压力,宏观经济前景不容乐观。然而,数字经济在减轻疫情影响方面发挥了重大作用,极大地减轻了疫情带来的危害性,保障了社会的可持续发展,客观上也为自身的再推进带来积极影响。全球数字经济也在疫情冲击下开始复苏,并向全面化、智能化、绿色化的方向加速前进。[①]同时,疫情期间的数字经济发展还表现出其弹性特点:一方面遭受国民经济倒退的压力,同时又在保障民生与缓解经济压力方面发挥有效作用。

疫情期间,面对传统消费渠道受阻,非洲各企业通过数字技术将业务转移至线上。主要内容包括,数字技术助力企业线上工作。在线交易使得企业和家庭能够维持商品和服务的供需。学校关闭期间,学生通过网络实现在线学习。当疫情让人们的行动受到限制时,非洲民众通过智能设备寻找数字解决方案以便健康生活,在线医疗产业快速发展。此外,数字技术在医疗卫生部门的应用也对疫情的管控发挥了重要作用,有利于疫苗开发和控制感染。数字技术的优势在疫情期间得到大力推广,也彰显出数字经济的巨大潜力,消费方式的改变也让数字经济与现代生活的结合更加紧密。发展数字经济也成为非洲应对新冠疫情冲击的重要举措。某种程度上,也使非洲各国认识到数字技术发展对于提升本国经济增长率,增强本国经济发展韧性的推动作用。例如,2021年2月8日,肯尼亚总统乌胡鲁·肯雅塔在出席第34届非洲联盟首脑会议时指出,在面对疫情暴发所采取的"封城"措施后,数字的技术支持使得政府与企业得以保持正常运转,肯尼亚40%的私营企业从事电子商务,全国70%的电子商务支付通过各种移动货币支付平台进行结算[②]。2021年4月,南非总统拉马福萨就应对新冠肺炎疫

---

① 中国信息通信研究院:《全球数字经济白皮书——疫情冲击下的复苏新曙光》,2021年8月,第2页,http://www.caict.ac.cn/kxyj/qwfb/bps/202108/P020210913403798893557.pdf。(2022年8月1日访问)

② State House, *Kenya Hinging on Digital Technologies to Transform its Economy, President Kenyatta Says*, https://www. president. go. ke/2021/02/08/kenya-hinging-on-digital-technologies-to-transform-its-economy-president-Kenyatta-says/.(2022年11月2日访问)

情发表全国讲话时指出,数字经济为就业创业带来了巨大的潜力,其增长因疫情的暴发而加速。相关数据显示,疫情以来撒哈拉以南非洲的新电子商务用户增加了5%。线上购买商品和服务正成为"最新潮"的购物方式,也为防控疫情、推动经济复苏提供了"新引擎"。

(三) 非洲数字经济发展的表现

第一,移动互联网在非洲的发展表现出最快增长率。根据全球移动通信系统(GSMA)的统计数据,截止到2020年底,撒哈拉以南地区有4.95亿移动设备用户,占该地区人口的46%,比2019年增加了近2000万。预计到2025年,接入移动互联网的用户将会新增1.2亿,使用户数达到6.15亿,届时渗透率将达到非洲人口的50%。[①]此外,非洲地区数据流量资费下降与更高速度的移动互联网接入也推动了该地区数字经济的快速增长。英国电缆网(Cable.co.uk)对全球移动数据价格进行了比较,结果显示从2019年到2022年,非洲国家移动数据价格整体呈下降趋势(如表1所示)。互联网的快速增长与网络资费的下降为非洲发展数字经济扫清障碍,降低了非洲民众融入数字经济的门槛,有利于数字经济市场的全面发展。

表1 2019—2022年非洲国家的移动数据价格 （单位:美元）

国　名	2022年1GB 数据的平均价格	2021年1GB 数据的平均价格	2020年1GB 数据的平均价格	2019年1GB 数据的平均价格
加　纳	0.61	0.66	0.94	1.56
索马里	0.63	0.60	0.50	6.19
尼日利亚	0.71	0.88	1.39	7.91
坦桑尼亚	0.71	0.75	0.73	3.71
苏　丹	0.75	0.27	0.63	0.68
斯威士兰	0.84	2.24	13.31	5.25
肯尼亚	0.84	2.25	1.05	2.73

---

① GSMA, *The Mobile Economy--Sub-Saharan Africa 2021*, 2021/09, p.3. https://www.gsma.com/mobileeconomy/wp-content/uploads/2021/09/GSMA_ME_SSA_2021_English_Web_Singles.pdf. (2022年8月18日访问)

（续表）

国　名	2022 年 1 GB 数据的平均价格	2021 年 1 GB 数据的平均价格	2020 年 1 GB 数据的平均价格	2019 年 1 GB 数据的平均价格
毛里求斯	0.87	0.75	2.48	0.51
埃塞俄比亚	1.00	1.71	2.44	2.06
刚　果	1.03	2.88	1.94	4.57
科摩罗	1.08	3.21	4.38	5.27
卢旺达	1.10	1.25	1.48	3.79
吉布提	1.12	1.12	1.12	37.92
塞拉利昂	1.26	3.26	3.69	9.22
乌干达	1.32	1.56	1.62	5.02
莫桑比克	1.33	2.79	3.33	12.82
赞比亚	1.36	1.13	1.36	2.25
马达加斯加	1.52	5.14	8.81	7.24
塞内加尔	1.53	0.94	3.30	3.28
几内亚比绍	1.53	4.41	4.12	11.71
喀麦隆	1.53	0.90	2.75	1.71
几内亚	1.74	1.99	2.08	4.53
尼日尔	1.85	1.28	3.30	25.52
布隆迪	1.86	2.10	2.12	18.79
南　非	2.04	2.67	4.30	7.77
莱索托	2.20	2.66	2.13	7.19
贝　宁	2.27	3.61	27.22	20.99
安哥拉	2.33	1.61	5.29	7.95
马拉维	2.42	25.46	27.41	3.59
南苏丹	2.51	—	—	—
利比亚	2.63	2.59	3.25	3.75

（续表）

国 名	2022 年 1 GB 数据的平均价格	2021 年 1 GB 数据的平均价格	2020 年 1 GB 数据的平均价格	2019 年 1 GB 数据的平均价格
马 里	2.76	3.28	4.12	12.37
科特迪瓦	3.06	2.58	3.20	6.18
布基纳法索	3.83	4.52	2.47	10.26
加 蓬	3.95	4.82	4.89	3.39
佛得角	4.30	4.78	4.81	4.25
冈比亚	4.60	5.86	5.10	6.89
乍 得	5.10	23.33	23.33	23.33
中非共和国	8.93	9.03	8.25	6.03
赤道几内亚	9.57	49.67	12.78	47.39
纳米比亚	10.52	22.37	4.78	11.02
塞舌尔	12.66	8.64	11.43	19.55
多 哥	12.94	4.69	4.50	15.12
博茨瓦纳	15.55	3.92	13.87	16.79
圣多美和普林西比	29.49	30.97	28.26	5.33

资料来源：Cable. co. uk. https://www.cable.co.uk/mobiles/worldwide-data-pricing/2022/2022_global_mobile_data_price_comparison.xlsx。（2022 年 7 月 16 日访问）

第二，非洲大陆数字企业得到初步发展。疫情前，微软、谷歌、脸书等外国数字企业和非洲大陆的数字企业为非洲数字经济的发展贡献了积极力量，为非洲民众提供了不同领域内的多种服务，包括电子商务服务（主要平台为 Kilimall，Jumia，Konga，Kaymu 等）、在线教育服务（主要平台为 African Virtual University，Unicaf University 等）、数字化产品内容（主要平台为 Spinlet，Boomplay Music 等）、在线医疗服务（主要平台为 RecoMed，eHealth，MyHealth Africa 等）、数字支付（主要平台为 Flutterwave，M-Pesa，Opay 等）。当疫情发生后，数字技术与实际生活的快速结合又让上述数字服务成为数字企业迅速发展的加速器。以在线医疗保健行业为例，南非 RecoMed 首席执行官兼联合创始人希兰·阿穆德(Sheraan Amod)表示：在过去的 20 个月里，非洲医疗科技公司获得的风险投资资金超过了过去十年的全部时间——而且这在未来几年可能会获得持续动力。①数字技术的跨空间性可以成功覆盖非洲城市以外的乡村地区,解决这些地区的数字需求,这一背景也为未来非洲数字企业的发展奠定了巨大的发展空间。

第三,非洲大陆人口规模带来的巨大数字市场值得重视。进入 21 世纪以来,非洲国家的人口呈持续增长趋势。联合国调查研究显示,非洲是世界主要地区中人口增长率最高的地区,人口保持逐年上涨趋势,预计到 2050 年,撒哈拉以南非洲的人口将翻一番,人口总数将占全球人口增长的一半以上。非洲在未来几十年将在世界人口规模和分布方面发挥核心作用。②人口带来的互联网市场和智能设备市场让非洲有望成为未来除亚洲之外的最大数字市场。随着非洲国家致力于建设非洲大陆自贸区这一世界最大的单一市场,未来,数字经济的集聚效应将在这一市场内得到最大限度的发挥。

(四)非洲数字经济发展的特点

1. 非盟及非洲国家普遍重视数字经济的发展

非洲联盟成立前夕于 2001 年通过了"非洲发展新伙伴关系"(NEPAD)计划,该计划中提到了"电子非洲方案",该方案将在技术领域开展工作,以促进非洲成为具有全球竞争力的数字社会。2013 年非洲联盟制定的《2063 年议程》,包含非洲发展信息通信技术和数字经济的愿景,期望将非洲各国打造成复合型的数字经济体,数字化转型也排在了该议程的首要任务之列,"数字非洲"建设成为非洲各国的发展共识。2020 年,非盟发布了为非洲数字化转型制定的《非洲数字化转型战略(2020—2030)》。该战略的目的是到 2030 年前,非洲将建立一个安全的数字单一市场,确保人员、服务和资本的自由流动,个人和企业可以无缝接入并参与非洲大陆自贸区的建设。非洲数字化转型战略的主要目标是利用数字技术和创新改善非洲社会和经济,以推动非洲一体化发展,促进包容性经济增长,刺激并创造就业机会,打破数字鸿沟,消除贫困,促进非洲大陆的社会经济的可持续发展,确保非洲拥有现代数字管理工具,使所有非洲人都能以可承受的价

---

① Luis Monzon:"What's Next for Online Healthcare in Africa", IT NEWS AFRICA, Novermber 15, 2021,https://www.itnewsafrica.com/2021/11/whats-next-for-online-healthcare-in-africa/.(2022 年 9 月 13 日访问)

② 联合国:"全球议题——人口",https://www.un.org/zh/global-issues/population。(2022 年 9 月 2 日访问)

格使用智能设备和网络。通过向全体非洲人民提供高速互联网连接,为数字化经济的繁荣奠定基础。在此基础上,非盟还列出了 17 个具体目标,以期最终推动数字化转型,促进非洲工业化,为数字经济作出贡献,支持非洲金融共同体。[①]

数字经济为非洲国家带来新的经济增长点被非洲多国重视,非洲各国纷纷出台政策,制定战略抓住这一机遇以推进本国的数字经济建设。肯尼亚(Kenya)、科特迪瓦(Ivory Coast)、尼日利亚(Nigeria)、加纳(Ghana)、南非(South Africa)等非洲国家在数字化发展方面成绩比较突出,被称为"KINGS"五国。[②]尼日利亚作为非洲最大的数字经济体,出台多部政策规划。2021 年 6 月尼日利亚宣布成立国家新兴技术中心、国家数字创新创业中心、人工智能和机器人中心,2021 年初又正式发布 5G 数字经济国家计划,在其《2021—2025 年国家发展规划》指出,到 2025 年将把数字经济对 GDP 贡献率从 10.68% 提高到12.54%。[③]南非作为非洲数字经济先行者,成立由 11 名科学家组成的"第四次工业革命总统委员会",为数字经济发展提供政策建议和战略规划[④],并于 2021 年出台《国家数据和云政策草案》,把数字经济列入优先发展规划,期望打造一个"数据密集和数据驱动的南非"。埃塞俄比亚政府宣布优先发展数字经济的新政策,并出台多项新的法律法规,以改善数字经济监管环境。此外,埃及、乌干达、卢旺达、摩洛哥、加纳、阿尔及利亚、坦桑尼亚、津巴布韦等国家在电信市场、移动支付、电子商务、光纤骨干网等方面亦有较大发展潜力。

2. 数字基础设施建设势头迅猛

一是非洲光纤骨干网络发展迅速。2020 年 6 月,非洲光纤网络达到约 107万公里,是 2010 年的 3.2 倍。二是移动宽带覆盖持续扩大,5G 已起步。撒哈拉以南非洲 2014 年移动宽带覆盖率为 49%,2020 年达 81%,网速提高 2.3 倍。北非 2014 年移动宽带覆盖率为 68%,2020 年达 91%,网速提高 3.7 倍。5G 网络覆盖率达 5%。三是互联网用户迅速增加,据国际电信联盟统计,2021 年非洲

---

① African Union, *THE DIGITAL TRANSFORMATION STRATEGY FOR AFRICA* (*2020—2030*), May 2020, p.2. https://au.int/sites/default/files/documents/38507-doc-dts-english.pdf.(2022 年 7 月 12 日访问)

② Ogechi Adeola, Jude N. Edeh, Robert E. Hinson, Fulufhelo Netswera(eds.), Digital Service Delivery in Africa: Platforms and Practices, Palgrave Macmillan, 2022.

③ 张泰伦、陈晓涵、叶勇:《非洲数字经济驶入"快车道"》,《世界知识》2022 年第 5 期。

④ The World Bank Group, South Africa Digital Economy Assessment, https://openknowledge.world-bank.org/handle/10986/33632.(2022 年 11 月 13 日访问)

有 9.08 亿手机订户,为 2011 年的两倍;有 4.48 亿移动宽带订户,为 2011 年的 19.5 倍;有 3.6 亿互联网用户,为 2011 年的 5.6 倍。四是数据本地化进程引发数据中心爆炸式增长。

3. 移动支付和电子商务快速崛起

电子商务成为疫情下经济增长新引擎。2020 年非洲拥有 171 项移动钱包服务和 5.62 亿用户,实现 4950 亿美元的交易额。非洲最大零售电商(B2C)平台 Jumia 成功赴美 IPO,南非 Takealot,埃及 Noon 等平台迅速成长。2020 年后,非洲疫情防控举措显著推动电商发展。Jumia 等平台在推动非接触购物、无现金支付、医疗物资分发、抗疫资讯传播方面发挥积极作用。非洲零售电商 2021 年市场规模为 280 亿美元,占零售业比例 2.4%,电商消费者达 3.34 亿美元,预计 2022 年市场规模达 333 亿美元。统计网站斯塔蒂斯塔(Statista)预测,2024 年非洲电子商务的市场规模将达 347 亿美元,年均增长率为 17.1%。除了零售电商,非洲企业间(B2B)电商发展也颇为亮眼,农产品电商 Twiga Foods,中小企业供应链平台 Trade Depot 和 MaxAB 等展现出成长为独角兽企业的潜力。

4. 大国加大与非洲在数字经济领域的合作

欧盟进军非洲,争夺数字话语权。近年来,欧盟对非战略开始出现转变,即由原先的发展援助关系提升为合作伙伴关系,谋求彼此间的经济互惠和平等协商,并且强调未来合作发展重心将立足于数字化转型。而非洲也希望借助欧洲布局全球数字网络的东风,推进自身的数字网络建设,转变经济发展模式。欧非的数字合作最早可以追溯到 2017 年 11 月欧盟-非盟峰会,双方达成关于数字经济合作的政治共识,并于 2020 年 12 月启动欧非数字创新之桥(African-European Digital Innovation Bridge)。该机制旨在通过连接欧非企业家、决策者、学术专家、数字人才等各类利益相关者,以此增进欧非数字经济合作。

国际科技巨头非常看好非洲数字经济市场,亚马逊、谷歌、微软等科技巨头纷纷进军非洲市场。非洲作为数字经济的蓝海,数字经济发展正处于起步阶段,消费市场潜力巨大,与此同时非洲政府对数字经济领域的政策倾斜程度之大,无一不吸引着科技巨头的目光。例如 2021 年谷歌在非洲投资超过 2 亿美元,未来五年向非洲投资 10 亿美元(2021 年承诺),其海底电缆 Equiano 将在 2022 年底建成。[1]

---

[1] "走出去"导航网:过去一年谷歌在非洲投资超 2 亿美元,2022 年 11 月 10 日,https://www.investgo.cn/article/gb/tjsj/202211/638633.html。(2022 年 11 月 15 日访问)

(五) 非洲数字经济面临的短板

尽管非洲国家在数字领域表现出强劲发展态势,但非洲数字经济的发展也面临许多短板。

首先,虽然移动互联网在非洲发展迅猛,但非洲仍存在明显的数字鸿沟,非洲国家的网络连通性平均水平仍然低于世界其他区域,与全球数字经济的规模相差甚远。移动网络是非洲互联网的主要接入形式,而在撒哈拉以南的大多数非洲国家(不包括南非),移动宽带的渗透率为28%,固定宽带的渗透率还不到5%。[1]另据全球移动通信系统(GSMA)的数据,2020年,撒哈拉以南非洲地区只有28%的人口拥有移动互联网连接,该地区超过三分之二的人口仍然没有互联网,其中19%的人口无法获得互联网服务,而53%的人口生活在移动宽带网络覆盖区域但尚未使用移动互联网服务。[2]此外,对于那些移动互联网用户来说,结合其购买力来看,移动数据价格仍旧昂贵。2020年撒哈拉以南非洲地区1 GB数据的成本占人均月GDP的4%,5 GB的成本为10.2%。[3]数据价格在世界范围内属于最高水平(如图1所示)。疫情期间,由于数据访问次数及总量的增加更加重了非洲民众的数据成本负担。非洲地区许多宽带受到严重限制,2G网络和3G网络仍是当前移动网络的主要网络,4G网络普及率仍然较低。知名全球网络测速网站Speedtest发布的2022年全球手机网速和固定宽带速度排名中,手机网速最快的前三名非洲国家分别为南非(47名),博茨瓦纳(63名),埃及(81名);固定宽带最快的前三名非洲国家分别为埃及(83名),加蓬(91名),布基纳法索(92名)。[4]从非洲国家在网速方面的排名也可以看出其网速在世界范围内处于劣势地位。

---

① Google, International Finance Corporation (IFC, World Bank Group), *e-Conomy Africa 2020, Africa's $180 billion Internet economy future*, 2020, p. 60. https://www.ifc.org/wps/wcm/connect/e358c23f-afe3-49c5-a509-034257688580/e-Conomy-Africa-2020.pdf? MOD = AJPERES&CVID =nmuGYF2. (2022年9月5日访问)

② GSMA, *The Mobile Economy--Sub-Saharan Africa 2021*, 2021/09, p.33. https://www.gsma.com/mobileeconomy/wp-content/uploads/2021/09/GSMA_ME_SSA_2021_English_Web_Singles.pdf. (2022年8月18日访问)

③ GSMA, *The State of Mobile Internet Connectivity 2021*, 2021/09, p.35. https://www.gsma.com/r/wp-content/uploads/2021/09/The-State-of-Mobile-Internet-Connectivity-Report-2021.pdf. (2022年8月19日访问)

④ Speedtest, *Speedtest Global Index*, August 2022, https://www.speedtest.net/global-index#fixed. (2022年9月15日访问)

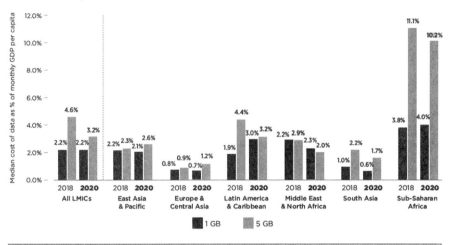

图 1　世界不同地区每 1 GB 和每 5 GB 占人均月 GDP 的百分比（2018 年与 2020 年）

资料来源：全球移动通信系统（GSMA），https://www.gsma.com/r/wp-content/up-loads/2021/09/The-State-of-Mobile-Internet-Connectivity-Report-2021.pdf.（2022 年 8 月 19 日访问）

　　此外，非洲数字经济发展呈现区域差异性，不同国家之间也存在着较大的数字鸿沟。非洲的数字机会集中在四个国家：尼日利亚、肯尼亚、埃及和南非。这四个国家创造的财富占非洲 GDP 的 51%，另外还有 50% 的专业开发人员和 73% 的非洲加速器在这四个国家。自 2016 年以来，非洲出现了 11 家独角兽企业（估值超过 11 亿美元的公司）。其中有 8 家公司来自这四个国家，尼日利亚有 5 家，埃及有 2 家，南非有 1 家。[1]同时，非洲同一国家不同地区之间的数字经济也存在巨大的发展差距。究其原因，主要是非洲国家区域发展不协调、内部发展不平衡所导致的。城镇居民拥有较完善的网络基础设施，但对于居住在农村的大部分非洲人来说，互联网互联互通程度较低导致互联网与他们相距甚远。数字身份证系统和电子交易账户可以帮助民众获得更多公共和私营服务，以及取得电子商务途径，但非洲国家中拥有这两项电子内容的公民十分有限，严重影响

[1]　Alison Collier：“The rise of Africa's digital economy creates an opportunity for South Africa to shine”，Mail & Guardian，30 Aug 2022，https://mg.co.za/opinion/2022-08-30-the-rise-of-africas-digital-economy-creates-an-opportunity-for-south-africa-to-shine/.（2022 年 9 月 12 日访问）

数字经济的受众与市场。凡此数字鸿沟所带来的消极影响都阻碍了非洲数字经济规模的进一步扩大。

第二,非洲数字企业的发展仍处于初级阶段,现阶段非洲国家数字化发展领域中比较活跃的部分实际上主要是数字金融,包括远程汇款、小额支付、移动银行、移动转账、移动支付以及非正式信贷体系等,非洲的数字化转型存在困难。虽然数字企业为非洲数字经济的发展贡献了积极力量,但传统产业在利用数字技术平台方面存在局限性,只能有限地提高生产力和销售,两者融合所带来的收益也十分有限。正如非洲空间高级分析师约瑟夫·伊贝(Joseph U Ibeh)指出:非洲数字产业多集中于农贸集市、电子商务、电子支付、海外汇款、打车、流媒体和线上学习等交易场景。人工智能技术、物联网、3D 打印、自动驾驶技术和虚拟现实等尖端科技创新在非洲仍处于新生阶段。[①]同时,非洲数字应用软件功能单一,难以稳定运行。在线学习、网络购物、远程工作并非对所有人开放,也并非在每个国家的各个角落推广,传统的经济和教育模式在社会发展中仍占据主要地位,由此带来的服务获取不平等使非洲各国要实现数字经济的可持续发展目标仍有困难,某些情况下甚至会出现倒退。此外,非洲的数字产业本身也存在难以吸引资金、创新困难等问题。

尽管非洲国家政府及组织出台政策支持本国的数字经济建设,同时鼓励本国企业与外资企业对自身数字经济的投资,但我们很少看到政府在发展数字基础设施、提升数字服务、培训数字技能和培养数字初创企业方面进行战略性和系统性的投资。在此情况下,多国学者建议提升非洲数字经济发展水平。[②]

第三,非洲数字经济与实体经济的深度融合还是一个短板和弱项。数字经济包括数字产业化和产业数字化两类,后者需要有实体经济作为基础和载体,非洲实体经济发展比较滞后,缺乏大量制造业企业作为工业互联网的支撑,这将会导致数字经济畸形发展,最终会使产业数字化发展方面陷入瓶颈。不能够发挥实体经济与数字经济深度融合,达到双轮启动,同频共振的效用。

非洲数字经济的热点层次较低。非洲数字经济的热点所聚焦的层次相对较低,基本上集中在购物、娱乐、社交等大众化消费领域,而在高端的核心技术领域涉及较少,或者发展趋向不明显甚至根本没有发展。非洲缺乏有规模的数字企业,非洲数字经济面临有需求没供应的窘迫局面。目前,这也是非洲数字经济面

---

① Joseph U Ibeh:"科技创新为非洲数字化加速",《中国投资》,2020 年第 10 期,第 76 页。
② 王俊美:"多国学者建议提升非洲数字经济发展水平",《中国社会科学报》,2012 年 7 月第 3 版。

临的严重短板。

第四,非洲数字经济发展所需的数字人才极度匮乏。良好的数字经济建设与发展需要有完善的数字技术基础架构、科学有序的数字产业发展、健全的数字安全法律法规等,这些内容都需要对数字人才进行培养与运用。非洲国家虽然在国家建设与经济发展方面取得了巨大进步,但在数字经济方面却欠缺相应人才,缺乏数字经济的管理经验。未来,随着各经济体越来越重视数字技术,对数字技能的需求也将越来越大。国际金融公司最近的一项研究显示:据估计,到2030年,撒哈拉以南非洲地区将有超过2.3亿个工作岗位需要数字技能,对初级和中级数字技能培训的需求很大。更高层次、更先进的数字技能对于开发、适应和推广数字技术最至关重要,特别是在技术部门。①因此非洲国家需要促进数字扫盲和提升高级数字技能,以有效利用新的就业机会,帮助减轻数字技术对劳动力市场造成的潜在负面影响。

除此之外,新冠疫情导致非洲民众收入降低,俄乌冲突带来非洲粮食安全问题,这两者叠加影响加重了人们的生活成本,不利于数字经济的发展。非洲数字经济的发展也受到非洲国家安全环境、基础设施等方面的影响。基础设施的建设对数字经济的发展起保障作用,其中电力设施、干线铺设、网络基站、维修保养等都对网络基础设施的良好运营起决定作用。非洲数字经济未来发展面临数字基础设施、数字技术创新、数字经济治理等方面的诸多短板。②由于非洲在数字化方面缺乏自身的核心竞争力,非洲数字产业基本存在于应用层面,关键技术、设备、系统、平台基本依赖非洲域外国家,造成其数字经济严重依赖外部环境与国际局势,其数字产业化所带来的数字红利也多被外部投资方所收割。政府执行力低下及数字行业的变幻特点容易使数字企业错失发展良机。

总而言之,虽然对于数字经济来说,获得互联网是重中之重,但这并不足以保证非洲实现其数字红利,非洲数字经济发展所面临的短板概括起来,即非洲数字经济的框架基础仍不全面,法规条款仍不完善,数字环境欠缺活力,数字企业缺乏创新,数字民众亟须培训,决策制定稍显滞后,数字机构缺少责任,等等。

① International Monetary Fund, World Bank, *Digitalization and Development*, April 1, 2022, p.8. https://www.devcommittee.org/sites/dc/files/download/Documents/2022-04/Final％20on％20Digitalization_DC2022-0002.pdf.(2022年8月30日访问)
② 朴英姬:"非洲产业数字化转型的特点、问题与战略选择",《西亚非洲》,2022年第3期,第33页。

二、 非洲数字经济的潜力分析与新趋势

非洲数字经济的优势与短板为其未来发展的前景与趋势指明道路,具体而言:

第一,互联网在非洲的发展仍占重要地位。互联网在非洲市场上的快速发展显示出非洲大陆对互联网的强劲需求,同时也为互联网在非洲的升级换代创造了前提条件。未来,非洲互联网行业,主要是移动互联网将成为对非投资中最重要的一个产业,也将对世界互联网行业产生深远影响。由互联网引发的数字经济将蓬勃发展。据世界银行预测,到 2025 年,互联网经济有可能为非洲的 GDP 总量贡献 1800 亿美元。占非洲大陆总 GDP 的 5.2%。到 2050 年,预计潜在贡献可达到 7120 亿美元。[①]未来,由移动互联网带来的非洲数据中心本地化建设是非洲的重点发展领域,仅在 2020 年和 2021 年,非洲国家就达成了 4 项主要泛大陆交易和投资承诺,总金额为 20 亿美元。业界估计,到 2025 年,非洲的数据中心市场产值预计将增至 30 亿美元。[②]数字产业化将保持良好发展态势。

表 2　非洲互联网经济潜力　　　　　　单位:十亿美元

国　家	2020 年		2025 年		2050 年	
	金额	比例	金额	比例	金额	比例
肯尼亚	7.42	7.70%	12.84	9.24%	51.07	15.17%
摩洛哥	7.8	6.82%	12.09	7.84%	48.06	12.88%
南　非	21.55	6.51%	31.45	7.86%	125.08	12.92%
塞内加尔	1.51	6.22%	2.92	7.11%	11.61	11.68%
尼日利亚	24.59	5.68%	36.53	6.86%	145.28	11.27%
阿尔及利亚	9.02	5.60%	11.92	6.16%	47.39	10.12%
喀麦隆	2.06	5.39%	3.27	6.19%	13.00	10.16%
科特迪瓦	3.18	5.27%	5.53	6.04%	21.98	9.92%

---

① Google, International Finance Corporation (IFC, World Bank Group), *e-Conomy Africa 2020*, *Africa's $180 billion Internet economy future*, 2020, p. 17. https://www.ifc.org/wps/wcm/connect/e358c23f-afe3-49c5-a509-034257688580/e-Conomy-Africa-2020.pdf?MOD=AJPERES&CVID=nmuGYF2. (2022 年 9 月 5 日访问)

② 王传宝:"非洲国家努力弥合'数字鸿沟'",《人民日报》,2022 年 6 月 10 日第 16 版。

（续表）

国　家	2020 年		2025 年		2050 年	
	金额	比例	金额	比例	金额	比例
埃　及	15.41	4.98%	25.97	5.99%	103.29	9.83%
卢旺达	0.52	4.98%	0.97	5.96%	3.85	9.79%
加　纳	3.01	4.42%	5.01	5.31%	19.94	8.73%
坦桑尼亚	2.57	3.98%	4.28	4.57%	17.03	7.50%
乌干达	1.36	3.82%	2.26	4.18%	8.97	6.87%
莫桑比克	0.37	2.45%	0.67	2.81%	2.65	4.62%
安哥拉	2.02	2.17%	2.88	2.38%	11.44	3.91%
埃塞俄比亚	1.26	1.27%	2.02	1.39%	8.03	2.28%
非洲其他国家	11.62	1.96%	18.55	2.16%	73.76	3.54%
总　计	115	4.5%	180	5.2%	712	8.5%

资料来源：IFC，Google：*e-Conomy Africa 2020*，p.16，https://www.ifc.org/wps/wcm/connect/e358c23f-afe3-49c5-a509-034257688580/e-Conomy-Africa-2020.pdf? MOD = AJPERES&CVID=nmuGYF2。

　　第二，与互联网相关的智能手机等移动电子设备将创造巨大市场。随着非洲互联网产业的快速发展，移动设备将会在非洲不断得到普及与推广。撒哈拉以南非洲有 40% 的人口在 15 岁以下，城市化以及年轻消费者在未来都是移动设备销售量增长的主要来源。专注于非洲技术、媒体和电信领域投资的覆盖合作伙伴公司（Covergence Partners）董事长安迪乐·恩戈卡巴（Andile Ngcaba）表示：到 2030 年，物联网将成为非洲的一个巨大市场；非洲将有 100 亿台设备连接到互联网，包括汽车、相机、传感器、笔记本电脑等等。该地区已经拥有比地球上其他任何地方更多的移动货币钱包。[①]

　　第三，未来的非洲除数字产业化以外，产业数字化的趋势将更加明显。新冠疫情之后，随着经济的复苏和限制的放宽，数字技术将成为人们生活方式和企业经营方式的更大组成部分。疫情期间，数字技术为非洲大众带来了新的解决方案，消费者可通过在线网购、教育、医疗、娱乐等解决生活需要，体会生活便捷。

---

① Jason Mitchell："African e-Connectivity Index 2021：The final frontier and a huge opportunity"，Investment Monitor，10 November，2021，https://www.investmentmonitor.ai/tech/africa-connectivity-index-2021.（2022 年 9 月 16 日访问）

互联网经济不断提高了经济领域的生产力和生产效率。未来,非洲的数字技术将在多领域与传统产业继续加深融合,快速发展,并在电子商务、金融服务、物流供应、医疗卫生、教育、制造业等领域实现突破与发展。外国资本对非洲数字经济的投资与消费者对数字方案的兴趣表明,未来的非洲将是一个以数字为中心的非洲。

第四,未来的非洲将继续享受数字经济带来的数字红利。自移动互联网改变非洲大陆的生活开始,数字经济就为非洲开创了新的经济局面。数字经济所带来的产业革命将为非洲创造更多的工作岗位,减少贫困与饥饿,消除性别不平等带来的就业歧视,不断促进人权与正义。数字经济将继续发挥经济增长新动能的地位,通过发展不断扩大规模,优化结构,与传统行业加深融合。非洲的数字化转型也会不断影响相关的经济部门,并对非洲数字经济的未来发展带来转型变化。

三 国际组织、主要大国与非洲数字经济合作的情况

非洲的数字经济发展离不开世界组织、区域组织及世界主要国家对非数字领域的投资与合作。其中,许多国际组织在非洲互联网建设历史上发挥了重要作用。它们通过具体行动为非洲的网络基础设施建设、政策制定及能力建设方面提供帮助。

(一) 世界银行

世界银行的"非洲数字经济倡议"支持非洲联盟制定非洲数字转型战略,希望帮助非洲国家加速实现联合国可持续发展目标以及世界银行对非洲数字化的期望:到2030年每个非洲个人、企业和政府都要实现数字化。该倡议对数字基础设施、数字平台、数字金融服务、数字技能和数字企业环境进行了14项国别研究。该倡议认为非洲的数字演变令人印象深刻,但渐进式发展已不再足够。数字经济可以为非洲的包容性增长、创新、创造就业、提供服务和减少贫困开辟新途径。在如何建设非洲数字化方面,世界银行认为需要采用生态系统方法来实现数字经济的重要性,主要包括五方面:综合性、改革性、包容性、本土性以及协作性。强调采取生态系统的方法,着眼于供应和需求,开辟规模性市场,利用数字经济为"人人、处处、时时"创造平等机会,立足非洲本土,学习非洲大陆外优秀

经验,通过协作态度鼓励政府以及不同部门间开展合作,共同推动数字经济的发展。①世界银行集团旗下机构国际金融公司与谷歌公司新近发布的《2020 年非洲数字经济报告》提到,虽然疫情在未来五年将给非洲发展带来压力,但拥有强劲韧性的互联网经济将推动非洲经济增长。除此之外,世界银行支持非洲许多信息技术领域的倡议。②

(二) 美国

1996 年,美国国际开发署发起了"利兰倡议"(The LELAND Initiative),在五年内,必须花费 1500 万美元将 20 个非洲国家连接到互联网。美国国际开发署为这些国家提供了 64 至 128 Kbps 的高速网络,方便美国网络和国家电信运营商之间进行联络。美国的"数字自由倡议"建立在信息和通信技术已经比较完善的国家。通过鼓励信息和通信技术应用的发展使中小型企业获利。同时将美国小型企业、软件公司、网吧和来自美国的信息通信技术专家志愿者聚集在一起,解决信息技术问题,提供信息技术解决方案,帮助这些中小型企业成长。

当前,美国在非洲大力布局互联网,数字基础设施和创新创业公司;为非洲提供来自美国的互联网应用产品"全家桶";美国骨干企业纷纷落地非洲;通过风险投资控制非洲数字经济未来。③

(三) 欧盟

欧盟建立欧非数字合作机制,开展投资与能力建设合作。欧盟与非盟之间建立了数字经济伙伴关系,其主要目标是通过合作更好地连接两个市场,并在基于共同愿景和共同原则的数字伙伴关系的基础上加速实现可持续发展目标。2018 年 9 月,欧盟委员会主席容克提出了一个新型非洲—欧洲可持续投资和就

---

① World Bank Group, *Digital Economy for Africa Initiative*, June 2019, p.4. https://thedocs.worldbank.org/en/doc/312571561424182864-0090022019/original/062519digitaleconomyfromafricainitiativeTimKelly.pdf. (2022 年 9 月 4 日访问)

② Google, International Finance Corporation (IFC, World Bank Group), *e-Conomy Africa 2020*, *Africa's $180 billion Internet economy future*, 2020, p.17. https://www.ifc.org/wps/wcm/connect/e358c23f-afe3-49c5-a509-034257688580/e-Conomy-Africa-2020.pdf? MOD = AJPERES&CVID = nmuGYF2. (2022 年 9 月 5 日访问)

③ 张泰伦、林小暖、李璠琛:"全球多国竞相布局非洲数字经济",《经济瞭望》,2022 年 7 月,第 58 页。

业联盟,该联盟寻求在平等基础上推动洲际合作。2018 年 12 月,欧盟和非盟数字经济工作专班正式启动。数字解决方案成为该专班的重点内容。明确数字经济工作专班的目的是在确定合作行动的优先次序时为欧盟和非盟提供指导。该工作组还为私营部门、捐助者、国际组织、金融机构和民间社团提供合作平台,主要讨论非洲数字转型如何实现跨界融合、加速可持续发展并通过数字经济为所有非洲公民带来发展红利。该小组发布了一篇题为"新非洲—欧洲数字经济伙伴——加快实现可持续发展目标"的报告,[1]并对未来欧洲和非洲的数字经济合作提出了四点意见:建设全覆盖且负担得起的宽带服务;提高公民基本数字技能;改善数字经济商业发展环境;加快电子服务和数字经济的进一步发展,以实现可持续发展目标。

2020 年 3 月 9 日,欧盟委员会发布《对非洲全面战略》[2]。2020 年 12 月正式启动《数字化发展》[3]。这两份战略文件强调从数字化转型、互联互通、青年数字技能发展等角度密切欧非数字合作。此外,欧盟各成员国也积极参与对非数字合作。欧盟希望在非洲联盟的指导下,支持非洲大陆的数字化一体化;支持部署负担得起的宽带连接,并通过跨境骨干基础设施确保与欧盟的直接联系;帮助非洲合作伙伴为年轻人提供未来的数字技能;利用非洲数字企业家的潜力创造可持续的就业机会;投资于电子政务、电子教育、电子医疗、电子商务、电子农业和金融科技等数字服务的部署,为公民创造包容性、效率、透明度和更好的服务。

欧洲投资银行也表现出对非洲大陆向数字经济转型的支持,其所出具的研究报告详细介绍了欧洲投资银行对非洲数字经济融资工作的原则和工具,并介绍了通过银行的宣传、技术援助和金融支持保障有效实现非洲数字经济的相应发展目标。[4]

---

[1] AU-EU Digital Economy Task Force, *New Africa-Europe Digital Economy Partnershop*: *Accelerating the Achievement of the Sustainable Development Goals*, 2018, p.16. https://www.tralac.org/documents/resources/external-relations/eu/2865-new-africa-europe-digital-economy-partnership-report-of-the-eu-au-digital-economy-task-force-june-2019/file.html. (2022 年 9 月 18 日访问)

[2] European Commission, *Towards a comprehensive strategy with Africa*, 9 March 2020, https://ec.europa.eu/commission/presscorner/detail/en/fs_20_374. (2022 年 9 月 18 日访问)

[3] European Commission, *Shaping Europe's digital future*, https://digital-strategy.ec.europa.eu/en/policies/africa.(2022 年 9 月 18 日访问)

[4] European Investment Bank, *The rise of Africa's digital economy*: *The European Investment Bank's activities to support Africa's transition to a digital economy*, February 2021, p.10. https://www.eib.org/attachments/thematic/study_the_rise_of_africa_s_digital_economy_en.pdf. (2022 年 8 月 23 日访问)

除此之外,其他国家也与非洲在数字经济方面开展合作。英国侧重运营商与投资合作。主要方式有两种,一是增加资金投入,二是深度开展电信运营商合作,三是重视投资与能力建设合作。法国则加大自身国家对非洲电信行业的投资。日本侧重数字基础设施合作。韩国着力于开展电子政府和智能手机合作。印度侧重在电信运营商等领域与非洲合作。新加坡重点在金融科技、区块链和人工智能等领域加强对非合作。

四 中非数字经济合作的现状、特点与不足

(一) 中非数字经济合作的现状

中非友谊源远流长,中非合作真实亲诚,中非关系历久弥坚。由于数字技术的发展对中非双方来说都是新领域,双方在初期都在积累经验,因此中非数字经济合作起步较晚,但经过多年的发展,实现了跨越式进步。

中非在数字经济领域的初期合作主要体现在基础设施的项目建设上,覆盖交通、通讯、电力等领域。虽然这些项目不是数字经济的主要内容,但正是由于非洲基础设施的不断完善,才为非洲数字经济的快速发展奠定了坚实的基础。

2006 年中非合作论坛北京峰会召开,会议首次提到中非将加强在信息基础设施建设、信息技术应用、电信普遍服务、网络与信息安全、电信人力资源开发等方面的合作。中国支持非洲国家根据突尼斯信息峰会的建议推动缩小数字鸿沟、加快信息社会建设的努力。[1]2009 年通过的《中非合作论坛—沙姆沙伊赫行动计划(2010 至 2012 年)》[2]更是将"信息通讯"作为单一主题进行说明:中方将进一步加强与非洲国家信息通讯主管部门的合作,加大对非洲信息通讯领域人才的培训,同时积极支持和鼓励优秀的中国信息通讯企业参与非洲通讯基础设施建设,与非洲企业开展互利合作。2012 年《中非合作论坛第五届部长级会议——北京行动计划(2013～2015 年)》表明了中方将进一步加强与非洲国家信

---

[1] 中非合作论坛网站:中非合作论坛北京行动计划(2007—2009 年),http://www.focac.org/zywx/zywj/200909/t20090917_8044399.htm。(2022 年 8 月 15 日访问)

[2] 中非合作论坛网站:中非合作论坛—沙姆沙伊赫行动计划(2010 至 2012 年),http://www.focac.org/chn/zywx/zywj/200911/t20091112_7875842.htm。(2022 年 8 月 15 日访问)

息通讯部门的合作,加大对非洲信息领域人才的培训,同时积极支持和鼓励有实力的中国信息通讯企业参与非洲信息基础设施建设,与非洲企业开展互利合作。此次本次会议还积极评价了"中非合作论坛——科技论坛"的成功举行,中方还将推动开展"非洲民生科技行动"等等。

2015 年,适逢中非合作论坛第二次峰会在约翰内斯堡召开之际,中国政府发表了第二份对非洲政策文件,该文件进一步明确了中国致力于发展对非友好合作关系的坚定决心和良好意愿,全面阐述新形势下中国对非洲政策新理念、新主张、新举措,以指导今后一段时期中非各领域交流与合作。中非在数字技术领域的合作自此迈上新台阶,随后在众多领域实现了突破与发展。2015 年 12 月在南非举行了中非合作论坛约翰内斯堡峰会。会议通过的《中非合作论坛约翰内斯堡峰会宣言》①和《中非合作论坛—约翰内斯堡行动计划(2016—2018 年)》②分别提到:中非将继续重点加强非洲铁路、公路、区域航空、电子、信息通信等基础设施项目合作和人力资源开发合作等能力建设。积极探讨中方建设"丝绸之路经济带"和"21 世纪海上丝绸之路"倡议与非洲经济一体化和实现可持续发展的对接,促进共同发展。同时,中非双方认识到依靠技术和创新促进非洲经济增长的重要性,特别是在信息技术等领域。中方将支持非洲在信息通信领域的基础设施项目建设,加强信息通信的交流合作,增加信息领域人才培训,分享信息通信发展经验,共同维护信息安全。支持中国优质信息通信企业赴非帮助非洲建设信息网络。帮助非洲国家建设"智能城市",提升信息通信技术在维护社会治安、反恐和打击犯罪等方面的作用。与国际电信联盟等国际组织合作,缩小非洲数字鸿沟,推进非洲信息社会建设。

2018 年在中非合作论坛北京峰会上,中非双方通过了《关于构建更加紧密的中非命运共同体的北京宣言》和《中非合作论坛—北京行动计划(2019—2021 年)》更是将中非在数字经济领域的合作推向了高潮。中非双方认识到信息通信技术对经济社会发展发挥着战略性和全局性影响,将加强主管部门交流合作,分享信息通信发展经验,共同把握数字经济发展机遇,鼓励企业在信息通信基础设施、互联网、数字经济等领域开展合作。双方将积极探讨和促进云计算、大数据、

---

① 中非合作论坛网站:中非合作论坛约翰内斯堡峰会宣言,http://www.focac.org/chn/zywx/zywj/201512/t20151224_7875847.htm。(2022 年 8 月 15 日访问)
② 中非合作论坛网站:中非合作论坛—约翰内斯堡行动计划,http://www.focac.org/chn/zywx/zywj/201512/t20151224_8044410.htm。(2022 年 8 月 15 日访问)

移动互联网等新技术应用,中方愿支持非洲国家建设"智慧城市",提升信息通信技术在维护社会治安、反恐和打击犯罪等方面的作用,与非方共同维护信息安全。中方鼓励中国企业参与非洲国家光缆骨干网、跨境互联互通、国际海缆、新一代移动通信网络、数据中心等通信基础设施建设,并在相关基础设施建设、运营、服务等方面开展互利合作。双方愿加强在国际电信联盟等国际组织中的合作,促进在人员培训、网络互联互通、创新中心建设等方面的协作。双方愿就信息通信技术政策和发展开展战略咨询,共同努力缩小非洲数字鸿沟,推进非洲信息社会建设。在贸易方面,中方将同非洲开展电子商务合作,建立电子商务合作机制。

2020 年 6 月,《中非团结抗疫特别峰会联合声明》也提到:中非双方认识到数字化在后疫情时代的重要性,支持非洲数字经济加快发展,拓展在数字化和信息通信领域特别是远程医疗、远程教育、5G、大数据领域交流合作。

2020 年 12 月,国家发展和改革委员会与非洲联盟委员会共同签署《中华人民共和国政府与非洲联盟关于共同推进"一带一路"建设的合作规划》。这是中国同区域性国际组织签署的第一份共建"一带一路"规划类合作文件。该文件的签署将有效推动共建"一带一路"倡议同非盟《2063 年议程》深度对接。[1]

2021 年 8 月,"中非互联网发展与合作论坛"成功举办。中方表示,近年来,中非在信息基础设施、数字技术、数字经济、网络安全等领域的交流合作不断深化,为中非合作注入了新活力、开辟了新空间。为深化中非友好合作,进一步推动中非全面战略合作伙伴关系高水平发展,中方发起"中非携手构建网络空间命运共同体倡议"。论坛设置"共享数字技术红利,弥合数字鸿沟"和"携手维护网络安全,共筑和平网络空间"两场专题讨论。积极同非洲国家分享数字经济和网络安全发展经验,希望进一步深化中非之间的互利合作,推动非洲数字经济的发展,携手维护网络空间安全,推动构建网络空间命运共同体。[2]

近年来,中国积极帮助非洲国家消除"数字鸿沟",中非"数字经济"合作发展迅速,从数字基础设施建设到社会数字化转型,物联网、移动金融等新技术应用,全领域合作成果丰硕。中国企业参与了多条连接非洲和欧、亚、美洲大陆海缆工

① 中华人民共和国中央人民政府网站:中非"一带一路"合作开启新篇章,2020 年 12 月 24 日,http://www.gov.cn/xinwen/2020-12/24/content_5572897.htm。(2022 年 8 月 15 日访问)

② 中华人民共和国中央人民政府网站:中非互联网发展与合作论坛举办,2021 年 8 月 25 日,http://www.gov.cn/xinwen/2021-08/25/content_5633126.htm。(2022 年 8 月 15 日访问)

程;与非洲主流运营商合作基本实现非洲电信服务全覆盖;建设了非洲一半以上无线站点及高速移动宽带网络,累计铺设超过 20 万公里光纤,帮助 600 万家庭实现宽带上网,服务超过 9 亿非洲人民。截至目前,超过 15 个非洲国家的 17 个城市、1500 多家企业选择中国企业作为数字化转型伙伴,29 个国家选择中国企业提供的智慧政务服务方案;中非共同在南非建立了服务整个非洲区域的公有"云",以及非洲首个 5G 独立组网商用网络。中非电子商务合作层次和内涵不断丰富,"丝路电商"云上大讲堂有效提升伙伴国中小微企业数字素养,"双品网购节"丝路电商专场、"非洲产品电商推广季"等活动助力非洲优质产品进入中国市场,中国企业积极参与非洲电子支付、智慧物流等公共服务平台建设,在互联互通中实现合作共赢。①

中非合作论坛第八届部长级会议前,中非双方共同制定了《中非合作 2035年愿景》。文件中提到:中非合作的顶层设计和机制措施更加丰富完善,其中就包括在数字经济领域,政策对接和协同不断加强。此外,中非双方将共同构建转型增长新格局,实现中非产业共促。在"数字合作驱动非洲加速转型"合作中,中非将拓展在频谱管理、5G、卫星互联网、大数据、电子商务、智慧城市、航空航天、卫星遥感应用等领域合作,支持非洲建设新型基础设施,发展数字产业,弥合数字鸿沟。②

2021 年 11 月,中国国家主席习近平在中非合作论坛第八届部长会议开幕式的主旨演讲中提到中非共同实施的"九项工程"之一——"数字创新工程"。该工程的具体内容包括:中国将为非洲援助实施 10 个数字经济项目,建设中非卫星遥感应用合作中心,支持建设中非联合实验室、伙伴研究所、科技创新合作基地。中国将同非洲国家携手拓展"丝路电商"合作,举办非洲好物网购节和旅游电商推广活动,实施非洲"百店千品上平台"行动。③

2021 年 11 月,中非合作论坛第八届部长会议通过的《中非合作论坛第八届部长级会议达喀尔宣言》和《中非合作论坛—达喀尔行动计划(2022—2024 年)》

---

① 国务院新闻办:《新时代中非合作白皮书》(2021 年),http://www.scio.gov.cn/zfbps/ndhf/44691/Document/1717830/1717830.htm。(2022 年 8 月 21 日访问)
② 国家国际发展署:中非合作 2035 年愿景,2021 年 12 月 9 日,http://www.cidca.gov.cn/2021-12/09/c_1211480567.htm。(2022 年 8 月 15 日访问)
③ 外交部:习近平在中非合作论坛第八届部长级会议开幕式上的主旨演讲(全文),2021 年 11 月 29 日,https://www.fmprc.gov.cn/web/zyxw/202111/t20211129_10458568.shtml。(2022 年 8 月 15 日访问)

更是明确提出：中非将在数字领域推动中非合作不断提质升级。中非双方一致认为：互联网有助于促进贸易、创造就业和推动发展，特别是对女性赋权具有积极意义。我们同意加强科技合作，支持非洲加快数字经济发展，特别是促进非洲高速互联网接入、泛非电子网络、卫星和航天技术发展。我们同意扩大在远程医疗、电子商务、远程教育、5G、未来遥感和大数据等数字通信领域交流合作并提供融资支持，支持非洲建设"智慧城市"，加强和平利用外太空国际合作。非方也将积极考虑加入中方发起的"全球数据安全倡议"，愿以此为基础推动制定全球数字治理规则，呼吁国际社会一道努力，共同构建和平、安全、开放、合作、有序的网络空间，携手构建网络空间命运共同体。未来中非将携手打造"数字非洲"。此外，在基础设施建设方面，中方将帮助非洲建设泛非电子网络和网络安全相关项目。除此之外，双方在通信基础设施建设、物流数字化、信息交流与技术合作、信息技术领域深度合作和产业全球化发展方面也达成了诸多共识。在"数字经济"领域，双方一致同意在下列方面开展合作：信息通信技术与减贫，信息通信基础设施、互联网、数字经济等。本次会议双方将制定并实施"中非数字创新伙伴计划"。积极探讨和促进云计算、大数据、人工智能、物联网、移动互联网等新技术应用领域合作。

中非数字经济合作有着十分重要的意义。

第一，中非开展数字经济合作是双方的共同追求。数字经济对中非双方来说都是新的发展机遇，中非在该领域的合作可以实现共赢。党的十八大以来，党中央高度重视发展数字经济，将其上升为国家战略。党的十九大提出，推动互联网、大数据、人工智能和实体经济深度融合，建设数字中国、智慧社会。近年来我国数字经济发展较快、成就显著。根据2021年全球数字经济大会的数据，我国数字经济规模已经连续多年位居世界第二。特别是新冠疫情暴发以来，数字技术、数字经济在支持抗击新冠疫情、恢复生产生活方面发挥了重要作用。世界银行也承认：中国为解决数字经济相关的复杂问题作出了努力，能够为全球发展带来解决方案。中国作为负责任的大国有义务将自身在数字经济发展方面收获的经验分享给非洲国家，帮助他们实现数字化，提升非洲在全球的数字竞争力。当前，数字经济已成为中非合作新的增长点。数字经济已发展成为非洲经济中最具活力和潜力的领域之一，中国与非洲在数字经济领域存在较大的合作空间。中非合作发展数字经济，共建"数字丝绸之路"，既为非洲国家平等融入全球产业链和价值链提供了新契机，也为中国分享数字化转型的变革红利创造了便利条件,双方合作面临难得的历史性机遇。非洲舆论普遍认为,非中数字合作契合非洲经济社会发展需要,推动共享技术红利,切实为非洲民众带来福祉。非盟委员会主席法基表示:"很多非洲国家将数字化转型作为发展方向,数字技术领域的创新将帮助我们战胜贫困、改善民生。在数字基建、数字人才和数字经济等方面,找到有能力的合作伙伴至关重要。中国数字经济发展全球领先,是非洲国家实现非盟《2063 年议程》目标的最佳合作伙伴,非中数字合作拥有广阔机遇。"[1]

第二,中非开展数字经济合作有巨大现实意义。非洲是目前全球互联网发展最有潜力的地区之一。据统计时报(Statistics Times)的数据显示,2021 年非洲人口共计 13.7 亿,占世界人口的 17.2%。[2]但非洲国家的互联网用户却十分有限。根据斯塔蒂斯塔(Statista)按国家划分的非洲互联网用户的份额,截至 2022 年 1 月,只有 17 个非洲国家和地区的互联网用户占国家总人口的 50% 以上,其余 41 个国家和地区的互联网用户均在 50% 以下(如图 2 所示)。中非开展数字领域的合作可以帮助非洲国家提升互联网普及率,降低网络费用。中非双方之间有着深厚的合作历史,中非合作论坛机制是南南合作的重要典范,非洲又是中国"一带一路"倡议和"数字丝绸之路"倡议的重点发展地区。中国政府和企业在光缆铺设、数据中心建设、新一代移动通信网络发展、跨境电商服务领域都给予非洲数字经济大力支持。中国有耐心与经验,非洲有需求和市场,中非有成熟机制与平台,这些为中非在数字经济方面的合作保驾护航。中国政府与非洲政府就非洲数字经济的发展出台了多项举措。中国企业,如华为、中兴、传音、抖音等数字企业在非洲也积极帮助非洲国家发展数字技术,建设数字能力;阿里巴巴集团更是将电子世界贸易平台(eWTP)在非洲落地。疫情期间中国加强与非洲各国抗疫合作,利用科技手段联防联控、发展数字经济应对疫情冲击,积极推进"数字丝绸之路"建设合作。除了线上分享经验线下部署抗疫以外,中非积极发展数字经济对冲疫情冲击。各类数字合作平台、线上推介会、直播带货等新业态合作蓬勃发展,有效地服务了中非企业间的对接,带动了非洲特色产品对华出口。数字技术的合作促进了非洲跨境电商的繁荣,为非洲抗击疫情发挥巨大作用。这些中非开展数字经济合作的具体实践都表明中非数字经济合作的深厚内涵和现

---

① 龚鸣、景玥、姜宣、邹松:"中非数字合作前景广阔",《人民日报》,2021 年 9 月 27 日。

② Statisticstimes: Population of Africa, 02 October 2021, https://statisticstimes.com/demographics/africa-population.php.(2022 年 8 月 25 日访问)

实意义,可以在世界信息化和数字化进程不断加速的条件下,缩小非洲与世界平均水平间的技术和数字鸿沟。

未来,随着非洲经济的发展潜力被不断释放,非洲数字建设的不断完善,中非在通信、互联网和数字经济领域的深度合作,中非将在数字经济合作方面达到新高度。中非数字经济合作,也会为非洲本身的数字经济带来新发展形势。基于中非双方数字经济发展特征、互补性以及双边数字发展战略的积极对接,中非共建"数字非洲"有其必要性与现实可能性。①相信未来中非的数字经济合作也将大有作为。

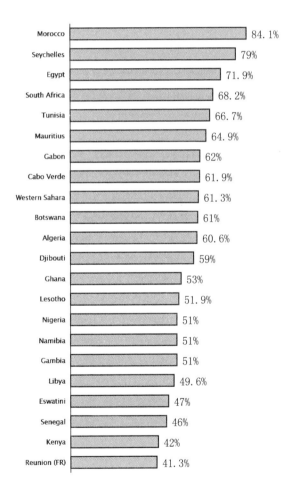

① 牛东芳、沈昭利、黄梅波:"中非共建'数字非洲'的动力与发展路向",《西亚非洲》,2022年第3期,第75页。

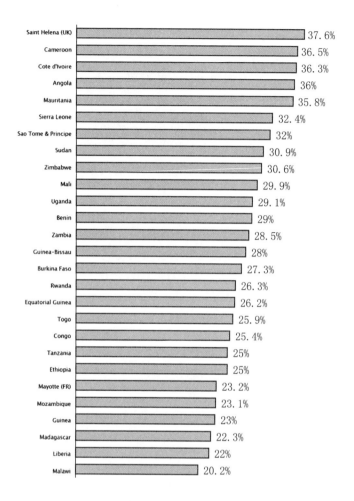

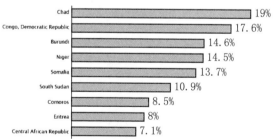

图 2　截至 2022 年 1 月按国家划分的非洲互联网用户

资料来源：Statista：Share of Internet users in Africa as of January 2022，by country，https://www.statista.com/statistics/1124283/internet-penetration-in-africa-by-country/。（2022 年 9 月 1 日访问）

（二）中非数字经济合作的特点

第一，中非合作前期的重点领域在基础设施与制造业方面，在数字经济领域起步较晚，未来还有很长一段路要走。近十年来，约有 2000 多家中国企业先后来到非洲投资，它们造桥修路，开矿，并在纺织业、家电、生活用品等方面取得巨大发展。这些中非在传统行业领域的合作优势令世界瞩目。然而，中非在数字经济方面的合作却落后于西方国家。早在多年前，世界知名科技企业便已进入非洲市场，谷歌、微软、脸书等公司很早就已经开始在非洲推动互联网的普及，并将技术中心设立在了非洲核心区域，尼日利亚的拉各斯、南非的约翰内斯堡早已成为非洲的硅谷。非洲民众当前使用的许多应用软件皆由欧美提供。目前中国在非洲知名的科技互联网公司主要以华为、传音为主，它们还尚未能为中国在非洲的互联网发展带来变革。虽然中国企业也参与投资非洲电商，但其发展规模较小，发展也多有局限。中国在非洲也没有成熟的数字平台可以帮助中国推广相关数字产品、技术与服务。同时，中国的数字产品也遭到外国产品与非洲本土产品的抵制与冲击。欧美国家为保护自身数字平台的垄断性通过舆论等手段渲染中国产品危险论，这为我方数字企业在非的壮大带来消极作用。

第二，中非在数字经济领域的合作还受到其他条件的影响。以跨境电商可提供的产品为例，尽管中国企业在非洲创建的跨境电商可以提升中国产品在非洲的覆盖率，对欧洲和印度公司经营的商场、超市和商铺的销售带来冲击，但中国产品到达非洲的物流费用较贵，时间较长。居住在非洲主要城市的非洲民众可以通过最小代价便捷享受电商带来的好处，但处于非洲偏远地区的民众却要付出更高的代价。如果质优价廉的中国产品不能通过区域覆盖来实现市场占有，那从长期来看，不利于中国产品在非洲品牌意识的创建。未来，中国企业可尝试将自身在制造业方面的优势与在线电商结合起来，通过在非洲投资建厂生产产品，一方面帮助非洲大陆解决就业问题，另一方面降低产品物流费用，提高产品运输时效性。

（三）中非数字经济的机遇与挑战

非洲大陆经济的快速发展，人口规模的不断壮大，移动互联网的逐渐覆盖以及非洲在发展数字经济时所拥有的后发优势都为中非数字经济的市场发展带来机遇。非洲国家在发展数字经济方面急需成熟的经验，而中国恰好拥有这些经验。在中非合作互利互惠原则的支持下,中非数字经济合作的前景广阔,空间巨大。双方可在不同领域开展多元化的数字合作。

中非数字经济合作的机遇主要有:

第一,中国应发挥利用好自身在基础设施、农业、技能培训、医疗合作、人文交流等领域的优势作用。未来,在这些领域,中方应继续加大投入;同时利用已有的领域实现优势领域的数字化,通过数字化转型和数字技术为非洲国家和非洲民众提供服务。同时在数字基础设施方面同非洲国家寻求新的合作点,实现业务增长。

第二,中国可通过移动设备的大力推广帮助非洲国家提升移动互联网在民众中的普及率。非洲人口的持续增长及年轻化为移动设备,如智能手机、平板电脑市场的再扩大提供了良好的背景条件,中国手机品牌如传音、金立、小米、OPPO、华为等可在非洲实现销售额的再增长。此外,中国也应重视非洲二手手机市场与廉价平板市场的重要性。

第三,中国可通过帮助非洲国家培训数字人才,提升非洲国家的数字能力,为非洲民众数字赋能。非洲国家的数字初创企业在创新发展、人才培养方面急需一大批数字人才,中国可通过开设培训班的形式为非洲国家在下列领域培训其数字经济发展急需的人才,如数字能力领域、数字安全领域、农业数字化领域、信息技术领域等等。通过人才的发展提升非洲的数字发展能力,不断培养非洲国家数字企业的创新能力。通过分享技术经验,发挥技术优势,为非洲国家经济发展助力。中国的许多优质企业,如阿里巴巴、微信、抖音、京东、奇虎360等都可以实现数字技术的有偿培训服务,在诸多领域助力非洲国家数字能力建设。

第四,中国可对非洲国家的数字初创企业进行投资。数字企业的发展壮大最需要的是资金的注入。对非洲本土数字企业的投资易于搭建中非数字合作的平台。许多非洲著名互联网企业都需要通过资本注入实现本产业规模的扩大化。然而,出于对国家安全的考虑以及民族主义在非洲的盛行,我们需要关注到未来的非洲数字经济企业一定是植根于本大陆、本国家的企业。因此,对该领域的投资应慎重。

第五,尽管非洲的数字初创企业实现了快速发展,但仍有巨大发展空间。中非双方应继续深入挖掘非洲数字企业的重点产业,帮助非洲国家从多角度实现数字创新及数字化。例如,在网络安全领域,中非可通过商讨共建企业,将中国的网络安全治理经验与管理方式带到非洲。亦可中非双方引入第三方的力量共同开展合作,保证数字合作范围的全面开展,通过风险分摊,实现合作多元化。

中非数字经济合作的挑战主要有:

第一,中方需要密切关注非洲国家的政治环境及经济发展现状,同时兼顾社会舆论影响。数字经济的平稳有序发展需要安定的社会环境以及积极向上的经济发展表现。在此背景下开展的数字经济合作才具有持续发展的土壤与活力。由政局不稳、社会不安定所造成的负面影响会打击数字经济的增长势头,对数字技术的提供者与受众者而言都是损失。此外,社会舆论也对相应合作的开展发挥作用。要尽量营造有利于互利共赢的舆论氛围,减少负面声音。

第二,中方需要重点关注非洲国家的基础设施建设与工业化是否能满足数字经济的发展。区域发展的不协调与不平衡使得非洲国家有些地区的基础设施建设极为落后,其所带来的"硬件缺少"与"软件全无"会让数字经济的展开陷入困境。数字鸿沟这一客观现实是机遇,但更大的方面却是充满不确定性的危机局面。

第三,中方还需要关注数字经济所蕴含的"数据主权"与"数字安全"概念。随着数字经济在全球范围内的快速发展,数字主权意识逐渐被各个国家所接受。中国对非洲数字产业的投资需要明确中非双方的权利和义务,在约定的法律法规范围内开展合作,以此降低数字经济合作过程中的责任不明确与职能模糊。此外,数字安全作为中非数字经济合作中无法回避的话题也需要引起重视。只有拥有良好的网络安全环境,才能保证数字经济的可持续、有效运行。

五　深化中非数字经济合作的对策建议

第一,中国在与非洲国家开展数字经济合作时,密切关注世界数字经济发展的最新态势,以及非洲数字经济发展的新情况、新特点,结合中国数字经济发展的新要求,对中非数字经济合作进行顶层设计,比如同非洲共同制定和实施"中非数字创新伙伴计划"。

第二,中国继续帮助非洲国家消除"数字鸿沟",建设中非卫星遥感应用合作中心,支持建设中非联合实验室、伙伴研究所、科技创新合作基地,帮助非洲发展数字基础设施的建设,尤其是发展5G网络,中国企业积极参与非洲电子支付、智慧物流等公共服务平台建设,在互联互通中实现合作共赢。

第三,根据非洲国家在数字经济发展方面的不足确定中非数字经济合作在未来的合作重点,探索更广阔的领域。除了中国对非投资的基础领域外,我们还应深入挖掘非洲市场潜力,鼓励中国优秀企业加大对非洲国家的数字产业投资,如非洲的电子商务、金融科技、泛娱乐业、生活服务、物流、智慧交通、智慧城市等。

第四,中国在布局非洲数字经济合作时,需要有"数字生态系统观"的布局意识。我方应对非洲"数字经济"这一生态范围内的各产业进行研究,找准方向,实现创收。同时建设有利于中方发展的良好生态。保证生态系统中我方的各类参与者都有发展机会。比如,电子商务这一领域中,除了产品的制造与销售外,物流也可以作为重点考虑发展建设的领域。

第五,中国在布局非洲数字经济时,需要承认非洲基础设施的不足,冷静投资相应产业。传统零售业仍将是非洲商业的核心,而且传统零售体验的变革势头强劲。在传统零售商接受数字解决方案的情况下,提供相应服务。我方可为传统零售商的数字化提供助力。同时,注意自身与传统零售商合作中可能遭遇的相应问题。

第六,中国在布局非洲数字经济时,应重视非洲青年与女性创业者。重视非洲数字初创企业,它们为非洲解决了许多具有挑战性的问题。非洲数字经济产业的发展依靠非洲数字初创企业和数字企业家。我方投资者、科技公司以及政府在支持这些企业方面应发挥积极作用。这些企业是非洲数字经济增长的重要动力,同时越来越多的城市和年轻消费者也会为这些企业注入动力源泉。在中非电子商务方面,重视女性产品的开发与销售。

第七,中非应打造中非数字经济合作的专业化平台,依托此平台,实现中非在数字经济不同领域方面的多方合作。利用已有机制,结合非洲数字企业的发展现状开展合作。

第八,创新新型方式,探索设立数字经济产业园区,发挥规模经济效应,吸收更多的项目落户园区。非洲数字经济在数字工业、数字农业、数字医疗等方面是弱项,这些方面可以成为中非数字合作的努力方向。

第九,帮助非洲培养数字化人才的培养以及与数字安全有关的软硬件的建设,保护中非数字经济合作的安全运行,以实现中非数字经济合作的可持续发展。比如举办非洲国家数字经济专项培训班,组织非洲青年到中国参加为期 1 至 3 个月不等的培训,提高他们从事数字经济的能力。另外加强与非洲国家在网络安全领域的合作,营造数字经济发展的良好环境。

西非法郎改革：进展、挑战与展望*

陶　陶　张忠祥

内容提要　西非法郎是非洲为数不多与前宗主国货币挂钩的货币，被视为殖民主义的残留，甚至是"殖民货币"。2019 年末，西非法郎区宣布进行货币改革，计划发行新货币埃科。然而，法国只是希望通过改革来改变殖民形象，并无放弃其在非洲影响力的意愿。由于西非法郎区国家在政治和经济上对法国高度依赖，因此选择将埃科继续与欧元挂钩，法国的影响力通过新的担保机制得以保留。改革方案公布已逾三年，但埃科至今仍未面世，这一方面是由于西共体未能在单一货币汇率机制上达成共识，另一方面则是新冠疫情和乌克兰危机导致西非法郎区经济恶化、通胀高企所致。对于非洲国家来说，此次改革致力于摆脱殖民主义影响，是西非法郎区在争取货币主权上所做的尝试，但是过于追求平稳过渡导致其货币主权仍将受限于法国。展望未来，西非法郎区国家选择货币篮子取代欧元成为新货币的锚定物或许能破解西非法郎改革的困局。

关键词　西非法郎；货币改革；埃科；法非关系

作者简介　陶陶，上海师范大学非洲研究中心博士生；张忠祥，上海师范大学非洲研究中心主任、教授、博士生导师。

西非法郎是非洲为数不多仍然与前宗主国货币挂钩的货币①，被视为殖民主义的残留。近年来，西非法郎区内废除"殖民货币"的呼声日益高涨。在此背景下，法国总统马克龙（Emmanuel Macron）和科特迪瓦总统瓦塔拉（Alassane Ouattara）于 2019 年 12 月 21 日宣布：西非法郎区将在 2020 年发行新货币埃科（ECO），以取代现行的西非法郎（FCFA）。根据货币改革方案，法国代表将从西

---

*　本文原刊《西亚非洲》2023 年第 6 期，第 97—117 页。

①　目前，与前宗主国货币挂钩的非洲货币有西非法郎区的非洲金融共同体法郎（简称西非法郎）、中非法郎区的中非金融合作法郎（简称中非法郎）、科摩罗联盟的科摩罗法郎以及佛得角的埃斯库多。

非法郎区货币机构中撤出，西非法郎区国家也不再需要将50％的外汇储备存放至法国国库。但是，埃科仍将与欧元挂钩，法国为埃科与欧元的无限制兑换提供担保。各方对这一改革方案褒贬不一：有人认为这是一次"半改革""一次真实的进步"；相反，也有人认为这是"装装门面的改革""货币奴役的继续"，甚至是"一个政治骗局"。①塞内加尔经济学家菲尔维纳·萨尔（Felwine Sarr）认为这次改革"不是一次决裂或者一次期待中的大动荡"，而是"一个有利的、具有象征意义的阶段"。②

目前国内学界对西非法郎改革的关注较少，主要将西非法郎和中非法郎视为一个整体（即非洲法郎③）进行研究，聚焦非洲法郎机制给法郎区国家带来的利与弊。④国外学界对西非法郎改革的关注则较多，尤其是法国学界和非洲学界，研究侧重分析此次改革方案带来的变化，并对西非法郎改革的难点及未来走向进行了分析预测。⑤此外，法国国民议会和参议院发布的报告从法国的利益出发，在分析新条约的基础上，侧重论证此次改革的合理性和低风险性，其目的在于说服议员投出赞成票，因此未能全面评估改革对法郎区国家的影响。⑥那么，

---

① Matteo Maillard, Josiane Kouagheu et Sophie Douce, "Semi-révolutioN" ou "arnaque politique", la fin du franc CFA vue par des économistes africains, *Le Monde*, Décembre 27, 2019.

② Matteo Maillard, Josiane Kouagheu et Sophie Douce, «'Semi-révolutioN' ou 'arnaque politique', la fin du franc CFA vue par des économistes africains», *Le Monde*, Décembre 27, 2019.

③ 西非法郎和中非法郎均源自1945年法国为其非洲殖民地设计的法属非洲殖民地法郎，拥有相同的运行机制，都以相同的汇率与法国货币挂钩。此外，这两种货币的法文缩写都是"FCFA"。因此，西非法郎和中非法郎通常被视为一个整体——非洲法郎。

④ 参见齐建华：《非洲法郎的功能利弊和前景展望》，载《中国投资》2021年11月号，第90～92页；孙红：《西非法郎将退出历史舞台》，载《世界知识》2020年第4期，第56～57页；王萌：《西非货币一体化的基础、挑战与实现路径》，载《国际参考研究》2020年第11期，第12～23页；陈丽娟：《非洲法郎退出使用的现实动力分析》，载《区域与全球发展》2019年第3期，第65～74＋156～157页。

⑤ See Fanny Pigeaud et Ndongo Samba Sylla, Franc CFA: la farce de mauvais goût de Macron et Ouattara, *CODESRIA Bulletin*, Nos 2&3, 2021, pp.23—27; NTU-SBF Centre for African Studies, *The CFA Franc: A Currency by Any Other Name?*, Vol.2020-13; Patrick Guillaumont et Sylviane Guillaumont Jeanneney, *Fin du franc CFA en Afrique de l'Ouest, quel avenir pour l'éco?*, FERDI, 2020; Samba Sane et Babacar Ndiaye, quel régime de change pour l'Eco pour une dynamique économique dans l'UEMOA? Les leçons tirées de l'ancrage du franc CFA à l'euro, *Revue Économie, Gestion et Société*, Vol 1, N°35 février 2022, pp.1—22; Kako Nubukpo(dir), *Du franc CFA à l'éco Demain, la souveraineté monétaire?*, Fondation Jean-Jaurès éditions et éditions de l'Aube, 2021; Kako Nubukpo, Du franc CFA à l'éco en Afrique de l'ouest, *Études*, 2021/3 Mars, pp.19—32; Samba Diop, Crise de confiance et réforme monétaire: le difficile passage du franc CFA à l'eco, *Les Possibles*, No.28 Été 2021, pp.1—7.

⑥ See Assemblée Nationale française, *PROJET DE LOI N° 2986*, Mai 22, 2020; Assemblée Nationale française, *RAPPORT N° 3602*, Novembre 27, 2020; Sénat français, *RAPPORT D'INFORMATION N° 729（2019—2020）*, Septembre 30, 2020; Sénat français, *RAPPORT N° 289（2020—2021）*, Janvier 20, 2021.

废除"殖民货币"西非法郎的呼声由来已久，西非法郎区为何选择在 2019 年末公布货币改革计划？此次改革旨在争取货币主权，但是为何改革内容却传递出矛盾的信息？一方面，改革试图消除西非法郎中的"殖民主义因素"，另一方面新货币埃科却将继续与欧元挂钩。西非法郎改革实行后会对西非法郎区和法国产生什么影响？此外，西非法郎改革方案公布已逾三年，为何新货币埃科至今仍未面世？本文试图回答这些问题，并在此基础上评估西非法郎改革的影响和未来走向。

一　西非法郎的产生与演变

西非法郎的全称为"非洲金融共同体法郎"（franc de la Communauté Financière Africaine），是西非国家经济货币联盟（包括贝宁、布基纳法索、科特迪瓦、几内亚比绍、马里、尼日尔、塞内加尔和多哥 8 个国家）的共同货币。在此次改革前，西非法郎的运行主要遵循以下四点原则：一是和欧元（欧元诞生前为法国法郎）保持固定汇率（1 欧元＝655.957 西非法郎）；二是可以和欧元无限制兑换；三是作为法国为非洲法郎担保的交换，西非法郎区国家须上缴 50％的外汇储备至法国国库；四是西非法郎区内的资本可以自由流通。

西非法郎源自 1945 年法国为其非洲殖民地设计的货币，至今已有 70 多年历史，其产生与发展可分为以下 4 个阶段：第一阶段为法属非洲殖民地法郎时期（1945～1958 年）。1929 年，世界经济大危机暴发，为了渡过难关，殖民地宗主国纷纷开始实行贸易保护主义政策，加强了对殖民地的控制和掠夺。1939 年，法国政府颁布多条法令，旨在加强管控法国与法属殖民地以及其他国家之间的外汇交易，法令中首次出现了"法郎区"（zone franc）一词。1945 年 12 月 26 日，法国在法郎区内创立了法属非洲殖民地法郎（franc des colonies françaises d'Afrique），使用范围包括法属西部非洲、法属赤道非洲、喀麦隆、多哥、法属索马里、马达加斯加和留尼汪。法属非洲殖民地法郎采用固定汇率，与法国法郎的固定平价为 1：1.7，1948 年改为 1：2。

第二阶段为非洲法兰西共同体法郎时期（1958～1962 年）。20 世纪 50 年代，反殖民运动蓬勃发展，法郎区内的殖民地也纷纷开始寻求独立。为缓和法国与非洲殖民地之间的紧张关系，重新掌权的戴高乐将军于 1958 年 5 月提出了用法兰西共同体（Communauté Française）代替法兰西联盟（Union Française）的计划。在法兰西共同体的框架下,殖民地可以享有更大的自治权,但外交、国防和货币等关键领域仍然由法国统筹管理。1958 年 9 月 28 日,法属非洲殖民地举行全民公决来决定是否加入法兰西共同体。最终,除了几内亚拒绝加入并选择独立外,其余法属非洲殖民地均选择加入法兰西共同体,法属非洲殖民地法郎因此更名为非洲法兰西共同体法郎(franc de la Communauté Française d'Afrique),与法国法郎的固定平价则仍维持在 1∶2。1960 年,随着法国新法郎的发行(1 新法郎=100 旧法郎),固定平价调整为 50∶1。

第三阶段为非洲金融共同体法郎的本土化时期(1962～1994 年)。自 1960 年起,随着法属非洲殖民地的独立,法郎区开启了货币本土化的进程。1962 年,科特迪瓦、达荷美(今贝宁)、上沃尔特(今布基纳法索)、毛里塔尼亚、尼日尔和塞内加尔成立西非国家货币联盟(UMOA, Union Monétaire Ouest Africaine),而另一个前法属西非殖民地马里则拒绝加入并且退出了法郎区。1963 年,多哥选择加入这一货币联盟,而毛里塔尼亚则在 1973 年退出。1984 年,马里在退出 22 年后重新回归西非法郎区。随着西非国家货币联盟的成立,法属西非国家开始使用非洲金融共同体法郎,不再和法属赤道非洲使用同一种货币。20 世纪 70 年代,法国法郎在全球性经济危机的背景下频繁波动,对西非法郎区经济造成负面影响。为了弱化前宗主国的控制和影响,西非法郎区与法国重新谈判,争取更平等的合作协议。1973 年 12 月,西非国家货币联盟与法国签署新的《合作协议》,法国在西非法郎区金融机构的存在感开始降低:法国在西非央行董事会的席位由原来的 7 个(占 1/3)减至 2 个;西非央行总部从巴黎迁至塞内加尔首都达喀尔;西非央行上缴法国国库的外汇比例由 100％下降至 65％。

第四阶段为西非法郎区由货币联盟转向经济联盟时期(1994 年至今)。20 世纪 90 年代以来,西非法郎区经济日趋恶化。1994 年 1 月 10 日,西非国家经济货币联盟成立,旨在促进区域经济一体化,提升共同抵御外部风险的能力。同年 1 月 12 日,在法国的压力下,西非法郎被迫贬值 50％,与法国法郎的固定平价调整为 100∶1。1997 年,前葡属殖民地几内亚比绍加入西非法郎区,至此西非法郎区成员国固定在 8 个。1999 年 1 月 1 日起,西非法郎与欧元挂钩,固定汇率为 655.957∶1。2000 年 1 月 1 日,西非国家经济货币联盟正式实行关税同盟,对外实行共同关税政策,对内逐步降低关税。2005 年,西非法郎区上缴法国国库的外汇比例从 65％下降为 50％。2010 年,西非央行改革后,法国在西非央行董事会的代表人数减少至 1 人。

从西非法郎的发展历程可以看出，西非法郎区国家在获得独立后，一直在为争取货币主权而努力，但法国始终对西非法郎拥有强大的影响力，西非法郎历次重大变革均是在法国主导下完成的。因此，如果西非法郎区国家想要完全收回货币主权，那么就必须进一步改革西非法郎。

二　西非法郎改革的动因

在西非法郎 70 多年的发展历程中，西非法郎区对法国代表的比例和上缴法国国库的外汇比例进行过多次调整。此次改革则直接将法国代表和上缴外汇的比例清零，被称为"历史性"的改革。西非法郎改革主要基于自身因素与外部因素的互动。

(一) 西非法郎区国家谋求经济主权

第一，改革西非法郎是西非法郎区国家争取货币主权、实现经济独立的必然要求。与法国货币保持固定平价大幅提高了西非法郎的稳定性和信誉，但这种固定汇率机制本身也潜伏着隐患，最主要的影响是西非法郎区国家无法使用汇率杠杆对其经济进行外部调整。由于与法国货币挂钩，西非法郎往往随着法国货币的汇率而波动，汇率调整与否，何时调整，完全取决于后者。[①]此外，法国还可以通过其派驻在西非法郎区货币机构的代表直接影响，甚至干涉西非法郎区的货币政策。例如，1994 年，法国不顾西非法郎区的强烈反对，执意要其接受国际货币基金组织的结构调整方案，最终导致西非法郎被迫贬值 50%。面对上述弊端，西非法郎区国家在获得政治独立后就开始了争取经济独立的探索。布基纳法索总统托马斯·桑卡拉（Thomas Sankara）认为："和法国货币联系在一起的西非法郎是法国统治的一项武器。通过这一联系、这一货币垄断，法国经济以及法国商业资本家从我们的人民身上积聚财富。这就是为什么布基纳法索正在努力通过我们人民的斗争来建立独立、自给自足的经济，从而终结这一局面。"[②]在西非法郎区国家的共同努力下，上缴外汇比例以及法国代表人数逐渐下降，法国对西非法郎的影响力呈下降趋势。然而，马里、布基纳法索、多哥和科特迪瓦

---

① 张宏明：《非洲法郎汇率贬值原因分析》，载《世界经济》1994 年第 8 期，第 74 页。

② Brian Peterson, *Thomas Sankara A Revolutionary in Cold War Africa*, Bloomington, Indiana University Press, 2021, p.257.

发行本国货币的尝试均在法国的阻挠下以失败告终,西非法郎区国家始终无法完全收回货币主权。2020 年恰逢非洲独立 60 周年①,选择在这一年推出新货币具有摆脱殖民主义影响的重要象征意义。正如贝宁总统帕特里斯·塔隆(Patrice Talon)所言,这是一个"心理问题"而不是"技术问题"。②

第二,西非法郎机制的特殊性给西非法郎区经济发展带来了消极影响。其一,西非法郎的强势限制了出口竞争力和本土工业的发展。欧元是一种强势货币,西非法郎因与其挂钩而具有强势货币的地位。强势货币对出口来说是一种税收,因为它让出口商品变得更贵,对进口来说是一种补贴,因为它让进口商品变得更便宜。③塞内加尔经济学家恩东戈·桑巴·希拉(Ndongo Samba Sylla)指出,"为了像亚洲国家一样在国际出口市场占有一席之地,法郎区国家需要有竞争力的货币。不幸的是,情况并非如此,欧元自创立以来通常比美元要强势,大多数出口都以美元计价,这意味着要用非洲法郎而不是美元出售。这对买方来说要贵得多"。④同时,由于西非法郎与欧元绑定,进口成本相对较低,导致西非法郎区往往大量进口,这在一定程度上阻碍了本土工业的发展。

其二,长期紧缩的货币政策与西非法郎区经济现状不符。由于西非法郎与欧元挂钩,西非法郎区的货币政策不得不与欧元区的货币政策保持一致,但是欧元区与西非法郎区现状的差异导致欧元区的货币政策并不适用于西非法郎区。塞内加尔经济学家登巴·穆萨·登贝莱(Demba Moussa Dembélé)认为非洲法郎"限制发展",这是因为"欧洲央行首要目标是对抗通货膨胀,西非央行不得不遵循同样的政策"。因为这个首要目标,非洲银行不得不"减少对当地企业和非洲国家的授信"。⑤法郎区国家的信贷占国内生产总值比仅为 23%,而欧元区这一比率超过了 100%。⑥本土企业需要资金来发展,长期紧缩的货币政策提高了企业融资的难度,不利于本土企业的发展。

其三,西非法郎区因无法充分利用外汇储备加剧了债务危机。塞内加尔经

---

① 1960 年共有 17 个非洲国家获得独立,因此被称为"非洲独立年"。在西非法郎区 8 个国家中,除了几内亚比绍,其余 7 国均在这一年获得独立。

② Le débat compliqué sur une réforme du franc CFA relancé, Le Figaro, Novembre 13, 2019.

③ Fanny Pigeaud et Ndongo Samba Sylla, L'arme invisible de la Françafrique une histoire du Franc CFA, Paris, La Découverte, 2018, p.174.

④ Benjamin Chabert, L'Afrique doit-elle abandonner le franc CFA?, Ouest-France, Septembre 7, 2017.

⑤ Le franc CFA au cœur d'une semaine de polémique franco-italienne, Le Monde, Janvier 28, 2019.

⑥ 齐建华:《非洲法郎的功能利弊和前景展望》,第 91 页。

济学家登贝莱认为,上缴外汇储备"意味着本应满足我们的投资需求来支持我们发展的这笔钱离开了我们"。[①]于是一种自相矛盾的情况产生了:非洲法郎国家自己的大量外汇储备放在法国国库不能使用,且收益率极低,而同时自身又缺乏发展资金,往往要苦苦求助于国际金融机构或者是援助和商业贷款,被迫承受较高的贷款利率,有时还不得不接受一定的政治和经济上的附加条件。[②]近年来,非洲债务危机不断加剧,西非法郎区公共债务占国内生产总值的比重已经从2014年的34.4%大幅上升至2018年的48.7%。[③]这种矛盾一定程度上加剧了西非法郎区的债务危机。

第三,"选举大年"迫使西非法郎区政府推动货币改革来缓和舆论压力。近年来,西非法郎区多次暴发反对西非法郎的游行,废除"殖民货币"呼声日益高涨。2017年8月,拥有贝宁、法国双国籍的社会活动家卡米·塞巴(Kémi Séba)在西非国家中央银行总部门口焚烧了一张5000西非法郎的纸币。2018年6月,为了表达收回经济主权的诉求,来自7个不同国家的10名歌手集体创作了一首名为"抵制非洲法郎的七分钟"(7 minutes contre le CFA)的歌曲。[④]西非法郎区之所以选择在2019年年末这个时间点宣布货币改革,与2020年是西非法郎区的"选举大年"密切相关。西非法郎区在2020年不仅有4场总统大选(多哥、科特迪瓦、布基纳法索和尼日尔),还有多场国会选举和地方选举。"选举大年"的临近迫使西非法郎区现政府和执政党不得不对货币改革的呼声作出回应,以争取选民支持。以多哥为例,据非洲民调机构非洲晴雨表(Afrobaromètre)2019年的调查显示:66%的多哥人认为西非法郎更有利于法国,因此应该取消西非法郎,认为应该保留西非法郎的比例仅为23%。[⑤]法国参议院2020年9月的一份报告指出:"改革的宣布缓和了一些国家的抗议活动,例如马里(马里在2018年和2019年发生了相当暴力的游行)。"[⑥]可见,西非法郎改革计划的出台确实在一定程度上起到了缓和舆论的作用。

---

①　Benjamin Chabert, L'Afrique doit-elle abandonner le franc CFA?, *Ouest-France*, Septembre 7, 2017.

②　陈丽娟:《非洲法郎退出使用的现实动力》,第72页。

③　Banque de France, *Rapport annuel de la zone franc 2018*, Octobre 18, 2019, p.13.

④　Noël Tadégnon, «Des artistes africains unis contre le franc CFA», *DW*, Juin 20, 2018.

⑤　Hervé Akinocho, *Les Togolais sont majoritairement pour une sortie du franc CFA*, Dépêche No.276, Afrobaromètre, Février 7, 2019, p.2.

⑥　Sénat français, *RAPPORT D'INFORMATION N° 729 (2019—2020)*, p.91.

(二)马克龙政府对西非法郎改革持开放态度

在前法属西非殖民地独立后,为了维系传统影响力,法国一直竭力将它们留在西非法郎区内。对于那些执意放弃西非法郎的国家,法国都会进行严厉制裁,甚至不惜通过扶植反对派推动政变来扼杀其本国货币。例如,1960 年,几内亚在发行几内亚法郎后遭受法国制裁,经济因此崩溃。此外,马里、多哥和科特迪瓦发行本国货币的尝试也在法国的阻挠下以失败告终,力主本国货币的马里总统莫迪博·凯塔(Modibo Keïta)和科特迪瓦总统洛朗·巴博(Laurent Gbagbo)遭遇政变下台,多哥总统斯尔法纳斯·奥林匹欧(Sylvanus Olympio)则遇刺身亡。在法国的压力下,西非法郎区很少有政客愿意谈论非洲法郎。一位加蓬学者指出:"非洲法郎是一个无关紧要的话题:没有任何政党或领导人会把非洲法郎当成演讲的主题,更不用说用来竞选了。政客们都是'法非特殊关系的支持者',以至于他们不会在这一话题上表态。更糟糕的是,本应该为这一话题发声的反对派则只想着依靠法国来上台执政。因此,没有政客愿意谈论非洲法郎。"[1]可见,法国的态度关乎西非法郎改革的成败,如果在法国反对的情况下强行推动西非法郎改革,那么西非法郎区国家就有可能面临经济崩溃甚至政权颠覆的风险。

近年来,非洲法郎的反对者们将非洲法郎当作质疑法国在非洲角色的工具,推动了法郎区内反法情绪的增长,在一定程度上加剧了法国在非洲的"形象赤字"。2016 年,非洲民调机构非洲指标(Africa Metrics)在尼日尔、贝宁和刚果(布)进行了关于法国、中国、美国等大国在非形象的调查,结果显示法国在非洲的形象远落后于其亚洲、欧洲和美洲的对手,以 34％ 的总得票数成为差评最多的国家。[2]为了维系非洲法郎,法国付出了高昂的政治成本,不仅要承受来自非洲的压力,还面临着来自欧洲盟友的质疑。在此背景下,2017 年入主爱丽舍宫的马克龙展现出与过去决裂的姿态,多次公开表态对非洲法郎的未来持开放态度,法郎区国家可以自己作出选择。2017 年 11 月 28 日,马克龙在访问布基纳法索时表示:"没有谁强迫某个国家必须要当非洲法郎区的成员国。卡博雷

---

① Fanny Pigeaud et Ndongo Samba Sylla, *L'arme invisible de la Françafrique une histoire du Franc CFA*, p.191.

② Pascal Airault, «En Afrique, l'image détériorée d'une France jugée 'arrogante'», *L'Opinion*, Mars 13, 2016.

(Kaboré)总统决定'我不在法郎区里了',那他就不在了。"①法国方面认为绝大部分对非洲法郎的批评集中在象征性和意识形态层面,而不是技术层面,因此可以将西非法郎改革作为改善法国形象的突破口,通过有针对性的货币改革来甩掉殖民包袱。更为重要的是,法国可以凭借其在西非法郎区的传统影响力引导西非法郎改革的走向,将货币改革维持在可控范围内,避免新货币与法国彻底脱钩,最大程度保留法国的既得利益和影响力。对于西非法郎区国家来说,前宗主国法国的"松口"为货币改革扫清了外部障碍,降低了改革的政治和经济风险。

(三) 西非国家经济共同体单一货币计划提上日程

目前,在西非国家经济共同体(以下简称"西共体")15 个成员国中,西非法郎区 8 国使用共同货币西非法郎,而尼日利亚、加纳、几内亚、佛得角、冈比亚、利比利亚和塞拉利昂 7 国则分别使用各自的本国货币奈拉(Naira)、塞地(Cedi)、几内亚法郎(Franc guinéen)、埃斯库多(Escudos)、达拉西(Dalasi)、利比里亚元(Liberian Dollar)和利昂(Leone)。早在 1983 年,西共体就提出了货币一体化的设想,至今已达 40 年,但单一货币的发行被多次推迟。2019 年 6 月 29 日,第 55 届西共体领导人峰会在阿布贾召开,再次将单一货币计划提上日程,决定拟于 2020 年发行西共体单一货币,并将新货币命名为"埃科"(ECO)。根据阿布贾峰会宣言的设想,埃科将在以通胀目标为中心的货币政策框架下采用浮动汇率,共同的中央银行则将采用联盟体系。②这就要求西共体成员国在汇率机制、通胀目标、央行体系这三个方面统一步调。但是,西非法郎现行机制与西共体其他货币以及未来单一货币埃科的机制存在诸多不同。其一,从汇率机制上来看,西非法郎和佛得角的埃斯库多均与欧元挂钩,采用固定汇率,而其余 6 种货币则采用浮动汇率。随着阿布贾峰会宣布埃科将采用浮动汇率,西非法郎将不得不放弃其货币机制的基石——固定汇率。其二,西共体成员国通胀状态差异明显,需协调通胀目标。西非法郎区国家长期处于低通胀状态,而西共体其他国家则饱受高通胀困扰。2000 年至 2019 年期间,西非法郎区的平均通胀率为 2%,西共体其他国家约为 10%。③其三,中央银行体系有待协调整合。西非国家中央银行是

① Oumar Ouedraogo, « Débat sur le Franc CFA: Le président Macron renvoie chacun à ses responsabilités!», https://lefaso.net/spip.php?article80703, 2020-02-03.
② ECOWAS, *Final Communique Fifty-fifth Ordinary Session of the Authority of Ecowas Heads of State and Gouverment*, June 29, 2019, p.3.
③ S&P Global Rating, *Entrée dans l'âge de l'eco: implications de la réforme monétaire en Afrique de l'Ouest*, Février 17, 2020, p.1.

西非法郎区 8 国共同的中央银行,而西共体其他国家则拥有各自的中央银行。因此,为了推动西共体单一货币在 2020 年按时落地,西非法郎区必须提前进行货币改革。

由此可见,西非法郎区之所以选择启动货币改革是多重因素互动的结果:西非法郎区争取货币主权、追求经济独立和反对西非法郎的舆论压力为货币改革提供了内在动力;西非法郎区前宗主国法国同意改革为货币改革创造了有利的外部环境;西共体启动单一货币计划直接助力于此次货币改革。2020 年既是西非法郎区独立 60 周年,又是一些国家的"选举大年"和西共体单一货币计划落地的年份,西非法郎区在推出新货币的时间点上兼顾了象征意义和现实需求。

三　西非法郎改革的突破与局限

此次货币改革之前,西非法郎区国家和法国进行货币合作的纲领性文件是1973 年签订的《合作协议》和《交易账户协议》。截至 2019 年,《合作协议》已生效 46 年,但从未进行过修订,而规定担保运行机制的《交易账户协议》则在 2005年和 2014 年进行了两次修订。2019 年 12 月 21 日,法国财长布鲁诺·勒梅尔(Bruno Le Maire)和西非法郎区八国财长共同签署了一份新的《合作协议》。2020 年 12 月 10 日,为了明确法国担保的运行机制,法国财长勒梅尔和西非法郎区央行行长提埃莫科·梅里埃·科内(Tiémoko Meyliet Koné)签署了《担保协议》。

(一) 西非法郎改革的主要内容及变化

根据新的《合作协议》和《担保协议》,新货币埃科与现行的西非法郎相比主要有以下三方面变化。

表 1　新旧《合作协议》主要条款变化对照表

1973 版《合作协议》	2019 版《合作协议》
第 1 条:法国提供可兑换性担保(原则未变),担保方式由一份《交易账户协议》进行规定。	第 2 条:法国提供可兑换性担保(原则未变)。担保的激活方式由一份《担保协议》进行规定。
第 2 条:与欧元保持固定汇率(原则未变)。	第 2 条:在现行汇率基础上与欧元保持固定汇率(原则未变)。

（续表）

1973 版《合作协议》	2019 版《合作协议》
第 3 条:根据交易账户规定的条件集中管理西非国家中央银行的外汇储备。	删去此条款。
第 4 条:法国任命两名董事参加西非国家中央银行董事会。	第 4 条:西非央行货币委员会包括一名专业的独立人士,由西非货币联盟部长会议和法国协商任命。 第 8 条:在面临兑现担保的风险时,法国可以任命一名具有投票权的代表。
无对应条款	第 5 条:西非国家中央银行应该定期向法国传送技术信息,保证法国可以监控其面临的风险变化。协议各方也可以根据需要在技术层面举行会议。
无对应条款	第 6 条:在形势所需的情况下,特别是在预防或者应对危机时,任一签约方都可以要求举行政治层面的会议。

资料来源:Sénat français, *RAPPORT N° 289*(2020—2021), p.23。

第一,货币名称由西非法郎改为埃科。如前所述,西非法郎源于法国在 1945 年为其殖民地设计的货币法属非洲殖民地法郎。巧合的是,两者的简称都是"franc CFA"。因此,"西非法郎"这一名称被反对者认为是殖民主义的残留。而埃科(ECO)的名称则取自西非国家经济共同体的英文缩写"ECOWAS",是第 55 届西共体峰会为拟于 2020 年发行的共同货币选定的名称。通过改名,新货币将从名称上抹去殖民色彩,消除与法国的关联。

第二,撤销交易账户,西非央行不再需要将其外汇储备的 50% 存入交易账户中。西非央行上缴外汇储备是法国为其货币提供无限制可兑换担保的条件之一,外汇的上缴比例起初为 100%,1973 年降为 65%,2005 年降为 50%。对于这部分资金,法国不仅提供 0.75% 的利率,还提供贬值担保,即当欧元相对于国际货币基金组织的特别提款权贬值时,法国会给予补偿。西非央行存放在交易账户中的外汇比例经常超过 50% 这一最低要求。国际货币基金组织预计,西非法郎区国家在 2019 年末拥有大约 147 亿欧元的外汇储备,西非央行存放在其交易账户的金额约为 90 亿欧元(比例约为 61.2%)。[1]但是,交易账户一直饱受诟病。一位法国外交人员曾称:"多年来,交易账户引发了各种幻想。"[2]反对西非

① Sénat français, *RAPPORT N° 289*(2020—2021), p.14.
② Tanguy Berthemet et Service Infographie, «Macron et Ouattara enterrent le franc CFA», *Le Figaro*, Décembre 24, 2019.

法郎的人士指责法国利用交易账户中的外汇储备来解决自身的债务问题。实际上,这部分外汇储备相对于法国债务来说只是一个很小的数目。2020 年 9 月 30 日,法国债务为 20155 亿欧元,西非央行存在交易账户的外汇储备仅占法国债务的 0.4%。①但对西非法郎区国家来说,这项改革措施意味着西非央行届时可以更加自由地支配这部分外汇储备,这也将解决一个困扰西非法郎区已久且自相矛盾的问题:一半的外汇储备存放在法国国库,且收益率很低,同时为了筹措发展资金又不得不接受利率远高于外汇储备收益率的贷款或援助。2019 年,法国支付给西非央行的利息为 4040 万欧元,2018 年为 4060 万欧元。②在目前欧洲实行负利率的背景下,西非央行上缴外汇的收益率为 0.75%,而放在别处的收益率为 -0.4%,甚至 -0.5%。③因此,对法国来说,终结上缴外汇储备可以节省预算,尽管节省的金额有限。

第三,法国代表将从西非法郎区货币机构中撤出。在此次改革前,法国代表在西非央行董事会和西非央行货币委员会分别占有一个席位。法国代表的存在备受争议,既可以看作是对货币政策自主权的限制,也可以看作是对可信度和透明度的保证。撤销法国席位的呼声由来已久,但这对西非法郎区货币机构自主运营能力来说是一个考验。西非法郎区高层也有类似的担忧,贝宁总统塔隆因此提出了"在非洲货币机构中增加国际专家(不仅是法国人)的席位④"的建议,试图在降低法国影响力的同时保证其运营的稳健性。新《合作协议》第 4 条回应了塔隆的建议:"西非央行货币委员会包括一名专业的独立人士,由西非货币联盟部长会议和法国协商任命。"

(二) 西非法郎改革的局限

虽然此次货币改革对备受争议的上缴外汇和法国代表进行了突破性的调整,历史性地将两者的比例清零,但是新的货币合作协议仍然给西非法郎区的货币自主权设置了诸多限制,担保国法国因此保留了对新货币的影响力。

一方面,独立代表和危机介入机制保留了法国对西非法郎区货币机构的影响力。此次货币改革虽然用独立人士取代了法国人在货币机构中的席位,但是

---

① Assemblée Nationale française, *RAPPORT N° 3602*, p.35.
② Sénat français, *RAPPORT N° 289(2020—2021)*, p.26.
③ Sénat français, *RAPPORT D'INFORMATION N° 729(2019—2020)*, p.12.
④ Loup Viallet, «Pourquoi l'éco sera pire que le franc CFA», https://www.journaldeleconomie.fr/Pourquoi-l-eco-sera-pire-que-le-franc-CFA_a8258.html, 2020-03-03.

独立人士的任命需要和法国协商。法国参议员帕斯卡尔·萨沃尔代利(Pascal Savoldelli)将这一条款形容为:"法国刚从大门出去,然后又从窗户回来了。"①除此以外,新协议还通过危机介入机制保留了法国重回西非法郎区货币机构的可能性:在应对或预防危机的特殊情况下,"担保方可以要求以无投票权的方式参加西非央行董事会和西非货币联盟银行委员会的会议"(《担保协议》第4条),甚至"可以在货币委员会任命一名具有投票权的代表"(新《合作协议》第8条)。因此,法国代表的撤出并不意味着法国彻底放弃了对西非法郎区货币机构的影响力,而只是从"台前"退居"幕后",通过新协议获得了左右独立人士任命的权力,从而保持了对西非法郎区货币机构的间接影响力。在面临危机时,法国还可以通过有投票权的代表重新回到"台前",直接影响西非法郎区的货币政策。

另一方面,新货币埃科仍然与欧元挂钩,法国继续承担担保国的角色。西非法郎区国家在政治和经济上对法国高度依赖,为了降低改革风险,保证新货币稳定性,因此选择埃科继续与欧元挂钩,法国继续为其提供担保。改革前,上缴外汇和法国代表是法国提供担保的交换条件。随着此次改革将两者清零,法国需要新的方式来降低担保风险。法国参议员热罗姆·巴舍尔(Jérôme Bascher)强调称:"西非法郎区货币合作机制的现代化不应该增加法国的风险。"②因此,新协议设计了新的风险控制机制,为法方提供了三重保障。一是在技术层面新增了"汇报机制":"西非国家中央银行应该定期向法国传送技术信息,保证法国可以监控其面临的风险变化"(第5条)。二是设置了"对话机制",即法国代表退出货币机构并不意味着法非双方失去了对话渠道,协议各方可以"根据需要在技术层面举行会议"(第5条),也可以"在形势所需的情况下,要求举行政治层面的会议"(第6条)。三是设置了法国重新介入西非法郎区货币机构的门槛——"应急机制",即"当西非国家中央银行外汇储备均值和短期债务均值的比例小于等于20%时,在特殊情况下和在管理或预防危机的必要时间段内,法国可以在西非国家中央银行货币委员会任命一名具有投票权的代表"(第8条)。储备金率是用出口收入支付其进口的能力,西非法郎区的储备金率多年来一直处在70%以上。③即使是在受疫情影响最严重的2020年第二季度,西非法郎区的外汇储备也可以满足6.2个月的商品和服务进口,对应的准备金率为75.3%。④"应急机

① Sénat français, Compte rendu analytique officiel:Séance du jeudi 28 janvier 2021, p.3.
② Sénat français, *RAPPORT N° 289(2020—2021)*, p.27.
③ Sénat français, *RAPPORT D'INFORMATION N° 729(2019—2020)*, p.94.
④ BCEAO, *Rapport sur la politique monétaire dans l'UMOA*, Septembre, 2020, p.7.

制"的启动门槛被设置为 20％,与西非法郎区的现状相比是一个相当低的数值,这意味着"应急机制"不会被轻易启动。法国参议院的报告由此指出:即使没有50％的外汇储备作为交换条件,法国面临的担保风险也是非常低的。[1]但是,法国通过这一机制不仅可以监控担保风险的变化,还可以根据风险程度作出不同级别的反应来对埃科施加影响。

由此可见,虽然此次西非法郎改革致力于摆脱殖民主义影响,但是新协议并没有完全消除法国对新货币的影响力。正如塞内加尔经济学家萨尔所言,"在埃科中,法国被赋予了一定的角色,但是在原则上,法国不应该被赋予任何角色"。[2]因此,新货币埃科仍将受限于法国,西非法郎区要想完全收回货币主权,仍需进一步推进货币改革。

四 西非法郎改革的进展与前景

西非法郎改革方案公布已逾三年,新协议的生效日期为 2021 年 1 月 1 日,但新货币埃科至今仍未面世。目前,法国已完成法律审批程序,新协议先后于2020 年 12 月 10 日和 2021 年 1 月 28 日在国民议会和参议院获得通过,最终在2021 年 2 月 3 日由马克龙签字批准。西非法郎区方面,经济体量最大的科特迪瓦率先开启法律审批程序。2021 年 7 月 27 日,科特迪瓦国民议会以 102 票赞成、12 票反对、48 票弃权的压倒性多数通过了新协议。[3]2021 年 9 月 22 日,多哥政府通过了一项允许批准新货币合作协议的法律草案,着手启动法律审批程序。[4]实际上,虽然新协议还未获得所有国家的批准,但是得益于一份 2020 年 10月 16 日签署的交易账户协议修改条款,新协议的部分条款已经付诸实践:在西非央行和西非货币联盟的技术机构中,法国不再拥有席位;自 2020 年 4 月开始,西非央行开始根据新协议要求向法国传送技术信息。[5]此外,法国《世界报》2021

[1] Sénat français, *RAPPORT D'INFORMATION N° 729 (2019—2020)*, p.94.

[2] Matteo Maillard, Josiane Kouagheu et Sophie Douce, « 'Semi-révolutioN' ou 'arnaque politique', la fin du franc CFA vue par des économistes africains», *Le Monde*, Décembre 27, 2019.

[3] «La Côte d'Ivoire avance ses pions sur la réforme du franc CFA», *RFI*, Juillet 30, 2021.

[4] Portail officiel de la république togolaise, «Franc CFA: le Togo se prépare à ratifier le nouvel accord de coopération monétaire entre l'UMOA et la France», https://www.republiquetogolaise.com/gouvernance-economique/2309-6030-franc-cfa-le-togo-se-prepare-a-ratifier-le-nouvel-accord-de-cooperation-monetaire-entre-l-umoa-et-la-france, 2021-11-30.

[5] Sénat français, *RAPPORT N° 289 (2020—2021)*, p.25.

年 5 月 5 日报道,法兰西银行正在将西非法郎区国家的 50 亿欧元外汇储备转交给西非央行。①

(一) 影响新货币埃科出台的因素

既然此次货币改革签署的两份协议已经生效,且主要改革举措也已落到实处,那么为何原定于 2020 年 6 月面世的新货币埃科至今仍未推出?

第一,西共体内部的阵营化分歧导致单一货币汇率机制悬而未决。西共体内存在两个货币区,一个是以科特迪瓦为首的西非法郎区,另一个则是以尼日利亚为首的西非货币区(West African Monetary Zone)②。两大货币阵营原本已决定在 2020 年推出"采用浮动汇率、与欧元脱钩"的埃科,但却因为西非法郎区坚持推出"与欧元挂钩"的埃科而再次搁浅。2020 年 1 月,西非货币区对此作出统一回应:"八个法语国家的西非法郎改革是摆脱殖民主义影响的进步举措,但是埃科是西共体国家元首和政府首脑会议所决定的区域单一货币名称,将非洲法郎更名为埃科的行为与会议决定不符,不能被赞同。"③同年 6 月,时任尼日利亚总统穆罕穆杜·布哈里(Muhammadu Buhari)连发多条推特表达不满:"西非法郎区国家并不信任我们,在没有和我们讨论的情况下就作出了重大决定。"④与尼日利亚的强烈反对不同,西共体第二大经济体加纳的态度则摇摆不定,一方面表达了加入西非法郎区货币计划的兴趣,另一方面则重申坚持"灵活的汇率机制"。2021 年 6 月,在加纳的积极调解下,西共体在阿克拉峰会上重新达成共识,宣布在 2027 年推出区域单一货币,但峰会公告并没有明确单一货币的汇率机制。可见,单一货币是否与欧元脱钩仍旧悬而未决。在西共体阵营化分歧的背后,实际上是域内大国尼日利亚和科特迪瓦关于单一货币主导权的争夺。在尼日利亚看来,作为非洲第一大经济体和西共体预算的主要贡献者,西共体单一货币理应以奈拉为中心展开建设。然而,在西非法郎区内拥有央行行长任命权的科特迪瓦并不愿意成为尼日利亚的附庸,甚至公开表示加纳和佛得角可以加

---

① 《La Banque de France transfère 5 milliards d'euros de réserves de change à l'Afrique de l'Ouest》, *Le Monde*, Mai 5, 2021.

② 西非货币区成立于 2001 年,成员国包括冈比亚、加纳、几内亚、利比里亚、尼日利亚和塞拉利昂。

③ 《西共体英语国家反对非洲法郎改名为 ECO》,载中国驻尼日利亚使馆经商参处网站:http://nigeria.mofcom.gov.c2021-11-30n/article/jmxw/202001/20200102932015.shtml, 2020-03-16.

④ Twitter, Muhammadu Buhari, https://twitter.com/MBuhari/status/1275454029535916040?ref_src =twsrc%5Etfw, 2022-11-16.

入西非法郎区。从经济体量来看,科特迪瓦似乎无法与尼日利亚争锋,但正如某尼日利亚学者所言:"西共体内部并存着两个大国:尼日利亚和法国。"①法国的大力支持使得科特迪瓦有了与尼日利亚争夺货币主导权的底气,而加纳摇摆的态度则进一步加剧了西共体内部的阵营化分裂。以尼日利亚为首的西非货币区国家目前采用的是浮动汇率,如果加入西非法郎区采用固定汇率的改革计划中,那么就要接受法国的监管,让渡部分货币主权,这是这些国家所无法接受的。在没有解决汇率机制这一核心问题的背景下,西非法郎区一方面要推进已经进入立法程序的西非法郎改革,另一方面却和西共体其他国家达成了新的区域单一货币路线图,这就导致了西非法郎改革陷入了两难的境地。

第二,马里和法国关系紧张迟滞了货币合作协议的法律审批程序。自 2019 年年末宣布货币改革以来,西非法郎区共发生了三次军事政变,其中马里的阿西米·戈伊塔(Assimi Goïta)上校在 9 个月内发动了两次政变。法国和西非经济货币联盟希望马里军政府能够尽快举行大举,将政权交还民选政府,于是采取措施向马里军政府施压。2021 年 1 月 9 日,西非经济货币联盟宣布对马里实行经济制裁,冻结了马里在西非国家中央银行的所有账户。在西非法郎体系内,马里与外界的所有交易都需要通过西非国家中央银行。因此,这一制裁导致马里与世界其他地区隔绝,甚至无法偿还外债。马里财长阿卢塞尼·萨努(Alousséni Sanou)称:"截至 2022 年 3 月 31 日,马里未支付的到期债务达到了 2050 亿西非法郎。"②面对制裁,一些分析人士甚至认为马里可以通过离开西非法郎体系、创建自己的货币来规避制裁。③另一方面,担保国法国积极推动欧洲和西非法郎区制裁马里,以达到孤立马里军政府的目的。此外,法国与马里在反恐战略上的分歧也加剧了两国的紧张局势,甚至升级为公开的互相批评。2022 年 1 月 31 日,紧张局势再度升温,马里军政府宣布,由于法国外长近期的敌对言论,马里政府决定驱逐法国驻马里大使。④这导致马里与货币担保方法国的关系彻底陷入僵局。鉴于马里曾有过退出法郎区的经历,在双方关系无法缓和的情况下,马里甚

① Fanny Pigeaud et Ndongo Samba Sylla: *L'arme invisible de la Françafrique une histoire du Franc CFA*, p.167.
② Fatama Bendhaou, «Sanctions de l'UEMOA: Le Mali 'ne peut pas honorer ses engagements financiers'», *Agence Anadolu*, Mars 31, 2022.
③ «Après les sanctions, quelles conséquences pour l'économie malienne?», *La Croix*, Janvier 14, 2022.
④ «Mali: la junte décide d'expulser l'ambassadeur de France, Paris rappelle son diplomate», *France 24*, Janvier 31, 2022.

至有可能再次退出法郎区。在此背景下，货币合作已不再是双方的优先事项，马里审批货币合作协议的法律程序因此陷入停滞状态。

第三，新冠疫情和乌克兰危机导致西非法郎区无法完成经济趋同目标。为了推动区域经济货币一体化，西非法郎区设置了三个主要的趋同标准，分别为财政赤字不超过国内生产总值的 3%，通胀率不超过 3%，以及公共债务低于国内生产总值的 70%。2019 年，西非法郎区 8 个成员国中有 6 个国家达标，未达标的几内亚比绍和塞内加尔也仅仅是在财政赤字这一项上没有达标。[①]然而，新冠疫情打断了西非法郎区良好的经济形势，西非法郎区不得不暂停执行区域趋同标准，区域协同进程因此中断。2020 年，为了应对疫情，西非法郎区的公共支出增加了约 19.2%，财政赤字翻倍，占国内生产总值的比重分别从 2019 年的 2.3%上升至 5.7%；公共债务也因此大幅增长，占国内生产总值的比重从 2019 年的 43.4%增加至 50.5%。[②]正如科特迪瓦财长阿达马·库利巴利（Adama Coulibaly）所言："新冠疫情打乱了从西非法郎向埃科过渡的时间表。"[③]2021 年，西非法郎区经济强劲反弹，但在趋同标准完成情况上仍未恢复至 2019 年的水平，财政赤字率为 5.9%，通胀率为 3.6%，均不符合趋同标准。[④]2022 年，虽然疫情逐渐趋缓，但是乌克兰危机的暴发在全球范围内引发了粮食和能源危机，西非法郎区亦无法幸免。2022 年 6 月，西非法郎区主要进口产品价格与 2021 年同期相比上涨 17.8%，其中天然气上涨 157.7%，石油上涨 61.5%[⑤]，主要进口食品价格则上涨 26.9%[⑥]。食品、燃料价格飞涨导致西非法郎区通胀水平大幅走高。西非央行的报告显示，西非法郎区 2022 年 6 月的通胀率高达 7.5%。[⑦]根据《西非发展展望》2022 年 6 月的预测，西非法郎区 2022、2023 年的经济增长率将分别达到 5.3%和 5.6%，通胀率则分别为 5.3%和

① Banque de France, *Coopérations monétaires Afrique-France：rapport économique et financier 2019 sur la CEMAC, l'UEMOA et l'Union des Comores*, Octobre 28, 2020, p.73.

② Banque de France, *Coopérations monétaires Afrique-France：rapport économique et financier 2020 sur la CEMAC, l'UEMOA et l'Union des Comores*, Octobre 27, 2021, pp.77—78.

③ Joël Té-Léssia Assoko, "Is West Africa's CFA reform a collateral victim of COVID-19?", *The Africa Report*, https://www.theafricareport.com/57488/is-west-africas-cfa-reform-a-collateral-victim-of-covid-19/, 2022-04-29.

④ BCEAO, Principaux indicateurs et taux directeurs, https://www.bceao.int/fr/content/principaux-indicateurs-et-taux-directeurs, 2022-05-08.

⑤ BCEAO, *Note mensuelle de conjoncture économique-Juillet 2022*, Juillet 28, 2022, p.10.

⑥ BCEAO, *Note mensuelle de conjoncture économique-Juillet 2022*, Juillet 28, 2022, p.11.

⑦ BCEAO, *Note mensuelle de conjoncture économique-Juillet 2022*, Juillet 28, 2022, p.17.

4.9％。①可见,西非法郎区虽然经济复苏势头良好,但无法在短期内将通胀率控制在趋同目标要求的3％以内。

综上所述,新货币埃科之所以未能按时推出,从内部因素来看,一方面是因为西非法郎区与西非货币区始终无法在"单一货币是否与欧元脱钩"这一核心问题上达成一致,另一方面则是因为马里政变导致马里和法国关系紧张,迟滞了货币合作协议的法律审批程序。从外部因素来看,新冠疫情的暴发导致各成员国经济指标恶化,乌克兰危机则进一步推高了域内的通胀水平,导致西非法郎区国家无法在短期内实现趋同目标。西共体单一货币发行时间顺势推迟至2027年,这一决定既是出于经济恢复的考量,也是为了给解决政治层面的分歧争取更多的时间。

(二) 西非法郎改革的展望

展望未来,埃科能否在2027年如期推出,既要看西非法郎区经济恢复情况,又要看西共体能否重拾共识,更要看西非法郎区如何平衡货币稳定性和货币自主权。

一方面,西非法郎区很可能率先推出与欧元挂钩的固定汇率版埃科。在西共体内,单一货币汇率机制是两大货币阵营的核心分歧所在。从货币改革的进度来看,西非法郎改革的主要措施已经落实,法律审批程序也已开启,而西共体只是在2021年6月的阿克拉峰会上将单一货币发行时间推迟至2027年,并未明确提及汇率机制问题,更没有公布具体的货币改革方案,汇率机制的分歧很难在短期内得到解决。此外,从经济趋同目标的完成度来看,西非法郎区的表现明显好于西非货币区。以通胀目标为例,西共体单一货币要求成员国将通胀率控制在10％以内。随着世界经济逐渐复苏,西非法郎区通胀率呈下降趋势,2022年10月为8.4％,11月为8.0％,12月为7.0％,②而西共体其他国家则仍然饱受高通胀困扰。2022年12月,尼日利亚的通胀率飙升至21.34％,比1月高出近6个百分点③,加纳更是深陷主权债务违约风波,通胀率高达54.1％,创22年新高④。鉴此,在汇率分歧无法解决,经济趋同难以实现的情况下,西非法郎

---

① ECOWAS Bank for Investment and Development, *West African Development Outlook-Navigating Global Shocks through Structural Transformation and Trade*, June, 2022, p.38.

② BCEAO, «Note mensuelle de conjoncture économique-Janvier 2023», https://www.bceao.int/fr/publications/note-mensuelle-de-conjoncture-economique-janvier-2023, 2023-02-21.

③ Nigerian National Bureau of Statistics, CPI and Inflation Report January 2023, https://nigerianstat.gov.ng/elibrary/read/1241285, 2023-02-21.

④ "Ghana inflation hits 54％ in December, a 22-year high", *Reuters*, January 11, 2023.

区的埃科能否落地主要取决于西非法郎区是否继续遵循西共体单一货币路线图。

另一方面,货币篮子有可能取代欧元成为西非法郎区货币的锚定物。科特迪瓦总统瓦塔拉曾对埃科选择继续与欧元挂钩作出过解释:"我们的国家主要是农业国,主要与欧盟进行贸易。我们的货币需要与我们的对外贸易保持一致。我们决定继续将我们的货币与欧元挂钩,因为这样做符合我们的利益。"①这番表态一方面说明选择与欧元挂钩是出于对外贸易的考量,另一方面则体现出过于单一的经济结构给经济货币政策带来的限制。对绝大多数西非法郎区国家来说,单一经济结构是一种畸形的经济结构,它对于外部经济具有严重的依赖性,不但产品销售依赖外部市场,而且工业制成品和粮食也需要从外部进口。②西非法郎区国家独立后,一直试图改造殖民地经济结构,但收效不大,如今仍以出口初级农产品和原材料为主。此外,西非法郎区对法国的依赖还体现在政治上,执政党需要法国的支持来稳固统治,反对派则希望依靠法国来上台执政。瓦塔拉就是在法国的扶植下由反对派变成总统,并两次成功连任的。西非法郎区对法国的依赖及法国不愿完全放手,决定了西非法郎改革的未来走向不会过于激进,很难出现与法国完全决裂的情况。那么西共体单一货币如何才能突破汇率机制的僵局? 在西非法郎宣布改革之前,一些专家学者就已经开始思考除了浮动汇率和固定汇率以外的第三条路径。国际货币基金组织前总裁、法国前财长多米尼克·斯特劳斯-卡恩(Dominique Strauss-Kahn)建议:"为了避免招致'装门面的改革'的批评,法国必须进行重大改革。最好的选择是向非洲方面开放选择一篮子货币代替单一的欧元作为其货币联盟锚定货币的可能性。"③这一建议与部分非洲专家的观点不谋而合。多哥经济学家卡科·努布波(Kako Nubukpo)认为:"从务实的角度来看,西共体单一货币埃科与一篮子货币(美元、英镑、欧元)挂钩,而不是只与一种外汇挂钩,似乎才是最佳的选择。"④西非法郎因为与强势的欧元挂钩而成为一种强势货币,兑美元汇率长期保持稳定,总体表现远好于奈拉、塞地等其他西共体的货币。然而,进入 2022 年以后,受乌克兰危机、美联储激进加息等不利因素影响,欧元持续疲软,兑美元汇率一路走低。2022 年 5 月

---

① Stéphane Ballong, "Buhari and Ouattara make Eco heart of regional power struggle", https://www.theafricareport.com/23374/buhari-and-ouattara-make-eco-heart-of-regional-power-struggle/, 2022-11-14.

② 舒运国:《试析独立后非洲国家经济发展的主要矛盾》,载《西亚非洲》2020 年第 2 期,第 100 页。

③ Dominique Strauss Kahn, Zone franc, pour une émancipation au bénéfice de tous, Avril, 2018, p.28.

④ Kako Nubukpo, Du franc CFA à l'Éco en Afrique de l'ouest, Études, 2021/3 Mars, p.28.

底至 8 月底,欧元兑美元汇率由 1.22 下跌至 1.00,跌幅达到 18.0%。①2022 年 8 月 22 日,欧元兑美元汇率跌破 1 比 1 平价,跌至近 20 年来新低。与欧元挂钩的西非法郎也随之大幅贬值,只与一种货币挂钩的汇率风险开始凸显。与之相比,货币篮子在应对汇率风险上则更具灵活性。根据贝宁总统塔隆的设想,西非法郎区"可以定期调整货币篮子"②来应对汇率波动。对西非法郎区来说,与一篮子货币挂钩可以在保证货币稳定性的同时进一步稀释法国对其货币的影响力,或许能成为破解西非法郎改革困局的关键。

五 结语

2020 年恰逢非洲独立 60 周年,西非法郎区国家原计划在这一年启动货币改革具有摆脱殖民主义影响的象征意义。马克龙同样强调了改革的象征性意义:"我看到你们的年轻人批评我们,他们认为这是一种后殖民主义的经济和货币关系,那么我们就来剪断这一绳索。"③从改革内容来看,西非法郎改革旨在通过消除那些被视为殖民主义残留的标志来疏导对西非法郎的否定,改革方案有针对性地回应了批评西非法郎的舆论,并满足了部分诉求:货币改名、不再上缴外汇储备、法国代表撤出。上缴外汇比例从 50% 至零,法国代表从有到无,这些都是西非法郎区国家在争取货币主权上的重大胜利。然而,西非法郎区国家在政治和经济上对法国高度依赖,因此选择埃科继续与欧元挂钩。这一举措一方面降低了货币改革的风险,另一方面也保留了法国的影响力。法国国民议会2021 年的一份报告指出,法国在西非法郎区货币中扮演的角色由"共同管理者"转变为"财政担保者"。④担保方法国可以通过新设置的"汇报—对话—应急"机制以及在货币机构中的独立人士对西非法郎区进行金融监管。可见,西非法郎改革在追求稳定性的同时牺牲了改革的彻底性。此次西非法郎改革致力于摆脱殖民主义影响,是西非法郎区在争取货币主权道路上所做的尝试,但是过于追求平稳过渡导致西非法郎区的货币主权仍将受限于法国。总之,西非法郎区争取货币主权将是一个比较漫长的历史过程。

---

① 《欧元兑美元汇率为何大幅贬值?》,载经济观察网:https://m.eeo.com.cn/2022/0925/559670.shtml,2022-09-30。

② «Franc CFA: 'Patrice Talon est allé trop loiN'», *RFI*, Novembre 14, 2019.

③ Sénat français, *RAPPORT N° 289(2020—2021)*, p.19.

④ Assemblée Nationale française, *RAPPORT N° 3602*, p.7.

南非开拓中国客源市场的举措回顾及其成效分析

祝 鸣

内容摘要 近年来,中国已快速崛起为全球第一出境旅游客源国。世界各国由此日益重视开拓中国的海外客源,南非当局和旅游界也对中国市场越加重视,并通过提供普通话培训、签证制度改革等举措,希望增加中国入境南非的游客规模。但因新冠疫情等影响,中国海外游客依然处于恢复期,迄今未恢复到疫情暴发前的水平。此外,通过跨国比较,中国游客赴肯尼亚和日本等国的恢复情况远超过南非,其中原因在于南非的自然旅游资源吸引力优势相对衰落、旅游安全环境持续恶化等。本文为中国-南非旅游合作的研究引入了跨国比较、新质文旅生产力的视角,指出开拓中国海外客源就必须升级旅游产业,以新质文旅生产力的战略视角对中国游客进行精准营销宣传。

关键词 南非-中国关系;旅游合作;新质文旅生产力;新型文旅消费

作者简介 祝鸣,世界史博士、上海国际问题研究院地区合作室主任。邮箱:zhuming@siis.org.cn。

世界旅行和旅游理事会(WTTC)在卢旺达世界旅游峰会期间发布的最新一份关于非洲旅游业机遇的报告透露,未来十年,旅游业将为非洲带来 1680 亿美元的收入,创造就业岗位超过 1800 万个。根据该组织发布的数据,考虑到该行业目前在非洲大陆的发展势头,未来十年该行业的平均年增长率应为 5.1%,即是所有其他经济部门增长速度的两倍。①当前,中国旅游业发展步入快车道,已经形成全球最大的国内旅游市场,成为国际旅游最大客源国和主要目的地。

---

① 《2023 年非洲旅游业复苏好过全球平均水平》,法广中文网,2024 年 2 月 24 日。

2023 年,中国旅行服务进出口同比增长 73.6%,进出口规模居全球第二位。[①]近年来中非旅游合作呈现较好发展势头,赴非旅游人数逐步增长。目前,已有 34 个非洲国家成为中国公民组团出境旅游目的地,中国与其中 22 个国家正式开展了中国公民组团旅游业务。[②]

对南非而言,从总体上来说,尽管来自欧洲各国的旅游者仍然占据大多数,但是中国的游客数量在过去十年里出现了显著的大幅增长。2009 年有 4.5 万中国旅客入境南非,2016 年,这一数字就超过了 11 万人次。[③]2012 年入境南非的中国游客的增长率甚至高达 56%。除了增长幅度颇为喜人外,中国游客的海外消费能力也大大超过了欧美等发达国家。根据咨询公司麦肯锡的数据:2019 年,中国游客在海外的消费额为 2550 亿美元,几乎是美国游客的两倍、德国的三倍、英国的四倍。[④]人民币兑南非兰特的汇率优势更使南非极具吸引力和消费竞争力,是中国游客享受高端旅游和购物体验的超值目的地。到 2017 年,中国游客在南非的旅游消费额达到 1 亿美元/年。[⑤]

一　文献回顾

就中国和南非的旅游合作而言,中国学者已有了一些研究成果。闫恬冬通过首先对金砖国家旅游服务贸易发展基本状况作出整体评价,选取一套指标作为旅游服务贸易国际竞争力的评价体系,量化分析了南非等金砖国家的旅游服务贸易发展现状。[⑥]唐睿则对金砖国家国际旅游产业进行了量化分析,并发现:中国、印度、南非的贸易便利化水平高于俄罗斯和巴西,俄罗斯是唯一保持各项指标全面增长的国家。中国和其他金砖国家国际旅游产业处于中度协调状态,

---

① 引自《国新办举行新闻发布会介绍中国服务贸易发展和 2024 年服贸会筹备工作进展情况》,国新网 2024 年 8 月 30 日文章。http://www.scio.gov.cn/live/2024/34590/tw/?flag=1。
② 商务部国际贸易经济合作研究院、湖南省中非经贸合作研究会编著:《中国与非洲经贸关系报告 2021》,第 20 页。
③ 《南非总统拉马福萨访华:吃惊天猫双 11 销售额,争取简化签证》,2018 年 9 月 6 日澎湃新闻网文章。https://baijiahao.baidu.com/s?id=1610867943284011163&wfr=spider&for=pc。
④ Nik Martin:《中国游客部分回来了　但不再大把花钱》,2023 年 11 月 28 日德国之声(Deutsche Welle)中文网站文章。
⑤ 白文博(南非旅游局亚太区总裁):《南非:成熟的旅游之地》(南非旅游局译),载《中国投资》2017 年第 24 期,第 51 页。
⑥ 闫恬冬:《金砖国家旅游服务贸易国际竞争力比较研究》,南京理工大学 2015 年硕士论文,第 II 页。

仍然存在较大合作空间。①潘莉等将刻板印象内容模型引入中国出境游客对目的地国家旅游意象的感知研究,并以南非为例实证考察了两类游客群体(实际游客 vs.潜在游客)的感知差异。②

但总体而言,中国学者的研究成果还存在着数量不多、资料不够新、分析视角过于宏观等不足。资料不够新体现在,对南非旅游业而言,新冠疫情的暴发和结束无疑是影响中南旅游发展的一个最大挑战,其影响迄今仍在。由于疫情的影响,赴南非的中国游客出现过断崖式下滑。例如,2019 年 12 月,中国人入境南非人数为 5965 人;该数字在 2020 年 12 月下降了有 92%之多,仅为 475 人。③自新冠疫情暴发和结束以来,笔者还没有发现一篇介绍和分析中国赴南非游客情况的专业文章。分析视角过于宏观则体现在,不少文章过于依赖宏观的经济学模型进行分析,而缺少大量的一手资料提供实证的研究基础,由此导致不少分析结论过于抽象和笼统。

二　南非开拓中国客源市场的举措回顾

南非无疑是全非洲旅游资源最丰富也最受外国游客欢迎的国家。中国国家领导人习近平就曾在南非媒体发表署名文章,高度赞扬了南非的旅游资源,指出南非“拥有非洲最丰富的旅游资源、最长的公路网、最大的证券交易所、最繁忙的机场和港口。古老和现代、自然和人文的完美融合,赋予南非独特的魅力”。④由于新冠疫情暴发的影响,南非旅游业——尤其是入境外国游客水平还没有彻底恢复,南非官方提出力争在 2024 年 3 月前使入境游客数量超过 2019 年的水平。⑤因此为了衡量旅游业对南非的重要性,笔者在此选取了疫情暴发前的 2019 年数据。2019 年,南非旅游业提供了 150 万个就业机会和 4258 亿兰特的收入,是南非最为重要的创汇和就业部门之一。⑥旅游业为南非所贡献的 GDP,和就业

① 唐睿:《贸易便利化不平衡与国际旅游产业协调发展——来源于金砖国家的经验证据》,载《经济问题探索》2020 年第 9 期,第 121 页。

② 潘莉、胥兴安、谢笑盈:《去过才真的温暖？国家旅游意象感知差异研究:以南非为例》,载《旅游学刊》2021 年第 1 期,第 123—134 页。

③ 数据详见 Statistics South Africa, *Tourism and Migration*, *December* 2020(Pretoria: Statistics South Africa, February 2021), p.16.

④ 《习近平在南非媒体发表署名文章　让中南友好合作的巨轮扬帆远航》,2023 年 8 月 22 日《人民日报》,第 1 版。

⑤ 南非旅游业复苏势头强劲。

⑥ Department of Tourism, Republic of South Africa, *Annual Report 2020/2021* (Pretoria: Tourism House, 2021), p.1.

机会都接近了南非总体水平的 10%。

(一) 中国市场对南非的重大战略意义

虽然目前中国入境南非的游客规模还非常有限,疫情暴发前其规模最多时也仅为入境南非境国游客总量的不足 2%①(见图 1)。在疫情前几年,南非每年接待近 10 万名中国游客。②但中国市场对南非旅游业具有越来越重要的战略意义。

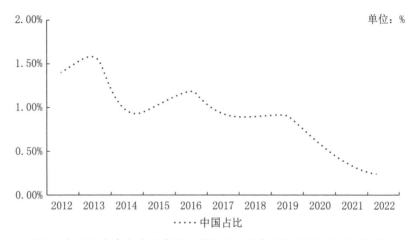

图 1　中国游客在南非的外国入境旅游人数中的占比(2012—2022 年)

数据来源:南非国家统计局。

首先,中国游客有望成为南非旅游淡季的重要补充力量。南非旅游有其淡季,而其冬天(中国的夏天)的淡季正好是中国人的"五一"长假,一旦开发出来就可以很好地弥补这个季节的游客缺口。③

其次,中国游客具有庞大的人数增长和落地消费增长潜力。南非旅游部部长德利莱(Patricia De Lille)近日对媒体表示,南非旅游业将探索中国等尚未充分开发的市场,确保旅游业持续复苏增长并推动出现更多积极变化,力争在 2024 年 3 月前使入境游客数量超过 2019 年的水平。2023 年 3 月,南非旅游部部长德利莱在公开演讲中宣布了一个雄心勃勃的目标,该目标是到 2030 年将中

① 祝鸣:《蓄势待发的中南旅游合作》,2021 年 4 月 13 日《中国贸易报》,第 3 版。
② 国航恢复疫前航线运营计划　南非热情欢迎中国首发团落地
③ Government Communication and Information System(GCIS),*South Africa Yearbook 2018/19*(Pretoria, Republic of South Africa:GCIS, 2019),p.4.

国游客的数量推高到 100 万的水平。而一旦该目标得以实现,南非政府估计中国游客有望在 5 年内在南非消费 1000 亿兰特。[①]

(二) 南非开拓中国市场的主要举措

通过微信、微博这类社交平台进行推广

2009 年 2 月初,南非政府实施了一项与中国相关的国家形象推广的计划。南非驻华使馆邀请 Keso,东东枪和徐铁人等中国知名博主前往南非进行为期近两周的旅游,其中徐铁人的博客已经有超过 2700 万的访问量。这三位知名博主在各自的博客上图文并茂地展示了南非之行。Keso 在 googlereader,feedsky 等阅读器的固定读者超过 10 万人。而且这三位博主的读者相对而言属于"高端"网民,从知识、收入等指标看为"社会中间阶层",也是南非观光旅游的目标客户。可见,南非政府在利用最新传播工具来进行信息传播方面具有非常敏锐的眼光和创新的精神。[②]

南非政府在 2010 年上海世博会之前在中国已经做了大量的推广活动,除了在中国多个大城市举行的南非投资贸易推广会,南非政府还多次邀请了中国的娱乐明星如徐静蕾、马艳丽、老狼等访问了南非,出版了《公开!老徐的南非英文书》和《南非,南非!》两本集中介绍南非旅游及风土人情的书,还邀请了中国知名博主及记者通过博客发布南非游记大力推广南非旅游,可以说南非政府在中国塑造自身形象方面作出了很大的努力。在推广手段上,他们对互联网媒体的重视也可以看出南非政府在传播手段上的与时俱进。[③]

南非旅游部门还开通了中文版的微博和微信等,通过中国网民的最新传播工具进行积极的南非旅游推介。

对南非国内旅游业从业者提供中国文化和汉语等技能培训

南非是设立孔子学院和孔子课堂最多的非洲国家,并已经将中文纳入国民教育体系。南非德班理工大学孔子学院、南非中国文化和国际教育交流中心孔

---

① *Keynote address by Minister of Tourism*,*Patricia de Lille at the media launch of the Africa Travel Indaba*(28 March 2023). https：//www.tourism.gov.za/AboutNDT/Ministry/News/Pages/Keynote-address-by-Minister-of-Tourism,-Patricia-de-Lille-at-the-media-launch-of-the-Africa-Travel-Indaba.aspx.

② 秦迎军:《2010 年上海世博会南非国家形象传播研究》,上海外国语大学硕士学位论文,2011 年,第 35 页。

③ 秦迎军:《2010 年上海世博会南非国家形象传播研究》,上海外国语大学硕士学位论文,2011 年,第 22 页。

子课堂等联合中企和行业协会开展"中文＋南非导游""中文＋电商""中文＋创新创业"等一系列合作项目,培养了一批"中文＋"职业人才。①

开普敦旅游局的负责人玛里埃特说,要雇用更多的会讲中文的人做导游,并且将网站内容翻译成中文。"对整个旅游业来说,要真正明白,是怎么回事,要准备好,特别是对那些来自中国的游客,看看他们具体都有哪些需求。""我的建议是,假如真的想要和来自中国的旅游者做生意的话,那么,就得'拉关系',要注入资源,培训雇员,要对很多细节以及文化上的细微的东西,留心一些。要让来自中国的游客觉得这些地方在细节上真是付出了;要留心他们喜欢吃的食品,比如说要提供筷子这些细节;等等。事先可能想不到的,要想到才行。还有中文报刊,可能也是他们想看的。"

自 2016 年以来,南京财经大学南非孔子课堂每年都会承办南非国家旅游部导游处组织的为期 6 周的导游汉语培训项目。该项目对南非导游学员进行语言和文化培训,注重课堂教学与实践教学相结合、汉语言与中国文化相结合,为导游们未来的职业发展奠定了坚实的基础,成为推广国际中文教育的亮点项目。南非孔子课堂也一直致力于建立南京财经大学与南非各界的交流和联系,为南财师生国际化能力发展提供平台。②

(三) 中国入境南非游客的恢复情况

旅行服务一直是中国服务贸易的重要领域,也是目前增长最快的服务贸易领域。2023 年,中国旅行服务进出口同比增长 73.6%,进出口规模居全球第二位。数据显示,今年上半年,中国旅行服务进出口 9617 亿元,规模上现在已经基本恢复至疫情前 2019 年的同期水平。其中,出口 1037 亿元,同比增长 131.9%;进口 8581 亿元,同比增长 41.5%。旅行服务贸易占我国服务贸易整体比重达26.7%,比上年同期提升 6.1 个百分点,旅行服务重新恢复到中国服务贸易的第一大领域。当前,中国旅游业发展步入快车道,已经形成全球最大的国内旅游市场,成为国际旅游最大客源国和主要目的地。③

就具体的国别分析而言,中国游客目前赴东南亚、澳新地区和日本等地的情

① 杨一:《推动中南关系朝着更高质量、更广领域、更深层次迈进》,2023 年 8 月 21 日《人民日报》,第 2 版。
② 人民网约翰内斯堡 2021 年 11 月 3 日电:《南非国家旅游部主办中文培训项目 中南两国学员在线友好互动》。
③ 《国新办举行新闻发布会介绍中国服务贸易发展和 2024 年服贸会筹备工作进展情况(图文实录)》,国新网 2024 年 8 月 30 日文章。http://www.scio.gov.cn/live/2024/34590/tw/?flag=1。

况恢复较好,已经接近甚至超过了疫情暴发前的水平。例如,2023 年年底,中国赴新西兰的游客数量已初步恢复到疫情前的 70%—80%;[①]2023 年 11 月,赴澳中国游客数量已恢复至疫情前的约 45%。[②]

南非的外国游客入境情况则总体还较为缓慢。2022 年南非的入境游客规模只相当于 2019 年水平的一半多一点(56%)。传统的客源大户,即来自欧美发达国家的游客恢复情况略超过平均水平,基本在 65% 左右。以金砖国家为代表的新兴国家则恢复情况相对不太理想,基本在 50% 以下。尤其值得注意的是,中国的恢复情况是最不理想的,仅为 13%(见表 1)。其中的原因颇值得深究,因为这个水平不仅比其他国家要逊色,也比中国出境游客赴其他国家的水平要低,由此形成了一个刺眼的"数据低谷"。

表 1　新冠疫情暴发前后南非的外国入境旅游人数及其对比
(2019 年和 2022 年)　　　　　　　　　　　单位:人次

国　　　家		2019 年	2022 年	2022 年/2019 年
金砖国家 ("老金砖成员")	印　度	95621	55506	58%
	中　国	93171	12187	13%
	巴　西	77261	14727	19%
	俄罗斯	16276	16234	100%
美　国		373694	262183	70%
英　国		436559	283031	65%
德　国		322720	173146	54%
所有国家和地区的合计		10228593	5698062	56%

数据来源:中国国家统计局 等编:《金砖国家联合统计手册(2023)》,北京:中国统计出版社,2024 年版。

三　原因分析

如上所述,中国赴南非游客的情况非常不尽如人意,其中的原因按照笔者的

---

① 参见陈效卫:《新西兰多举措推动旅游业复苏　加大中国游客市场推介力度》,2023 年 6 月 13 日《人民日报》,第 17 版。

② 梁有昶:《期待中国再次成为澳最大旅游客源市场——访澳大利亚旅游局局长哈里森》,2024 年 2 月 18 日《光明日报》,第 8 版。

分析,既有传统老问题的阻碍,更有新原因。总体而言,正如有的中国学者所分析的那样——南非国际旅游产业发展水平下行趋势明显,南非近年来经济衰退明显,旅游治安情况恶化(针对外国人的抢劫事件),商业信心低迷和政治不确定性的综合作用导致其国际旅游产业竞争力不断下降。[①]

具体而言,首先在于中国在疫情暴发后,执行了较为严格的出入境管控措施。在疫情基本结束之后,中国恢复出境游——尤其是恢复赴南非旅游是从 2023 年才开始的。2023 年 3 月 29 日早晨,在中国恢复出境团队旅游后,首个乘坐中国国际航空公司前往南非的旅行团按照计划抵达了约翰内斯堡奥利弗·坦博国际机场。首发团受到了南非旅游局首席运营官 Nomasonto Ndlovu 女士、南非旅游局官员、旅游业者以及当地航空业代表的热烈欢迎。南非旅游部部长德利莱表示:"这是自2020 年疫情暴发以来首个落地南非的中国团队游航班,对于中国赴南非旅游市场具有重要的里程碑意义。中国是南非极具潜力的客源市场,在疫情前,南非每年接待近 10 万名中国游客,而随着出境游的逐步开放,预计中国游客前往南非旅游的数字将会继续增长,从而大大增加中国游客在南非的旅游消费。"

其次,近年来南非旅游安全环境有所恶化,不利消息可能起到了减流部分潜在中国客源的作用。南非出现涉及外国游客的恶性安全事件,对赴南非购机游客的具体影响还没有相关的成熟成果。这方面可以参考泰国的最新案例。2023年 9 月,曼谷暹罗百丽宫购物中心发生枪击事件造成三人死亡,其中有一人是中国公民。根据泰国官方的统计,在枪击案的消息传出之后,大约 6 万名中国游客临时取消了赴泰国旅游的行程。[②]

时任南非旅游部部长琳迪韦·西苏鲁(Lindiwe Sisulu)就曾为南非的旅游安全环境辩护,她指出:"在过去的 27 年里,南非只发生过 3 起外国游客被谋杀的恶性犯罪事件。"[③]实际上该澄清颇有点避重就轻之嫌。因为虽然表面上看这个谋杀案的数字是比较低的,但是外国游客在南非被抢劫等其他案件的数量却

---

① 唐睿:《贸易便利化不平衡与国际旅游产业协调发展——来源于金砖国家的经验证据》,载《经济问题探索》2020 年第 9 期,第 128 页。

② Tommy Walker:《泰国对于中国游客来说为什么不香了?》,2023 年 12 月 9 日德国之声(Deutsche Welle)中文网站文章。https://www.dw.com/zh/%E6%B3%B0%E5%9B%BD%E5%AF%B9%E4%BA%8E%E4%B8%AD%E5%9B%BD%E6%B8%B8%E5%AE%A2%E6%9D%A5%E8%AF%B4%E4%B8%BA%E4%BB%80%E4%B9%88%E4%B8%8D%E9%A6%99%E4%BA%86/a-67658968。

③ 之所以提到"27 年",因为这是从 1994 年新南非诞生到此发言的 2022 年算出来的。参见 Tom Head, "'South Africa is NOT a safe place for tourists', Lindiwe Sisulu told", 10 June 2022. https://www.the-southafrican.com/news/breaking-is-south-africa-safe-for-tourists-lindiwe-sisulu-thursday-6-october/。

并不低。在西开普省例行记者会上,开普敦市安保部门负责人史密斯就曾承认:此前发生在桌山景区周边的抢劫事件严重影响了南非的形象,同时也对该国旅游市场带来了沉重的打击。史密斯透露,从 2023 年 10 月开始,迄今该省安保部门已追踪到 36 起抢劫事件,并逮捕了一批犯罪嫌疑人。

南非的旅游安全环境到底如何?特别是和其他非洲国家——尤其是和肯尼亚这样的竞争对手比起来,其水平到底是高还是低? 就这个问题,本人认为可以参考中国外交部领事司官方网站(中国领事服务网)所提供的关于海外旅行安全的有关情况。该网站针对南非给中国国人提供的防范措施足足有 14 条之多,而针对肯尼亚的防范措施则只有 4 条,仅相当于南非数量的近 1/4。①

游客安全问题仍是南非旅游业面临的最大挑战,南非政府和社会各界对此高度重视并已采取一系列措施加以整改。2023 年 5 月,南非政府在约翰内斯堡举行首届国家安全论坛会议,南非警察总局、国家检察机关、旅游部、机场公司、旅游业商会协会、旅游产品所有者及各私营部门的代表汇聚一堂,通过加强公私部门伙伴关系和成立国家旅游安全论坛等方式促进制定国家旅游安全战略,将以更加协调的方式解决旅游安全问题,为游客提供更好体验,并从长远角度改变外界对南非是不安全旅游目的地的看法。

其次,南非的对华旅游营销过度把重点放在自然资源上,而忽略了营销卖点的多样化打造以吸引更多元的中国客源。今年是中国龙年,由于传统习惯的影响,龙年往往被中国人认为是最吉利的一年。因此,龙年往往成为各国、各商家千方百计和“龙”拉关系以对中国顾客进行深度营销的重要机遇。在旅游领域,不少国家也颇花了心思,巧搭龙年春节便车,唱响“生意经”。例如,奥地利旅游局深度挖掘“龙”资源,推出了“奥地利那些和龙有关的故事”。福克滕斯坦城堡龙的传说、洛克豪斯城堡的巨龙灯光秀、克拉根福特市政厅广场上的巨龙喷泉、克恩顿州菲拉赫地区神秘森林里的“林德龙”……奥地利商家还纷纷推出春节活动或产品。继圣诞新年打折季后,奥地利潘多夫名品奥特莱斯购物中心推出了龙年新春折扣,吸引了奥地利、匈牙利、斯洛伐克等多国宾客;为了庆祝龙年,奥地利企业、国际知名水晶品牌施华洛世奇结合中国传统文化,特别推出龙凤系列珠宝饰品,增添欢庆气氛,传递好运和繁荣。②日本国家旅游局在其官方微博上借助日本和中国所共享的生肖文化,介绍了 9 种日本龙年的有趣商品,如:彩堂

---

① 可参考中国外交部领事司网站:http://cs.mfa.gov.cn。
② 付志刚:《【四海同春】奥地利:美了春节,火了商家》,2024 年 2 月 18 日《光明日报》,第 8 版。

窑龙年摆件、PEANUTS 龙年史努比手帕、Sekiguchi 蒙奇奇生肖系列龙年玩偶、日本邮局龙年邮票、Krispy Kreme Doughnuts 龙年甜甜圈等。①

相比之下,南非境内起码有一处著名旅游景点本完全可以和中国龙年相联系起来,打造出南非的一个新旅游卖点,但南非旅游部门迄今都没有就此进行有效的旅游开发和营销。②该景点即德拉肯斯山(Drakensberg Moutain),"德拉肯斯山"是音译,而在中国网络和一些文献里也有直接意译为"龙山"的。南非旅游当局在旅游开发和营销方面,本可专门针对中国游客打出"龙年游龙山"之类有吸引力的旅游营销口号。

最后,南非的自然旅游资源吸引力优势相对衰落,肯尼亚等国家后来居上抢占了不少南非的市场份额。南非和肯尼亚的自然旅游资源较为类似,而且肯尼亚还具有距离中国路途较近、成本相对较低等优势。现在,肯尼亚除了是年轻人们拍照打卡的热门地,也成为很多家长送孩子研学的新选择。每到暑假,一批中产家长们,总是热衷于将孩子送到国外参加各种各样的研学营,以往,他们的选择大多是欧美国家,但如今,肯尼亚也进入了备选名单。和其他的地方相比,肯尼亚最突出的优势是性价比高。去新加坡 5 天的行程,住得一般,只是在国立大学上半天课,价格就要两万多。如果去欧美,价格翻倍,至少六七万一个人,但是肯尼亚十天的行程,全程豪华酒店,只要三万多。③

之前,中央电视台非洲分台推出的"动物大迁徙,天国之渡"等纪录片,在中国引发了不错的反响,对于赴肯尼亚旅游也起到了推波助澜的作用。2019 年到肯尼亚旅游的中国游客仅 8 万多人次,在肯尼亚旅游客源国中位居第四。另据肯尼亚旅游部门发布的统计数据,2022 年 1 月至 8 月,肯尼亚共接待了境外游客 924812 人次,其中来自中国的游客仅占 6%,约 55488 人次。④但以此计算,中国游客已经恢复到了 2019 年水平的近一半,这一数据比赴南非旅游的恢复情况

① 日本国家旅游局 JNTO 微博,2024 年 1 月 19 日。https://weibo.com/1781462195/NCxOKuued? refer_flag=1001030103_。

② 迄今,南非旅游局微博内还没有任何一篇关于德拉肯斯山/龙山的旅游介绍报道。(2024 年 8 月 31 日搜索)

③ 王潇:《中产盯上了肯尼亚》,每日人物微信号文章,2024 年 8 月 14 日。https://mp.weixin.qq.com/s/ tdLTNTHYDiUqFe4pbOGfVQ。

④ 李雪薇:《非洲观察|中国游客重返肯尼亚"动物王国"重振旅游经济》,央视新闻客户端,2023 年 2 月 11 日。https://content-static.cctvnews.cctv.com/snow-book/index.html? toc_style_id=feeds_ default&share_to=copy_url&item_id=14450651400410715727&track_id=E29D6D85-9773-4D0A- 9053-7F2E4A2D0394_697813654020。

(13％)要好得多,由此可见肯尼亚对于中国游客的巨大吸引力。

肯尼亚旅游局首席执行官表示,肯尼亚入境游传统市场基本以欧美游客为主,后来逐步转向中东、亚洲及非洲其他国家,经过多年的营销推广,肯尼亚已成为深受中国游客喜爱的非洲出境目的地,排在埃及、南非之后位列第三,市场潜力巨大,未来肯尼亚旅游局将在中国进行进一步推广。此外,为了让越来越多的中国人来到风光秀丽的肯尼亚观光旅游,中非文化旅游俱乐部于2023年1月在肯尼亚首都内罗毕成立,中国将致力于与肯尼亚的文化旅游相关部门、机构合作交流,策划系列活动,积极介绍中国游客到肯尼亚旅游。[①]

四 结论

2021年3月16日,时任中国驻南非大使陈晓东视频拜会南非旅游部长恩古巴内。陈大使表示,中方坚定支持南抗疫努力,愿同南方深化旅游合作,助力旅游业及经济复苏。希望南方积极推动解决中国游客来南签证难等问题,将旅游合作打造成为双边合作新亮点。恩古巴内部长表示愿继续推动南中旅游等领域交流合作,积极促成南签证便利政策尽早落地,期待两国民间交流合作再结硕果。[②]有研究还发现,旅游产业不仅能促进各国民众增进沟通、建立友谊,而且具有就业门槛低、经济收益快、综合拉动能力强、社会文化效益高等特点,能够在拉动区域经济发展和开展产业扶贫方面发挥重要作用。[③]

南非具有独特且丰富的自然和人文旅游资源,中国和南非之间密切的合作和交往使得中国有望成为南非越来越重要的客源国。但目前由于新冠疫情的影响、南非旅游安全环境不太理想等原因,中国入境南非旅游的恢复情况还不尽如人意,因此,中国和南非可以在以下三方面有针对性地开展深入合作,以提升旅游合作的潜力。

一是南非需精心设计不同特色的旅游线路,以实现差异化的精准营销。笔

---

① 李雪薇:《非洲观察｜中国游客重返肯尼亚"动物王国"重振旅游经济》,央视新闻客户端,2023年2月11日。https://content-static.cctvnews.cctv.com/snow-book/index.html?toc_style_id=feeds_default&share_to=copy_url&item_id=14450651400410715727&track_id=E29D6D85-9773-4D0A-9053-7F2E4A2D0394_697813654020。

② 中华人民共和国外交部驻南非使馆:《陈晓东大使拜会南非旅游部长恩古巴内》(2021年3月17日)。http://za.china-embassy.org/chn/sgxw/t1861748.htm。

③ 王艺钊、赵明昊、尚杰:《旅游合作发展潜力无限——上海合作组织2023旅游年论坛侧记》,2023年11月28日《光明日报》,第3版。

者几次因公出差和调研南非期间,就遇到不少来自中国的旅游团。与中国游客交谈中笔者发现,这些组团游几乎都是走的几日游几城的走马观花式旅游线路。这样乏味且过于紧凑的安排不仅无法突出南非独特多元的自然、人文特色,而且也无法适应中国游客现在日趋多元化、个性化的需求。南非官方文件中早已提出,作为"彩虹之国"的南非足以提供包括体育旅游、文化旅游、自然旅游等多种专业化的旅游线路选择。①

二是面对流量时代和全媒体时代,南非和中国的旅游合作既需要借助"网红"等来营销好南非的旅游资源,同时不应简单地就流量做流量,而要站在价值培育的角度,做流量的全过程管理。其中,需要研究流量因何而起,何种流量能转化成真实人气,如何将流量装入留量的漏斗中,如何用留量来推动城市经济等。如何让游客替目的地说话,传播和放大这种价值,由此形成从流量到留量再到城市经济的闭环等,才是对文旅流量的使用之道,才是流量时代推动旅游业的理性链路。②

三是中国和南非可以探讨在旅游方面深度融合与合作,由此做长产业链和价值链。中国近年来在文旅商、文旅农结合方面取得了突出成绩,不少过去的冷门景点转而成为热门的网红景点。文创产品的开发更是成为不少文博机构的重要收入来源,故宫的文创产品年销售额甚至已达到了十多亿元。最新发布的《国务院关于促进服务消费高质量发展的意见》也强调了旅游行业深度改革的重要,其中提到:"加强国家文化和旅游消费示范城市建设,推动国家级夜间文化和旅游消费集聚区创新规范发展,实施美好生活度假休闲工程和乡村旅游提质增效行动。推进商旅文体健融合发展,提升项目体验性、互动性,推出多种类型特色旅游产品,鼓励邮轮游艇、房车露营、低空飞行等新业态发展,支持'音乐+旅游''演出+旅游''赛事+旅游'等融合业态发展。"③笔者去过南非多处自然和人文景点,发现如果效仿中国的类似成功经验,其旅游资源还大有开发潜力。中国资本、技术与经验一旦与南非当地丰富的旅游资源加以有机结合,将有望发挥"1+1>2"的效应,打造中南合作的新兴增长极。④

① 祝鸣:《蓄势待发的中南旅游合作》,2021 年 4 月 13 日《中国贸易报》,第 3 版。
② 参考金准:《文旅热,流量只是第一步》,2024 年 1 月 23 日《环球时报》,第 14 版。
③ 《国务院关于促进服务消费高质量发展的意见》,国发〔2024〕18 号,2024 年 7 月 29 日。
④ 祝鸣:《蓄势待发的中南旅游合作》,2021 年 4 月 13 日《中国贸易报》,第 3 版。

"一带一路"倡议下的中刚合作

ODZALA TRYSTAN GALITCH(李党)

内容提要 近20年来,在中非合作论坛机制的推动和引领下,中非传统友好关系进入全面发展快车道,取得了新的历史性成就。中国国家主席习近平于2013年提出共建"一带一路"倡议及同年3月对刚果(布)进行国事访问以来,中刚高层次交往更加频繁。双方在基础设施建设、经贸、教育等领域合作不断深化与扩展,促进了刚果(布)经济增长与社会发展。刚果(布)是最早同中国签署共建"一带一路"谅解备忘录的非洲国家之一,同时也是中非产能合作示范国之一。迄今为止,中刚合作在两国元首共同关心引领下保持高质量发展势头,"一带一路"已成为促进双方合作的重要平台之一。本文通过回顾中刚合作关系的发展,探讨"一带一路"对促进双方合作发展的作用,希冀对深入了解刚果(布)对接"一带一路"倡议的情况有所助益。

关键词 "一带一路"倡议;中刚合作;高质量发展

作者简介 ODZALA TRYSTAN GALITCH(李党),来自刚果(布),南京大学外国语学院博士生,研究方向为中非合作与交流、非洲国际中文教育。(南京　210033)

引言

2024年是中刚建交60周年。过去60年中,两国合作关系保持着旺盛的生命力。在中非合作论坛与"一带一路"倡议的推动下,两国各领域合作全面快速发展,进入携手打造命运共同体的新阶段。"一带一路"是习近平主席为促进各国交流合作,实现共同发展而提出的倡议,获得了众多国家的积极响应。该倡议提出以来,特别在 2017 至 2019 年期间,非洲国家踊跃参与,并成为共建"一带一路"的重要参与方。截至 2023 年,共有 52 个非洲国家及非盟同中国签订"一带一路"合作文件。刚果(布)作为中国的合作伙伴及"一带一路"的积极参与者,对此倡议对刚果(布)及非洲发展的促进作用,多次给予高度评价。正如 2023 年刚果(布)总统德尼·萨苏·恩格索(Denis Sassou Nguesso)在第三届"一带一路"国际合作高峰论坛数字经济高级别论坛上所表示,"习近平主席提出的共建'一带一路'倡议,为非洲互联互通建设提供重要支持。刚方高度赞赏、全力支持习近平主席提出的共建'一带一路'、全球发展倡议、全球安全倡议和全球文明倡议"①。由此可见,对刚方而言,共建"一带一路"是一个难能可贵的机会。五年来,两国关系在"一带一路"框架下,已逐步发展成为政治、经贸等各方面协同推进的双边关系,为历久弥坚的中刚传统友谊注入新的时代内涵。

一 中刚关系发展概述

1. 中刚传统友谊深厚

中刚人民之间的近代交往可追溯至 1929 年,当时两国人民都处于殖民主义的压迫之下。法国殖民者在修筑长达 502 公里的刚果大洋铁路时,因为缺乏劳动力,在中国广州湾和香港等地招募华工到刚果修建铁路②。1949 年,随着新中国成立与非洲国家相继独立,中刚两国在老一辈领导人毛泽东主席和马桑巴·代巴(Alphonse Massamba-Débat)总统领导下于 1964 年 2 月正式建交。同年10 月,双方在北京签订《中刚友好条约》《经济技术合作协议》等文件,刚果(布)成为中部非洲最早与中国建立外交关系的国家之一。当时独立的刚果(布)也走过一段社会主义道路(1969—1992 年),甚至被称为"非洲第一个社会主义国家",但随着 1992 年 3 月新宪法的通过,刚果(布)开始实行多党制③。两国建交

① 驻刚果(布)使馆:《李岩大使陪同刚果(布)总统萨苏在北京出席第三届"一带一路"国际合作高峰论坛》,载中华人民共和国驻刚果共和国大使馆网,http://cg.china-embassy.gov.cn/dshd/202403/t20240321_11264803.htm. 2024-5-2。

② Julien Bokilo Lossayi, "La Chine au Congo-Brazzaville: stratégie de l'enracinement et conséquences sur le développement en Afrique", éditions l'Harmattan, 2012, p.53.

③ Jeune Afrique, Ce jour-là: le 15mars 1992, le Congo adopte par référendum sa première constitution post-ère socialiste. https://www.jeuneafrique.com/541926/politique/ce-jour-la-le-15-mars-1992-le-congo-adopte-par-referendum-sa-premiere-constitution-post-ere-socialiste/. 2024-6-14.

后,双方领导都高度重视友好合作关系的进一步发展和深化,在六七十年代期间,双方领导互访频繁,刚果(布)历任总统均曾访华。在共同反抗殖民主义、维护民族独立与领土完整的背景下,两国在政治、军事、经贸等领域相互支持,结下了患难与共、情同手足的深厚友谊。例如,中国曾经向刚果(布)提供优惠贷款、无偿援助、物质援助等形式的经济援助,先后援建马桑巴·代巴体育场(1966年)、金松迪纺织厂(1969年)、姆古古鲁水电站(1978年)、议会大厦(1984年)①。这些项目在改善刚果(布)人民生活以及巩固和发展两国关系方面发挥了重要作用。同时,刚果(布)对中国在恢复联合国合法席位的问题上给予了大力支持。这一时期,两国也较重视彼此文化、教育、医疗的交流合作。1967年以来,中国定期向刚果(布)派出医疗队。1975年,开始每年向刚果(布)提供高校奖学金名额。1985年,刚果(布)也开始接受中国学生来学习法语②。70年代末,中国为适应改革开放和经济发展需求,对包括刚果(布)在内的对非经贸方式进行调整,双方合作增加了新的内容,更强调双方互利合作而不是单方面的援助。两国在"平等互利、讲求实效、形式多样、共同发展"的四项原则上进一步发展合作。80年代,双方不仅签署新的《经济技术合作协议》,还成立"中刚经济、贸易和技术混合委员会"。90年代末,随着刚果(布)内战加剧,双方的贸易受到影响,中国派遣的医疗队、教师等人员撤离。内战结束后,在萨苏总统执政下,中刚合作关系进一步深化,继续发展。总之,20世纪老一辈领导人的传统友谊,互相支持的精神,为新世纪的中刚关系发展奠定了坚实的基础。

2. 新世纪中刚关系全面发展

进入新世纪以来,随着中非合作论坛和"一带一路"倡议等平台的相继问世,两国合作在传统友好关系的基础上日益深化,在政治、经贸、卫生等领域取得了新成果,体现出新时期中非关系的全方位发展格局。

首先,在本世纪的第一个十年,两国高层交往对双边关系发展发挥了重要引领作用。2000年3月,萨苏总统访华期间,两国签订三个重要协定:《中华人民共和国政府和刚果共和国政府关于鼓励和促进保护投资协议》(旨在加强两国之间的经济合作,鼓励双方企业在对方领土内进行投资)、《中华人民共和国政府和

---

① Jean Christophe Boungou Bazika, "Les relations économiques de la Chine avec la République du Congo", *AERC Scoping Studies on China-Africa Economic Relations*, *African Research Consortium (AERC)*, 2008, p.2—3.

② 黄玉沛、王永康:《列国志·刚果共和国》,社会科学文献出版社,2019年,第282页。

刚果共和国政府文化合作协定》(双方根据尊重主权平等互利的原则发展两国在文化、教育、社会科学等方面交流合作)、《中国向刚果共和国提供贷款的协定》(中方根据刚方的需求向刚方提供金额为四千万元人民币的无息贷款)。2005年9月,萨苏总统再次对华进行国事访问,与胡锦涛主席就两国合作关系发展进行沟通交流,特别是加强两国的战略合作,扩大合作领域。此外,在两国高层交往频繁的背景下,2013年习近平就任国家主席后首次出访,刚果(布)为其中一站。这是中刚建交60年以来中国国家主席首次到访,是具有重大历史性意义的一次访问。习近平主席的访问不仅为双方关系进一步深化开辟了新篇章,同时给刚果(布)人民留下深刻印象。在布拉柴维尔议会大厦演讲时,习近平表示,"我们两国人民在患难与共和真诚互助中结下了兄弟情谊……我相信,中非友谊将像长江和刚果河一样长流不息、奔腾向前!"①,充分体现中非、中刚友谊源远流长,历久弥坚,将不断向前推进与深化。

其次,在经贸合作方面,双方一直保持互利互赢关系。新世纪前,两国贸易额较小,一直处于1亿美元左右,但随着2000年双方签署《两国关于鼓励和促进保护投资协议》,中国私营企业陆续到黑角市和布拉柴维尔市开展商业经营。2003年中国开始进口刚果(布)石油、木材等商品,双方贸易额迅速增长,从2000年的3.4亿美元增长到2011年首次达到51.64亿美元。从2014年至今,中国稳居刚果(布)第一大贸易伙伴国地位。在基础设施方面,两国在2006年签署的一揽子合作协议框架下成功实施一系列合作项目,例如玛雅-玛雅国际机场(2014年)、奥隆博国际机场(2013年)、吉利水厂(2014年)、英布鲁水电站(2011年)。这些项目的落实,改善了刚果(布)基础设施的面貌,给人民带来更多便利。

最后,两国人文交流合作也得到显著推动。2012年,中刚在马利·安恩古瓦比大学设立刚果(布)第一所孔子学院。至今,该孔院已成为中刚教育与文化交流的重要平台。双方表演艺术团互访频率也在不断增加。2009年5月,刚果(布)歌舞团赴华访演,参加第九届"相约北京"联合活动和第二届中国成都国际非物质文化遗产节。2010年5月,河南少林寺武僧团赴刚演出,展示了中国少林寺功夫,受到当地的欢迎。在教育方面,中国积极为刚果(布)教育事业发展提供大力支持和帮助,不但每年向刚果(布)学生提供各种奖学金名额,而且为刚果

---

① 习近平:共同谱写中非人民友谊新篇章,《人民日报》,2013年3月30日,第002版。

(布)政府各部门官员、公务员提供赴华研修、培训和考察机会。2023 年 5 月,商务部委托上海商学院为来自刚果(布)的 19 名官员开展培训。截至 2021 年 6 月,2000 余名刚果(布)留学生赴华学习,其中约 300 名学生获得中国政府奖学金①。同时,恩古瓦比大学孔子学院从 2012 年建立到 2021 年,共有 126 人次获得孔子学院奖学金②。

二 "一带一路"增进中刚关系

2018 年的中非合作论坛北京峰会对中非共建"一带一路"倡议发挥了重大作用。中非双方一致同意将"一带一路"建设与联合国《2030 年可持续发展议程》、非洲联盟《2063 年议程》以及非洲各国发展战略进行对接,为中非合作注入新的生机活力。峰会期间,非洲联盟及 28 个非洲国家同中国签署共建"一带一路"谅解备忘录,其中有刚果(布)与中国签署的《中华人民共和国政府与刚果共和国政府关于共同推进丝绸之路经济带和 21 世纪海上丝绸之路建设的谅解备忘录》③,旨在工业、基础设施、农业、旅游和教育等领域开展合作。几年间,中刚关系在共同推进"一带一路"框架下,出现如下特点:

1. 双方政治互信迈上新水平

中刚合作关系之所以能取得长足发展,首先得益于政治互信。正如习近平主席于 2023 年 10 月同萨苏总统会见时表示,"理念相近、相互信任、相互支持是中刚关系行稳致远的法宝"④。双方在涉及彼此核心利益和重大关切问题上一贯相互支持,在国际和地区事务中密切合作。六年来,在"一带一路"倡议框架下,双方政治互信持续深化。除了 2013 年习近平主席对刚果(布)进行国事访问外,自 2014 年以来,刚果(布)总统萨苏四次对华进行国事访问(2014、2016、2018、2023)。其中,2016 年,双方在平等互利和共同发展的基础上,将两国关系提升为全面战略合作伙伴关系。同年 7 月,苏州市与刚果(布)黑角市正式结为

---

① 中国驻刚果(布)大使馆经商处:《对外投资合作国别(地区)指南——刚果共和国(2021 版)》,p.10。
② 王永康:《刚果(布)中文教育新发展的契机与挑战》,《非洲语言文化研究》2023(第 4 辑),第 105 页。
③ Agence d'information d'Afrique central. Ceinture et la route:une initiative pour avancer à grands pas. https://www.adiac-congo.com/content/ceinture-et-la-route-une-initiative-chinoise-pour-avancer-grands-pas-151980. 2024-6-27.
④ 许可,林苗苗:《习近平会见刚果(布)总统萨苏》,载中华人民共和国中央人民政府网,https://www.gov.cn/yaowen/liebiao/202310/content_6910302.htm.2023-11-5。

友好城市,苏州市成为继长沙市(1982年)和大连市(2000年)之后刚果(布)在华的第三个友好城市。2021年12月,中央外事工作委员会办公室主任杨洁篪也成功访问刚果(布)。2023年8月,中国国家主席习近平在约翰内斯堡出席金砖国家领导人会晤期间会见了刚果(布)总统。时隔不久的同年10月,萨苏总统访华出席第三届"一带一路"国际合作高峰论坛并与习近平主席举行双方会见。2024年2月22日,习近平主席同萨苏总统互致贺电,庆祝两国建交60周年①。两国元首在贺电中表示,愿双方各领域合作继续稳步前进,造福两国人民,为推动构建高水平中非命运共同体作出积极贡献。中刚两国的高层外交,充分体现两国坚如磐石的铁杆友谊,体现高水平的政治互信走向成熟。

2. 中刚经贸合作进一步加强

经贸合作是中刚关系的重要组成部分,是双方共同繁荣发展的重要保障。新世纪以来,随着双方经贸合作不断深化,中国已经连续10年保持刚果(布)第一大贸易伙伴,而刚果(布)则是中国在非洲大陆进口原油、木材的重要来源地。为推动双方经贸关系发展,两国政府曾经几次签署相关贸易协定、投资保护协定等文件。2018年,两国签署《中国与刚果(布)政府对所得消除双重征税和防止逃避税的协定》旨在为跨境纳税人避免双重征税,提供税收确定性,对于加强中刚收税合作,促进中刚贸易发展具有积极作用。同年,双方贸易总额创历史新高,首次达到72.44亿美元,为全非第八。2020年,双方贸易经过疫情的冲击后,在共建"一带一路"背景下,贸易总体呈现上升态势(见下表)。

2018—2022年中国与刚果(布)贸易额统计　　　　　　(单位:亿美元)

年份	进出口总额	比上年增长(%)	向中国出口额	自中国进口额
2018	72.44	62.4	4.45	67.99
2019	64.85	−10.7	4.35	60.50
2020	39.59	−39.4	6.02	33.57
2021	53.5	34.9	6.8	46.7
2022	65.7	22	9.8	55.9

资料来源:中华人民共和国商务部。

---

① Les dépêches de Brazzaville. Echange de vœux entre Sassou N'guesso et Xi jinping. https://www.les-depechesdebrazzaville.fr/flex/php/simple_document.php?doc=20240222_DBZ_DBZ_ALL.pdf. 2024-5-24.

据中国驻刚果共和国大使馆经商处统计①,截至 2023 年,双方贸易总额达到 69.5 亿美元。从贸易结构方面,中国主要从刚果(布)进口原油、木材等原材料,而刚果(布)主要从中国进口工程机械、建筑材料、陶瓷材料、纺织服装等。两国在贸易合作中发挥了各自特点和潜力,实现了优势互补。另外,双方在金融、能源矿产、航空等新兴领域也陆续开展了合作,呈现多领域合作趋向。例如,在产能合作方面,刚果(布)作为中非产能合作示范国家之一,非常重视从中国吸取工业化发展经验。目前,黑角市经济特区是中刚两国产能合作重点项目。2016 年,刚果(布)总统萨苏与习近平主席在北京举行会谈时,习近平主席强调,"中方愿以支持刚果(布)开发黑角经济特区为龙头,加快两国产业对接和产能合作"②。该经济特区的建设将充分发挥刚果(布)作为产能合作示范国家的优势,并有力支持刚果(布)《2022—2026 年国家发展规划》③。刚果(布)所发布的《国家发展规划》旨在为经济包容性创造有利条件,促进经济多元化发展。该规划强调六大优先发展产业:大农业、工业、经济特区、旅游业、数字经济以及房地产。这些优先发展产业都是"一带一路"倡议的重要内容,可以说该规划与"一带一路"倡议内容有很强的互补性。除此之外,在"一带一路"倡议下,2019 年萨苏总统为中国黄金集团刚果(布)索端米公司的金属采矿选冶项目剪彩揭牌④。该集团于 2021 年生产出了刚果(布)历史上第一批锌,创造了约 1000 个工作岗位。2023 年,中国—拖刚果(布)农业装备组装工厂项目通过验收,使刚果(布)拥有了第一条拖拉机生产线。在金融合作方面,两国于 2015 年共同出资设立了"中刚非洲银行",被当地人民亲切地称为"刚果人第一家自己的银行",成为中非金融合作的亮点。时至今日,该家银行发展迅猛,且于 2017 年在第二大城市黑角开设首家分行。两国政府希望这家银行不局限于刚果(布),而是扩展到非洲的其他国家,推动其他非洲国家的金融服务,助力非洲工业化。

① 何鹏:《共同推动中刚经贸合作行稳致远》,载中国商务新闻网,https://www.comnews.cn/content/2024-02/22/content_37612.html. 2024-3-25。

② Xinhuanet,la Chine aidera la République du Congo à diversifier son économie. http://french.xinhuanet.com/2016-07/06/c_135492483.htm. 2024-6-21.

③ Gouvernement.cg.plan national de développement(PND) 2022—2026. https://gouvernement.cg/wp-content/uploads/2022/07/CSD-PND-2022-2026.pdf. 2024-6-21.

④ Rfi.le Congo inaugure sa première usine de polymétaux. https://www.rfi.fr/fr/emission/20191206-le-congo-inaugure-premiere-usine-polymetaux-soremi-mbandza.2024-6-21.

3. 中刚人文交流呈现欣欣向荣的景象

人文交流是中国与沿线国家共建"一带一路"的重要支柱,也是共同构建命运共同体的根基。中刚政府建交以来,双方高度重视文化、教育、医疗卫生等人文领域交流。近年来,在共建"一带一路"背景下,中刚人文交流也呈现了新的气象。过去十年,刚果(布)与中国一大批大学、中学、中资企业签署了合作协议,打造了多个教育合作平台。首先,马利•安恩古瓦比大学与济南大学于2012年合作开办的孔子学院、2019年河南省实验小学与刚果(布)冈波•奥利卢•革命中学开设的第一个孔子课堂,均已成为两国人文交流、文明互鉴的重要平台。孔子学院举办的各种文化活动,如剪纸、茶艺、功夫都受到了民众的广泛喜爱,加深了两国人民的相互了解。2019年,当地华侨创建了刚果(布)首家中文国际学校。截至2022年4月,刚果(布)共有22所公立中学及33所私立中小学开设了汉语课堂,而且汉语学习者数量在不断增长①。与此同时,两国政府加大了对人才培养的合作力度,刚果(布)教育部与中国长安大学、南京航空航天大学、中国路桥工程有限公司等高校与企业都签署了相关领域的人才培养协议。2018年,21名刚果(布)青年到广厦大学学习木雕技艺,成为浙江省首批木雕艺术类专业留学生。2024年3月,广厦大学和萨苏大学共建"中刚丝路学院",该学院将开展中文与职业技能培训和学历教育,有助于提升刚果青年的就业能力。此外,两国艺术团的互访也为双方人文交流注入了活力。例如,南京小红花艺术团和南京演艺集团分别于2014年和2019年赴刚访演。2024年2月,在中刚建交60周年招待会上,双方为纪念这一重要日子,邀请中刚友人共同表演,体验书法、剪纸等中国传统文化,受到中刚友人一致喜爱与热烈追捧,生动展现中刚文化交融和民心相亲。在医疗卫生方面,中国医疗队已被中刚政府称为"中刚友谊深化的见证者",见证了两国60年来的同舟共济,通过高水平医疗技术为两国人民之间架起了友谊的桥梁。2013年,习近平主席访刚期间,与萨苏总统共同为"中刚友好医院"剪彩,成为两国医疗合作的一个历史性时刻。目前,该医院不仅成为当地最受欢迎的医院,而且见证了不少感人故事。例如一位从难产中脱险的刚果产妇特地学唱中文歌,以表达对中国医生的感谢。从1967年至今,中国已向刚果(布)共派遣30批医疗队,为近500万当地民众提供诊治服务②。除

---

① 王永康:《刚果(布)中文教育新发展的契机与挑战》,《非洲语言文化研究》,2023(第4辑),第104页。
② Cgtn.com. la mission médicale Chinoise approfondit l'amitié Sino-Congolaise. https://francais.cgtn.com/news/2024-02-21/1760201811217940481/index.html. 2024-6-21.

了"中刚友好医院"之外,中国还援建黑角市的卢安吉利医院、奥往多医院等多个医疗设施。疫情期间,我们更看到中刚团结互助的坚定决心。中国连续向刚果(布)提供疫苗援助,派遣医疗专家,成为第一个向刚果(布)提供新型疫苗的国家。同时,黑角市政府为表达对友城苏州抗疫的支持也捐赠了一万只医用防护口罩。

4. 基础设施、农业合作继续深化

基础设施建设是中刚两国一直以来的合作亮点,也是共建"一带一路"的优先领域。近年来,随着"一带一路"倡议的推进,两国在基础设施方面的合作也迎来巨大机遇。刚果(布)虽然面临债务和经济困难,但政府在不断地加大对基础设施的投入,与中国开展了一系列重大合作项目。目前,中国建筑企业已成为刚果(布)基础设施建设的主力军,凭借质量过硬、性价比高等优势,在当地承包工程市场占据主导地位。2023 年,中资企业在刚果(布)新签合同额达到 31.1 亿美元,在全非排名第八名[1]。十多年来,中国企业先后建造完成了一批公路、桥梁、学校等重要设施,有效改善了刚果(布)设施联通状态,促进了互联互通。具有代表性的设施项目有国家一号公路(2016 年)、金德勒体育场(2015 年)、布拉柴维尔商务中心(2023 年)、新议会大厦(2021 年)等。其中,国家一号公路是连接首都布拉柴维尔市和经济首都黑角市全长 535 公里的要道,是两国建交 60 年以来最重要的基础设施合作项目之一,甚至被当地人称为"梦想之路"。这些新项目是目前中刚共建"一带一路"的重要成果之一。

农业作为两国的传统合作领域,在共建"一带一路"框架下,朝着全方位、深层次的方向不断拓展。首先,中国政府于 2008 年成立的刚果(布)农业技术示范中心,已成为传播中国先进农业技术的灯塔和刚果农业发展的引领者。该示范中心成立以来,中方多次派遣专家到刚果(布)开展有关蔬菜种植、木薯种植等技术培训班。截至 2023 年,中国热带科学专家在示范中心举办培训班 29期,培训 2200 多人[2]。示范中心因其丰硕成果多次受到刚果(布)政府的高度评价。正如 2023 年刚果(布)农业、畜牧业和渔业部部长保罗·瓦朗坦·恩戈博(Paul Valentin N'gobo)在接受新华社记者采访时表示,"中国是刚果(布)农业

---

① 何鹏:《共同推动中刚经贸合作行稳致远》,载中国商务新闻网,https://www.comnews.cn/content/2024-02/22/content_37612.html. 2024-3-25。

② Xinhuanet, de Haikou à Brazzaville, les experts agricoles chinois et congolais contribuent au développement de l'agriculture tropicale. http://french.news.cn/20230921/9ff754b3d29647a09d2c873bacee85a0/c.html. 2024-6-27。

发展可靠和值得信赖的伙伴"①。当年 11 月,刚果(布)农业部长恩戈博出席中非农业合作论坛期间赴广东河源方绿智慧无人农场考察,亲身感受中国无人化作业的运作,并与广东农业代表团签署合作备忘录。另外,为进一步推进刚果(布)甚至非洲热带农业技术发展,2023 年 4 月,中国热带农业科学院在刚果(布)建立首个海外科技中心。该院将以刚果(布)为中心,旨在提高非洲国家和地区农业产业质量,围绕木薯品种选育、蔬菜设施栽培加工等技术合作开展研发。2024 年 2 月,华中农业大学非洲科教示范基地揭牌合作协议签署仪式在刚果(布)首都布拉柴维尔成功举行。这些新的农业项目将在推动刚果(布)农业工业化及国家农业全面发展方面发挥重要作用。

三　刚果(布)政界、学界对中刚合作、
"一带一路"倡议的态度

自 2013 年"一带一路"倡议提出以来,特别是 2018 年非洲许多国家的踊跃参与,对非洲大陆产生了广泛深远影响,成为非洲各国关注的焦点。非洲国家包括刚果(布)在内,同意将"一带一路"倡议建设与非洲联盟《2063 年议程》进行对接,体现了非洲大陆对"一带一路"倡议的坚定支持,符合双方发展愿景。《2063 年议程》是非洲联盟(非盟)为非洲未来发展制定的长远规划,其目标是在 50 年内建成地区一体化与和平繁荣的新非洲,与"一带一路"倡议在内容、发展理念及发展诉求上基本一致。因此,中非共建"一带一路"有利于双方的发展,有利于非盟早日实现《2063 年议程》中各项目标。作为共建"一带一路"的积极参与方和重要合作伙伴,刚果(布)对此倡议高度重视。刚果(布)政要接受媒体采访时多次积极评价"一带一路"倡议,希望通过此国际合作新平台进一步深化两国在基础设施建设、经贸、教育、农业等全方位的合作。萨苏总统曾表示,"'一带一路'是一项伟大的工程,为世界提供了崭新的包容发展的新模式"②。中刚建交 60周年之际,萨苏总统在接受央视《高端访谈》专访时表示,"'一带一路'作为开放性平台,旨在通过基础设施建设加强各国人民之间的交流对话。在'一带一路'

---

① 史嵘:《专访:中国是刚果(布)农业发展的可靠伙伴——访刚农业、畜牧业和渔业部长恩戈博》,载中国一带一路网,https://www.yidaiyilu.gov.cn/p/02RHPKFH.html. 2024-3-20。
② 许可、林苗苗:《习近平会见刚果(布)总统萨苏》,载中华人民共和国中央人民政府网,https://www.gov.cn/yaowen/liebiao/202310/content_6910302.htm. 2023-11-5。

框架下,通过修建公路,我们将实现把'印度洋和大西洋连接起来'的项目"①。
同时,关于西方国家和媒体散播的"新殖民主义"等论调,萨苏总统表示,中国从
未在非洲殖民过,这样评价中国站不住脚,不公平。此外,刚果(布)基础设施国
务部长让·雅克·布亚(Jean Jacques Bouya)认为,刚果(布)之所以毫不犹豫地
加入"一带一路"倡议,因为该倡议对刚果(布)意义重大,有助于非洲经济一体
化,可以加强非洲内部贸易及中非与其他地区之间的贸易往来②。

随着近年两国合作不断深化,除了刚果(布)政界的积极评价之外,"一带
一路"倡议也引起了一些刚果(布)学者的高度关注。学者们在赞赏两国多年
来取得的丰硕成果之外,也指出合作中的缺陷。刚果记者、政治和经济分析家
阿尔丰斯·恩东戈(Alphonse Ndongo)认为,"如今刚果(布)的大部分基础设施
都是北京的功劳,无论是道路、体育基础设施还是行政大楼……抵达刚果(布)的
外国人可以看到刚果(布)两个主要国际机场的巨大变化:布拉柴维尔市的玛雅·
玛雅机场和黑角市的阿古斯·蒂诺托机场,都是这合作的真实展示"③。2015 年
4 月,学者以马内利·奥卡班(Emmanuel Okamba)发表的文章《中刚经贸合作:
双赢游戏?》(*La cooperation économique Sino Congolaise:un jeu gagnant-
gagnant?*)中,认为刚果(布)从中刚经贸合作中受益但需要进一步加强技术转
让。两国之间的合作缺乏深度的技术转让,造成刚果(布)对中国在技术方面的
依赖,这不利于双方合作进行基础设施建设的可持续性④。此外,近十年里,特
别是 2014 年的国际油价下跌和 2020 年的疫情影响,加重了刚果(布)欠中国的
债务程度,这令学界担忧。2020 年,刚果(布)对中国债务约为 20 亿美元(占刚
果外债的三分之一),其中对中国企业债务达 4.4 亿美元。为此,中刚两国通过
谈判分别于 2019 年和 2021 年签署两项债务重组协议,重新调整贷款还款时间,

---

① Agence d'information d'Afrique central. Coopération:Denis Sassou N'guesso porte un regard positif sur la relation entre la Chine et le Congo. https://www.adiac-congo.com/content/cooperation-denis-sassou-nguesso-porte-un-regard-positif-sur-la-relation-entre-la-chine-et.2024-6-25.

② Vox tv, Célébration des 60ans d'établissement des relations diplomatique entre la Chine et le Congo. https://www.youtube.com/watch?v=NWDSC0kFwNI&ab_channel=VOXTV. 2024-6-25.

③ Rfi, Le Congo-Brazzaville et la chine célèbrent les 60ans de leur coopération. https://www.rfi.fr/fr/podcasts/afrique-économie/20240407-le-congo-brazzaville-et-la-chine-célèbrent-les-60-ans-de-leur-coopération. 2024-6-25.

④ Agence d'information d'Afrique central. La coopération économique sino-congolaise:un jeux gagnant-gagnant?. https://www.adiac-congo.com/content/la-cooperation-economique-sino-congolaise-un-jeu-gagnant-gagnant-30463. 2024-6-24.

旨在使刚果(布)对中国的债务具有可持续性,维持两国的积极经济合作。这些协议的签署使刚果(布)能够有更多资源来面对国内发展需求,并消除与国际货币基金组织建立良好关系的障碍。2022年,刚果(布)马利·安恩古瓦比大学教师朱利安·博克罗(Julien Bokilo)发表《中刚伙伴关系在过度负债危机下的发展》(*Les évolutions du partenariat sino-congolais face à la crise de surendettement*)一文。朱利安认为,中国政府(及私人债务权人)在改善刚果(布)债务的可持续性和促成刚果(布)与国际货币基金会组织达成新协议方面发挥了重大作用。2021年,刚果(布)债务总额降至GDP的84%,国际货币基金组织批准在扩大信贷机制下向刚果(布)提供4.55亿美元的援助,以帮助刚果(布)在疫情背景下维持宏观经济稳定并促进经济复兴。同时,近年来刚果(布)所面临的债务问题,使中刚两国重新调整其伙伴关系的发展方向,将围绕建立公私伙伴关系和经济特区两个方向[1]。也有学者认为,刚果(布)在与中国发展合作关系过程中必须加强经济多元化建设。2017年,马利·安恩古瓦比大学经济学院教师哈伊萨·朱维特·桑巴·齐图(Raïssa-Juvette Samba Zitou)发表《中国经济放暖对刚果布拉柴维尔经济的影响》(*Impact de la décélération de la croissance chinoise sur l'économie du Congo-Brazzaville*)一文。文章指出,中国经济放缓在一定程度上对刚果(布)经济增长产生影响。因此,刚果(布)政府必须实现经济多元化,并发展一种以原材料以外的产品出口为基础的工业化模式,同时应有效地利用中国的直接投资来促进经济的工业化。事实上,各种统计数据表明,中国的投资仍然是刚果(布)重要而稳定的资本来源。对刚果(布)而言,通过良好的经济和社会治理,中国的直接投资有可能为刚果(布)的可持续发展作出贡献[2]。

四　中刚在中非合作框架下共建"一带一路"倡议的重要意义

随着社会的进步与全球化的加速,发展经济成为各国追求的目标之一。同时,当前世界也面临着不同的挑战,如贫困、经济危机、气候变化、战争等。历史

---

[1] Julien Bokilo Lossayi, "Les évolutions du partenariat sino-congolais face à la crise de surendettement", *Notes de l'Ifri*, no.34(2022), p.25.

[2] Raïssa Juvette Samba Zitou, "Effets de la décélération de la croissance chinoise sur l'économie du Congo Brazzaville". *Annale des Sciences Économiques et de Gestion*, vol.17, no.1(2018), p.8.

已证明,各国只有通过对话、共同合作,共同承担责任,才能有效应对这些挑战,共创美好未来。"一带一路"就承载着这一使命。"一带一路"作为国际合作新平台,追求的是共商共建共享和共同发展,特别符合国际社会发展的根本利益。2019年,习近平主席在第二届"一带一路"国际合作高峰论坛上表示,"共建'一带一路'应潮流、得民心、惠民生、利天下"①。可以说,这句话充分体现"一带一路"的丰富内涵和共同发展理念。十年来,"一带一路"倡议在非洲大陆的实施,极大推动了中非各领域合作,取得了丰硕成果。这些看得见摸得着的成果,证明了"一带一路"是非洲乃至世界各国的未来之路,繁荣之路。因此,该倡议对中非和中刚关系的可持续发展具有重大意义。

首先,刚果(布)与中国携手共建"一带一路",可以加快刚果(布)基础设施的互联互通。多年来,虽然非洲大陆在中非合作论坛的引领下,修建了许多大规模的基础设施,比如公路、港口、医院和桥梁等,但非洲基础设施整体水平仍相对落后,还处于短缺状态。据非洲开发银行(Banque Africaine de développement)估计②,到2025年非洲大陆的基础设施融资需求将达到每年1700亿美元,预计每年赤字约为1000亿美元。因此,非洲国家对基础设施建设有着巨大的发展需求。2020年非洲开发银行公布非洲基础设施发展指数③。在54个非洲国家中,刚果(布)才排在第32位。基础设施是"一带一路"的重要内容与亮点,刚果(布)可以抓住此倡议的机遇,进一步促进基础设施建设,提高刚果(布)人民的生活水平。正如2023年9月刚果(布)经济和财政部部长(Jean Baptiste Ondaye)在出席中刚非洲银行营业剪彩仪式时表示,"基础设施方面的短板制约了非洲多国发展,'一带一路'聚焦设施互联互通,各国共建'一带一路'有助于缩小基础设施鸿沟"④。基础设施的完善,可以为刚果(布)吸引更多的外国投资和技术并改善商业环境。同时,刚果(布)拥有的巨大基础设施市场,也为中国对外承包工程行业带来新机遇。

其次,通过共建"一带一路",刚果(布)可以加快各领域的工业化进程,促进

① 习近平:在第二届"一带一路"国际合作高峰论坛记者会上的讲话,《人民日报》,2019年4月28日,第002版。

② Africanews,infraweek 2021:comment booster les infrastructures en Afrique?. https://fr.africanews.com/2021/10/05/infraweek-2021-comment-booster-les-infrastructures-en-afrique/. 2024-6-10.

③ Banque africaine de développement,Indice de développement des infrastructures en Afrique(AIDI)2020. https://www.afdb.org/fr/documents/bulletin-economique-indice-de-developpement-des-infra-structures-en-afrique-aidi-2020. 2024-6-10.

④ 史彧:《刚果(布)官员称赞"一带一路"倡议能让各国受益》,载中国一带一路网,https://www.yidaiyilu.gov.cn/p/0PTBGU01.html. 2024-6-10。

经济增长。目前为止,刚果(布)的工业化水平比较低,大部分产业处于起步阶段。虽然刚果(布)拥有丰富的原材料,但因缺乏技术和产业链,这些材料只能出口,无法在当地加工。通过提高工业化水平,刚果(布)可以进一步消除贫困,为年轻人创造更多的就业,并且带动经济增长。工业化是非洲国家包括刚果(布)在内实现经济多元化的基石。同时,非洲国家的工业水平现状,为中国向海外转移制造业提供机遇。

最后,共建"一带一路"可以深化中刚人文交流,促进民心相通。"一带一路"倡议的目的,不仅仅是通过互联互通拉紧中国与沿线国家的交流与合作,也旨在促进各国之间的文化交流、文明互鉴。目前来看,在中非合作发展过程中,人文领域与其他领域如政治、经贸相比相对滞后,有比较大的发展空间。中刚两国都具有丰富的优秀传统文化,例如中国有中医、书法、戏剧,而刚果(布)也有丰富的木雕、舞蹈、鼓等独特的文化遗产。在此倡议下,双方可以通过加强教育合作、文化代表团互访、艺术团演出、旅游等,促进两国人民的友谊与相互了解,激发双方文化创新和创造力。

总而言之,"一带一路"是中国在面对复杂的国际形势下提出的重要发展倡议,注重与各国共同商量交流,为世界所面临的挑战提出有效的解决办法,具有深远意义。中刚在中非合作框架下共建"一带一路",有利于促进中刚政治、经贸、卫生等领域合作的持续发展,推动两国的全面战略合作伙伴关系走深走实。相信下个十年,中刚在共建"一带一路"框架下,将取得更多新的历史性成就,造福两国人民。

结　语

中刚两国建交以来,一直保持着密切友好关系,在相互尊重、平等互利等原则的基础上,进一步发展。在新世纪,双方的合作展现出新面貌,进入黄金时期与成熟时期,合作形式与领域进一步扩大,在政治、经贸、农业等领域的交流合作不断深入,成绩斐然。"一带一路"作为中国与沿线国家共同发展的新平台,符合中刚两国共同发展需求,致力于推动经济增长和可持续发展。因此,双方应充分利用好此平台,实现共同发展目标,构建更加紧密的中刚命运共同体。中刚两国在各个领域还有巨大的合作空间,如农业、矿业、金融、能源都需要进一步加强合作。中国政府目前实行的产能合作政策,将为刚果(布)在实现经济多元化的道路上起关键作用。

CAN NIGERIA BE THE CHINA OF AFRICA?
尼日利亚能否成为非洲的"中国"?[①]

楚库马·查尔斯·索卢多 赵文杰 译
汤 诚 校[②]

一、 前言

　　我很高兴应邀在大学创校日发表演讲,感谢贝宁大学理事会、副校长和管理层给予我的荣誉。据我所知,这所大学最初成立于 1970 年,这一年是尼日利亚历史上具有分水岭意义的一年:内战结束,统一的尼日利亚重燃希望。1975 年,联邦政府接管了这所大学。这一年也是第一次石油繁荣的高峰期,随之而来的是建设与重建热潮,因此贵校是建立在对尼日利亚的希望和乐观之上的。作为希望之子,贝宁大学的建立就是为了巩固和推动这一希望。迄今为止,我们在实现这一希望的过程中所经历的坎坷历史广为人知。

　　创校日盛典为我们提供了这样一个机会:我们可以对大学创始人的梦想和愿望提出更深层次的思考,对迄今为止的历程进行自我评估,同时展望未来。概括地说,这就是我此次演讲的最终目的。创始人建立该大学的目的之一是帮助尼日利亚摆脱不发达状态。我想重点谈谈迄今为止在这方面所走过的历程。在此过程中,我以中国为喻来阐述尼日利亚未来的挑战问题。

　　有人可能会问:为什么选择中国? 其他人也可能会问:以中国为标杆不是一厢情愿吗? 我的快速应答是:为什么不可以? 模仿或以"最佳实践"为标杆已成

[①]　本文为尼日利亚中央银行行长楚库马·查尔斯·索卢多教授(Chukwuma C. Soludo),于 2006 年 11 月 23 日在尼日利亚贝宁大学创校日上的演讲。

[②]　赵文杰,上海师范大学非洲研究中心博士生;汤诚,上海师范大学图书馆副研究馆员,非洲研究中心博士。

为一种主要的管理技巧。这种现实的方式可以不断提醒自己：你所处的位置和你需要达到的位置之间存在差距，因此需要努力缩小或消除差距。俗话说，如果你想落到伊罗科树（即非洲柚木）上，你就必须瞄准月亮。无论如何，这一演讲既然在大学进行，那就没有比这更好的地方来追求卓越、憧憬美好、逐梦理想了，而这恰恰是大学教育的本质所在。

正如我将在本演讲中表明的那样，用中国来比喻尼日利亚可能并不完全是一个梦想。这两个国家之间有很多相似之处，也有很多不同之处。中国是世界上人口最多的国家，而尼日利亚是非洲人口最多的国家，实际上也是世界上人口最多的黑人国家。三十年前，没有人给中国机会。而尼日利亚直到最近也情况类似。近年来，中国已经成为世界经济中广受赞誉的经济体，而且似乎将不可阻挡地成为本世纪最大的经济体。高盛经济研究部近期的一系列研究（参见《全球经济研究报告书》第99、134、149号）表明：中国预计将在2025年成为世界第二大经济体①，到2050年成为全世界最大的经济体。另一方面，尼日利亚预计将在2025年成为第20大经济体（领先于埃及、孟加拉国和其他国家），到2050年可能成为世界第12大经济体，排在韩国、意大利、加拿大等国之前。对尼日利亚的预测是基于对尼日利亚初始国情（国内生产总值，发展环境指数）的保守统计。许多分析家肯定会惊讶地看到，在未来几十年将出现并影响全球经济的几组新经济体中，尼日利亚被列入继金砖四国（巴西、俄罗斯、印度和中国）之后的"未来11国"集团。对尼日利亚的发展前景评级高于南非、埃及和其他非洲国家。

本次演讲的动机即在于此。中国成为潜在的最大经济体（尽管按照华盛顿共识来看，中国做了所有"错误的事情"，并拥有"共产主义"政权——而不是西式民主）对许多人而言是一个"惊喜"。中国可能会领先于所有的亚洲四小龙，包括日本、韩国等国家。问题在于，尼日利亚是否会成为全球经济增长故事中的"下一个惊喜"——从一个濒临崩溃的国家脱颖而出，不仅成为非洲最大的经济体，而且在2050年超越韩国、意大利、加拿大等国成为世界第12大经济体？具体就尼日利亚而言，高盛的《全球经济研究报告书》(2005：11)指出，"尼日利亚的地位特别凸显，如果它要真正实现2050年新预测中所述的潜在增长，就需要进行大量的工作"。因此，问题不在于尼日利亚是否有潜力成为像中国一样的"下一个惊喜"，而在于它是否能做到为实现该目标所需的一切而工作。换句话说，尼日

---

① 译者注：中国已于2010年成为世界第二大经济体，比高盛预计提早15年。

利亚似乎注定要成为伟大的国家,但它是否能实现以及何时实现这一目标仍然是个悬而未决的问题。在这个简短讲座的剩余部分,我打算引发对未来道路的讨论,而不是提供所有的答案。我的重点并非要用详细的历史分析来烦扰你们,以期说明尼日利亚和中国之间的相似点和不同点。当然,没有两个国家是相同的,但是,尽管存在差异性,许多国家在经济发展方面正在趋同。我的演讲目标是要挑战你们所有人——饱学之士们、男政治家们以及女政治家们——请你们认真对待这所大学的创始人的宏大梦想,并在尼日利亚的复兴历程中帮助国家进行深度思考。

讲座的其余部分安排如下。我将在第二节简要介绍中国近期的改革经验。在第三节中,我们将对尼日利亚最近的改革、成果及有关问题进行概述。讲座第四节将引发关于新的思维方式的讨论,这种思维方式肯定是尼日利亚走向"下一个惊喜"的基础。第五节则会对讲座进行总结。

二、 中国崛起成为世界经济的"意外之喜"

中国是世界上最古老的国家之一,拥有悠久而曲折的历史。几个世纪以来,中国一直是东亚地区的主导文明。从公元前 2070 年的夏朝到 1911 年中华民国成立和清朝终结,其间存续多个王朝统治中国。中华民国一直存在到 1949 年,当时共产党战胜了代表资本主义的国民党集团。从 16 世纪葡萄牙人占领中国澳门开始直到 1949 年,中国一直被暴力、内战、侵略和军阀统治所破坏。从 1949 年到 1979 年,中国在共产主义的生产和分配模式下尝试了不同的发展模式,随后于 1979 年开始进行市场经济的"渐进式"改革。对于那个时代对今天所见结果的作用,经济学家并未达成共识:有些人认为中国近期表现的"基础"是在共产主义时代奠定的,而其他人则认为那是中国失去的几十年。这场争论困扰经济史家们很长时间。

中国拥有 13 亿人口,占世界总人口的 20%,是世界上人口最多的国家。尽管先后颁布晚婚政策和独生子女政策,中国每年也将增加约 1200 万新生人口①。中国已经有意将其人口增长率从 20 世纪 50 年代的 6.2% 降至 2005 年的 1.7%。汉族人口占中国总人口的 90% 以上,但还有 50 多个其他民族。1949 年

---

① 译者注:本文发表于 2006 年,中国人口形势已与当时大相径庭,提请读者注意。

时,中国受教育人口仅为 20％,但共产党政府建立了全民公共教育。通过设立"冬季学校"使主要从事农业的人口在非农期间得以上学。到 2005 年,中国人口的识字率已经上升到了 87.3％。

直至近期,中国的经济仍以农业经济为主。它有意识地努力为其不断增长的人口创造一个制造业基地。但到目前为止,中国社会主要是农村社会:有略高于 60％的人口居住在农村地区①。初级产品、电力、食品等的人均消费增长速度高于经济增长速度。中产阶级的增长速度处于高位。这使得中国成为初级商品出口增长最快的市场之一。

必须指出的是:1979 年之前的共产主义时代以一系列改进生产制度、减少浪费和刺激发展的试验为标志,并取得了不同程度的成功。1978 年,该政权采纳了一项解决经济系统性失衡的方案,其所采取的改革方式反映了中国的初始国情。首先,当年的国内生产总值增长率约为 12.3％,因此并没有给人留下社会主义政权彻底失败的印象。中国的改革以相当渐进的方式开始,仍然推崇社会主义模式,没有任何明确既定的快速向市场经济过渡的计划。

它的改革之路是适应性的,而非深思熟虑的,因为它经历了一条漫长的调整改革目标的道路:从"计划经济与一定的市场调节",到"计划和市场相结合",再到"社会主义市场经济"。"双轨制"始于城市改革和非国有部门的改革试验。指导这一进程的是实用主义,而不是任何深思熟虑的计划。这是一种"不鼓励、不禁止"的制度。一些市场被放开,允许以市场价格出售产品,但出售给国有企业要采用管制价格。钱(2003)试图表明,看似杂乱无章的改革实则有一些方法。例如,他认为这种方法背后的一个重要逻辑是,改革需要提高效率,但同时又要符合统治阶级的重要利益。他认为,"双轨制的第一层含义是政治性的:它代表了一种在不产生输家的情况下实施改革的机制。市场路径的引入为参与其中的经济主体提供了更好的机会;而计划路径的维持则提供了隐性转移,通过保护现行计划下的既得利益来补偿市场自由化的潜在损失者"。

但是,非国有部门所取得的成功提高了公众对市场进行更多改革的热情。换句话说,我们可以这样认为:中国接受市场经济改革并不是出于深思熟虑的计划,而是从经验中认识到没有比这更好的选择。国有企业的私有化随之而来。工资被解放出来。外国投资受到鼓励。从 1990 年开始,建立了六个经济特区以

---

① 译者注:据国家统计局公开信息,至 2023 年末,中国的常住人口城镇化率已达到 66.16％。

吸引外国投资，其中之一是上海浦东新区。在农业方面，引入了家庭联产承包责任制，授权农民在市场上出售他们的剩余农产品以获取利润。更重要的是，政府对教育和技能发展给予了高度重视。义务教育年限延长至 10 年。1978 年至1998 年间，中国的高等院校数量增加了两倍，从 598 所增加到 1984 所。中国向市场经济的转型随着每一次的成功而得到加强，其积极的出口导向在 2001 年加入世贸组织时达到顶峰。

中国的改革成果令人印象深刻。中国已经从灾难性的文化大革命中走了出来。在改革之前，中国是一个贫穷的国家，人口过剩，人力和自然资源短缺，还受到敌视市场的意识形态的制约。中国今天的情况却大不相同。1988 年，中国的GDP 不到俄罗斯的一半，但十年后变为俄罗斯的 GDP 不到中国的一半。中国已经从一个不发达国家转变为一个中等收入的新兴市场国家。到 20 世纪 80 年代，中国满足了其粮食需求。中国现在是世界第六大经济体，GDP 总量超过 1.7万亿美元①。这一数值约占世界贸易额的 6%。

在新兴市场中，中国拥有规模最大的外国直接投资，2002 年为 527 亿美元。从 1997 年到 2002 年的均值而言，中国占发展中国家外国直接投资总额的32.5%，占整个亚洲的 55.5%。2003 年，中国大约 45% 的出口是由外国资金和资本带来的。中国是仅次于美国和欧洲的第三大贸易集团。2004 年，中国市场占世界贸易增量的 20% 以上。

当然，中国正在崛起，并且似乎势不可挡。然而，应该注意的是，尽管中国取得了巨大进展，但仍然存在许多挑战。这些挑战导致许多人质疑中国转型的可持续性。例如，岳（2003：14）阐述了中国挥之不去的挑战，包括：国有企业改革，持续增长的高失业率，日益增加的公司治理问题，以及非国有企业的待遇等。与金融自由化有关的问题是：银行部门、保险和金融部门、汇率、利率和信贷供应的持续改革。为了使贸易自由化可行和可持续，中国需要根据国际经济法通过有效的法律，以应对不断增长的贸易关系和新的经济安排。随着中国的比较优势逐渐从农业转移，进一步的问题仍然存在，涉及农村以及现在的城市贫困问题，以及与此相关的收入不平等问题。

总之，持续存在的挑战可以概括为如下方面：

① 译者注：此处原文有误。该文发表的 2006 年中国是世界第四大经济体，经济总量仅次于美国、日本和德国。即使引用 2005 年数据，中国 2005 年为世界第五大经济体，经济总量为 2.29 万亿美元，以下数据与现实不同处，均请读者留意甄别，不再一一标注。

——要素价格改革,包括劳动力市场、利率和原材料价格;

——国有企业的所有制改革,包括国有银行;

——政府改革,包括改革财政制度和货币政策的使用;

——失业、剩余劳动力、流动不畅;

——城乡移民,城乡收入差距;

——缺乏社会安全网,包括卫生、养老金、住房、失业;

——具备法律,但执行不力,法律体系不健全,尤其是执法方面;

——大量不良贷款,中小企业信贷受限;

——环境恶化;

——艾滋病发病率等。

在某些方面,许多尼日利亚人可能认为这些挑战在尼日利亚同样存在。这可能表明,即使面临许多艰巨挑战,也有可能取得重大进展。发展终究是一个过程,而非终点。

三、 尼日利亚的改革、成果及未竟事业

众所周知,尼日利亚一直是一个自相矛盾的国家。这是一个拥有丰富自然资源和人力资源的国家,但在其独立后的前四十年里,这些潜力在很大程度上仍未开发,甚至管理不善。

尼日利亚人口估计约为 1.4 亿,是非洲最大的国家,占世界黑人人口的六分之一。尼日利亚是世界第八大石油生产国,拥有世界第六大天然气储量。目前,仅有 40% 的可耕地在耕种。100 多所高等教育机构每年培养 20 多万名毕业生,具备发展所需的基本人力资本。拥有大量的固体矿藏,但在很大程度上仍未开发。据估计,约有 1700 万尼日利亚人生活在尼日利亚境外,其中数万人是世界级的医生和其他专业人士。在这些资源中,尼日利亚(平均而言)在 1999 年之前的这段时间内一直停滞不前。贫困状况持续恶化,到 1999 年,贫困发生率估计为 70%。

一个经典案例是将尼日利亚与印度尼西亚甚至是马来西亚进行比较,这能凸显出我们的不幸程度。到 1972 年,在尼日利亚和印度尼西亚出现第一次石油繁荣之前,这两个国家几乎在所有方面都具有可比性:农业社会、多族裔和宗教社会、GDP 规模相当等等。两国都经历了 1973 年及以后的石油繁荣,但却采取

了不同的政策选择。政策制度差异的结果是：现在印度尼西亚的制成品出口占出口总额的百分比约为40％，而尼日利亚的这一比例还不到1％，这就是我们在20世纪70年代的真实情况。我们听说马来西亚是如何在20世纪60年代初从尼日利亚获得第一批棕榈树幼苗的，当时油棕榈产品已经成为尼日利亚的主要出口产品。在20世纪90年代，据说马来西亚出口棕榈油产品的收入超过了尼日利亚出口石油的收入。这真是个悲剧啊！相比之下，国际社会出现了两个品牌名称来定义尼日利亚：419诈骗和腐败。因为透明国际一直将尼日利亚列为第一或第二个最腐败的国家。在国际关系中，尼日利亚实际上是一个被抛弃的国家。在经济方面，20世纪90年代的十年经历了GDP平均增长率为2.8％——与人口增长率（2.83％）差不多。这意味着，按人均计算，20世纪90年代的十年间GDP增长率为零，难怪贫困发生率会恶化至70％。整个基础设施处于危机状态，一个至少需要5万兆瓦时的国家的发电量只能勉强达到1700兆瓦时，更不用说破旧的交通基础设施和新生但脆弱的金融系统不适应社会经济转型的要求。失业和贫困是经济的两面性。自20世纪70年代以来，实际工资急剧下降，直到2000年工资上涨，这一趋势开始有所逆转，但仍未恢复到70年代中期的实际水平。由于大学系统的特点是罢工的日子多于上课的日子，因此教育系统陷入瘫痪。无法无天的现象在各个层面都普遍存在，几十年来治理和社会各方面的军事化造成的有罪不罚文化支配着我们的心灵。这的确是一个"无所不能"的环境。人民因对政府和政府人员的冷嘲热讽和不信任而变得萎靡不振——这是人民多年来看到政府系统性欺骗他们的结果。正如已故的皮乌斯·奥基博（Pius Okigbo）曾经指出的那样，社会经济环境是一个召唤社会革命的环境，而不是一个准备好进行工业革命的环境。这是我们的过去，在对未来的任何分析中，保持对我们所处环境的客观判断非常重要。

自1999年新的民主体制以来，更重要的是自2003年以来，我们一直在全力以赴（在联邦政府一级）扭转这一趋势，并为尼日利亚实现其潜力和加入第一世界经济体系奠定基础。我的感觉是，在尼日利亚没有多少人（包括那些政府官员在内）能充分意识到体制崩溃的程度。在许多情况下，这就好比从零开始重建一个社会。毫无疑问：在旧秩序中，一些人（尤其是寻租者）能赚到很多钱，并从混乱中获利。而要想取得进步，这个阶层要么被连根拔起，要么被取代，要么被补偿让位。无论通过哪种方式，他们都不会不战而降。目前，新旧秩序的冲突持续存在，根深蒂固的"一切照旧"派用双手争夺国家和社会机构，他们将其作为一种机制,以恢复对他们来说相当于"美好旧时光"的生活。尼日利亚并不特殊:历史上每个处于相似位置的社会都面临着相似的挑战。

在我们这样一个新生的民主国家,尤其是一个缺乏明确意识形态取向的国家,个人的作用是巨大的。政府中出现的领导层的素质和特征决定了社会的发展轨迹。然而,随着时间的推移,唯有制度才能维持变革。奥巴桑乔总统的为人、信念和对尼日利亚项目的承诺对于确定领导道路和领导一场为尼日利亚的社会经济转型奠定基础的成功战争至关重要。

新经济的国家征程体现在奥巴桑乔题为"国家经济赋权和发展战略"(NEEDS)的社会经济转型议程中,该议程侧重于四个关键目标——减少贫困、创造就业机会、创造财富和重新定位价值。联邦政府还协助各州制定了《州经济赋权和发展战略》(SEEDS),尼日利亚的每个州都有自己的改革方案。迄今为止,联邦方案和一些州之间的成果差异在于是否有效执行。《国家经济赋权和发展战略》的经验表明:如果制定了一个强有力的计划,并且能有效地实施,就能取得预期成果。

由于篇幅和时间的原因,我无法详尽论述迄今为止所取得的进展,这些进展为继续转型奠定了坚实的基础。首先,国家的几个关键机构正在重建。军队再次转型(以摆脱政客的影响),并集中精力完成其主要任务。几名腐败的法官失去了工作,司法机构正在逐步进行改革。经济和金融犯罪委员会(EFCC)、独立腐败行为委员会(ICPC)的成立及其活动发出了一个强烈的信号,即再也无法一切照旧。国民议会颁布了一些具有里程碑意义的立法,从根本上改变了我们的经济史进程——《能源改革法案》(Energy Reform Bill)、《反洗钱法》(Anti-money Laundering Act)、《基础设施提供方面的公私伙伴关系》(Public-private Partnership in infrastructure provision)、《养老金改革法案》(Pension Reform Act)、《债务管理办公室法》(Debt Management Office Act)、《私有化法》(Privatization Act)等等。还有几项重要的立法有待议会通过,如采购法案(the Procurement Bill)、尼日利亚中央银行/银行与其他金融机构法案(CBN/BOFIA Acts, Banks and Other Financial Institutions Act)、采矿改革法案(Mining reform Bill)、财政责任法案(Fiscal Responsibility Bill)等等。联邦公共服务正在进行改革,在公共采购中引入和实施"正当程序"为政府节省了1000多亿奈拉。由于大多数法律-机构基础设施都需要改革,目前政府正在努力进行国家法律改革。港口和海关正在进行改革,海事部门得到加强。

从根本上改变了经济态势的几个里程碑式的成功事例包括：银行业和电信革命、债务减免(消除了尼日利亚300亿美元的外债)、平稳健康的宏观经济环境、私有化计划、解除对下游石油部门的管制、农业和卫生方面的根本性部门改革、稳定的汇率制度和不断增加的外汇储备(在向巴黎俱乐部债权人支付124亿美元后，从1999年的49亿美元增加到今天的约410亿美元)。尼日利亚已经从反洗钱金融行动特别工作组(Financial Action Task Force on Money Laundering, FATF)的名单中除名；尽管人们对腐败的认识存在长期的滞后性，但尼日利亚的腐败评级也有了显著提高。我们的主权信用风险评级(尼日利亚的首次评级)是BB——巴西等国的评级也是如此。三年来，终结期通货膨胀率一直保持在10%左右，今年到目前为止，有几个月还下降到个位数。与20世纪90年代的增长率(2.8%)相反，2003年以来的平均增长率为7.4%，我们的目标是将增长率提高并保持在10%或以上。国家统计局最新的家庭调查表明，贫困发生率已从1999年的70%大幅下降到2004年的54%。截至1998年，由于外国投资人从尼日利亚撤资，非石油部门的外国直接投资为负数。今天，这种外国直接投资每年达到数十亿美元。在2005年，仅银行业就获得了约6.5亿美元的投资。这意味着尼日利亚的经济正在发生根本性的变化，世界其他地区正在注意到这一点。从认为尼日利亚是一个没有希望的国家，到现在越来越多的人认为尼日利亚是首选投资目的地。

对基础设施的大规模投资已经开始显现出适度的成绩。二十多年来第一次出现了对电力行业的巨大而持续的投资(全国发电量比1999年增加了一倍多)。私人投资者和州政府也在参与发电厂的建设。修复铁路系统的计划正在制定，公路改建也在计划之中。

过去几年中已取得的快速成功和奠定的坚实基础，使许多分析师(包括高盛)预测，尼日利亚可能在未来几十年内成为全球20大经济体之一。奥巴桑乔总统则描绘了到2020年尼日利亚将跻身世界20大经济体之列的愿景。这一点值得注意：几年后，对尼日利亚的悲观情绪将让位于对加入新兴工业化国家联盟的乐观情绪。只要目前的改革方案能够持续下去，尼日利亚人也将保持这种乐观心态。

然而，未来的挑战是巨大的。克服四十年来的衰退，加入发达经济体的精英俱乐部将需要所有尼日利亚人和我们的发展伙伴投入精力。我们仍有巨大的基础设施缺陷需要解决；生命财产不安全问题也有待解决；我们需要应对因人口结构和基层政府发展失败而造成的巨大城市失业浪潮;提供住房和抵押贷款系统;解决教育危机并迅速扩大科技规模;继续提升我们的农业生产能力;促进与世界其他地区的贸易和一体化;大幅降低经营成本并建立竞争优势。最根本的是,我们需要建立一种社会经济和政治制度,保障所有人都享有平等机会和发言权——这是一种竞争和公平的制度。在这个制度中,每个人都有在生活中取得成功的一切机会。我们仍需应对族群分裂与宗教冲突,以及少数族裔民兵组织的煽动。这些挑战不可能在一天之内解决。要建设这样一个非洲超级大国,需要我们数年的共同努力。

四、 打破壁垒: 成为下一个中国的前进之路

社会经济转型的历史充满"惊喜"。帝国和文明曾在许多意想不到的地方崛起。就在 20 世纪 50 年代初,包括韩国、新加坡和马来西亚在内的亚洲国家被经济学家们描写为近乎无望的国家,而非洲由于自然资源禀赋则被预测会发展得更快。其余实际发生的事情现在已经成为历史。国家或帝国的兴衰一直是许多研究者好奇的课题。在许多情况下,分析家们从未能够提前(比如几十年)预测哪些国家会兴起,哪些国家会灭亡。通常情况下,成功的故事是在事实发生后被记录下来的,无论它们做了什么或没做什么,都会被作为"成功因素"而备受推崇。最近关于如何解释东亚四小龙优势的辩论(有人认为它们遵循了典型的华盛顿共识式政策,而其他人则认为它们之所以繁荣是因为它们做了相反的事情)就是一个典型的案例。中国就是当下的一个例子。布兰查德和菲舍尔(1993)问道,"在缺乏被认为是增长的必要条件的情况下",中国为何能发展得如此之快?

按照我们经济学家的标准思维方式,增长的直接决定因素是劳动力、物质资本、人力资本和生产率。要素积累和生产率的变化是内生的,取决于技术、配置效率和激励机制的改进,而这些因素本身可以由制度来塑造。经济学家们似乎认为,一旦他们解释了要素积累背后的因素以及支撑要素积累的制度动力,他们就可以大谈特谈经济增长。近年来,这种"正确的制度"被认为是围绕民主化、法治和确保产权安全进行的。作为一名经济学家,我必须承认,我们的预测在一些情况下被证明并不十分准确,中国在许多方面仍然令人费解。根据钱颖一(2003:331)的说法,中国转型的一个显著教训是:"适用于发展中国家和转型经济体的非常规解决方案通常来自与经济有利害关系并了解其自身初始国情和历

史的人。"这一教训可以总结亚洲、拉丁美洲和欧洲大多数成功转型和新兴市场经济体的近期经验。在这些经济体中，没有一套标准的政策能产生同样的结果。然而，这并不意味着对于能够刺激和维持增长的最低条件没有公认的智慧。换句话说，这并不意味着在任何情况下都可以实现持续增长。问题是，就个别国家而言，尽管经济学家可以根据一些基本原则来解释经济增长，但在总结众多因素的回归方程中，往往仍有大量"无法解释的"残差——有形的和无形的，如技术、冲击、运气、制度、领导素质、文化等。而这些因素中有许多是定性的，经济学家很难衡量和预测。这也许可以解释为什么近期历史上的几次增长事件在经济学家看来是"出乎意料的"——在最意想不到的地方和时候发生。换句话说，问题可能不在于分析家们在这些重要的残差发生时没有看到它们，而是他们往往无法恰当地解释这些残差对经济增长动态的影响，从而导致了"惊喜"。我们这里的论点是，尼日利亚即将成为这样一个"惊喜"，本节的其余部分将引发辩论。

尼日利亚能否超越高盛的增长预测？
考虑可能的增长潜力。

仔细阅读高盛的研究和预测表明，对尼日利亚经济增长的预测以尼日利亚初始国情的保守统计数据为基础。例如，增长预测假设尼日利亚 2005 年的 GDP 总量为 940 亿美元，而根据国家统计局的数据，2005 年的实际 GDP 为 1130 亿美元；尽管该研究假设平均增长率为 5.1%，但 2003—2005 年期间的平均增长率为 7.4%，非石油部门的平均增长率则超过 8%。因此，如果使用实际的初始统计数据，预测的结果显然会更好。

此外，很明显的是尼日利亚有几项增长潜力，如果得到刺激，可以像中国在过去 20 年中所经历的那样，在一段持续的时间内将增长率推高至 10% 或更高。例如，尼日利亚有很大一部分生产性资源仍处于闲置状态，等待被调动起来。只有 40% 的可耕地在耕种，而 60% 的土地则处于休耕状态。相当大比例的有能力和有资质的劳动力失业或就业不足。许多自然资源如石油、天然气、沥青、石灰石、铁矿石、铌铁矿、黄金、煤炭、石膏等仍未被开发。要提醒大家的是，尼日利亚拥有世界第六大天然气储量，在未来几年内，天然气的收入将超过石油收入。经济中仍存在大量的低效率现象，工业产能利用严重不足以及公共支出的浪费。特别是在基层政府（州和地方政府），许多州公共支出的预估成本效益较低。因此，如果这种低效率得到减少或消除，就有可能提高增长潜力的影响。所有这些闲置的产能表明,随着在基础设施提供、金融和法律-机构基础设施方面的进一步改革,我们国家的增长势头会让所有人感到惊讶。

另一个可以催化尼日利亚增长进程的增长潜力是其丰富的年轻人口储备。尼日利亚50%以上的人口年龄在18岁以下,年增长率约为2.8%。这与中国人口老龄化和人口增长率下降(特别是在实行独生子女政策以来)形成鲜明对比。对尼日利亚来说,其年轻的人口提供了通往未来坚实桥梁的潜力。通过对所有公民的正确教育,庞大而不断扩大的年轻人口可以提供持续增长的动力,甚至可以向老龄化的西方世界输出劳动力。人口结构也为创造一个庞大而充满活力的中年中产阶级提供了潜力,他们的消费和技能将有助于推动和维持增长势头。

与人口和劳动力潜力相关的是散居国外的尼日利亚人和储存在国外伺机回流的尼日利亚财富的问题。据估计,约有1700万尼日利亚人散居国外,目前每年约有40亿美元从国外汇回国内。另据估计,尼日利亚人在国外的财富高达数百亿美元。如果我们回想一下,在过去20年间流入中国的外国直接投资中,约有50%实际上来自散居海外的华人,那我们就可以理解尼日利亚的潜力了。尼日利亚在国外的技能储备也是一个巨大的增长潜力。据估计,仅在美国就有超过26000名尼日利亚医生,护士的数量则更多。随着改革势头的增强和有利环境的巩固,20世纪80年代和90年代的大批人才流失变成大规模的"人才回流"只是时间问题,一批又一批的回国人员为我们的技能库作出贡献,从而加快了增长势头。已经有许多尼日利亚专业人士回国,这一趋势在未来几年可能会加强。

总之,前面分析的重点在于强调尼日利亚有潜力成为伟大的国家。事实上,如果上述增长潜力在未来几年得到有效调动,尼日利亚的增长表现可能会远远超过中国。

为调动增长潜能,我们必须做些什么?

调动尼日利亚的生产潜能并超越高盛的增长预测是一个可行的项目。许多国家已经这样做了。中国现在是这方面的新星,而新加坡依然是一个从无望走向现代化国家的明显例子。新加坡是如何做到的? 根据为现代新加坡奠定基础的领导人的说法,新加坡的成功可总结为:

一群团结而坚定的领导人,在信任他们的务实而勤劳的人民的支持下,使之成为可能。根据世界银行的数据,1965年新加坡独立时的GDP为30亿美元,到1997年以1965年的美元计算,GDP增长了15倍,达到460亿美元,并在1997年拥有世界第八高的人均国内生产总值——这样一个新加坡我预料到了吗？经常有人问我这个问题。答案是"没有"。我怎么能预见到科学技术，尤其是交通、电信和生产方式的突破，会让世界缩小？新加坡的进步故事反映了工业国家的进步——它们的发明、技术、企业和动力……

随着每一项技术的进步，新加坡也取得了进步——集装箱、航空旅行和航空货运、卫星通信、洲际光纤电缆。信息技术、计算机和通信及其多种用途，微生物学、基因治疗、克隆和器官繁殖的革命将改变人们的生活。新加坡人必须灵活地采用和适应这些新发现，以在传播其获益方面发挥作用……

未来既充满希望，也充满不确定性。工业社会正在让位于知识型社会。世界上新的鸿沟将出现在拥有知识的人和没有知识的人之间。我们必须学会成为知识型世界的一部分。我们在过去三十年里取得了成功，但这并不能确保我们在今后也能取得成功。然而，如果我们遵守帮助我们取得进步的基本原则，我们就有更好的机会而不致失败：通过分享国家进步的成果来提高社会凝聚力，实现人人机会平等以及精英管理，让最优秀的人担任这项工作，特别是担任政府领导人。（李光耀，2000：689—91）

从新加坡和尼日利亚1999年以来的经验来看，有几个教训值得注意。

第一个教训是：基本的经济理论在任何情况下都行之有效。任何国家的需求曲线都不会向上倾斜，供给曲线也不会向下倾斜。只要执行有效，尼日利亚的经济行为主体也会对激励和制裁作出反应。

成功的秘诀在于专注于选定的主要想法：把它们做对，并在一段持续的时间内继续做好。

在这本题为《非洲能否赢得21世纪》的书中，非洲为赢得21世纪需要完成的几件正确的事情包括：改善治理和解决冲突、投资于人、提高竞争力并使经济多样化、减少对援助的依赖和债务并加强伙伴关系。

没有失败不可逆转，也没有成功永久长存。帝国和国家兴衰往复。那些经久不衰的国家已经掌握了一些正确的基本原则，并将其坚持下去。滑落或逆转的代价高昂。事实上，多哥新总统最近在贝宁城的一次公开演讲中指出，领导不力一年就会使国家的进步推迟十年。

在推动社会前进所需的几个方面，没有必要重新发明"轮子"：我们只需要仔细采用和适应。新加坡吸收了西方的发明和技术，并建立了确保持续繁荣的制度。

制度非常重要，它是社会的组织方式，包括其规则、法律和执行程序。

尼日利亚人新的"能行"精神已崭露头角。尼日利亚人并无任何天生不足。尼日利亚人的精神是在任何情况下都决心追求卓越。我们的挑战在于如何将这种精神引向积极的方向。

显而易见,首先要做的就是继续做我们正在做的正确之事,继续在《国家经济赋权和发展战略》框架下进行改革。在当前改革势头的基础上再接再厉,持续改革,甚至将其提升到更高水平。在接下来的几年里,国家的主题仍将是改革,改革!

需要制定全面的长期战略计划:《金融体系2020战略》《国家经济赋权和发展战略》和《长期部门计划》。

没有行动计划的愿景仅仅是一个梦想,而没有愿景的行动则会产生混乱。如上所述,《国家经济赋权和发展战略》议程作为一项计划,辅以各种《州经济赋权和发展战略》,将成为我们走向繁荣的基础。《国家经济赋权和发展战略》是一份活的文件。实施当前《国家经济赋权和发展战略》方案的行动计划将于2007年结束。我们正在着手编制2007—2011年期间的《国家经济赋权和发展战略(第二期)》(NEEDS II)。在尼日利亚这样的联邦国家,各州需要利用《州经济赋权和发展战略》对联邦政府的计划进行补充。我们需要一个更积极的实施和监测制度,以确保更好地执行。目前,我们还在制定一项名为"金融体系2020战略"的金融体系长期战略计划。这是为了确保整个金融体系(银行、保险、资本市场和其他金融机构)进行全面系统和内部一致的一系列改革。我们的目标是确保尼日利亚成为非洲的金融中心,并积极发展金融体系,推动尼日利亚经济在2020年成为20大经济体之一。所有这些都将得到长期战略部门计划的补充。

议程的其他具体内容将包括:

1. 健全的宏观经济框架

20世纪80年代和90年代,尼日利亚被评为110个发展中国家中宏观经济环境最不稳定的10个国家之一。汇率波动、高而多变的通货膨胀、利率和增长是关键的决定因素。汇率标准差高达64,是世界上最差的五个国家之一。但现在不再了!特别是自2003年以来,相对宏观稳定已经恢复,并且自2004年以来,汇率不仅保持稳定,而且开始升值,从而扭转了长达20年的贬值螺旋。此外,20年来,平行汇率和官方汇率首次趋同。2006年的通货膨胀率几个月来一直保持在个位数,利率也开始下降。目前的挑战在于保持这一势头。

为保持宏观经济稳定,我们需要将物价通胀保持在个位数,并保持汇率的竞争力和稳定性。尼日利亚已经接纳了国际货币基金组织的第八条款（IMF Article VIII）。我们正在努力实现开放资本账户和货币可兑换。货币政策将继续保持非宽松性，随着《财政责任法案》（Fiscal Responsibility Bill）最终通过成为法律，财政审慎将被制度化。希望《宪法》中涉及联邦账户分配和财政联邦制的部分将得到修正，以确保更大的财政责任和问责制。各州和地方政府的支出模式表明，它们将联邦账户拨款的70％以上用于经常性支出。因此，分享额外收入（"石油溢价收益基金"）将导致高额基础设施投资的论点缺乏充分的依据。在一些基本方面，来自联邦账户的额外收入用于补贴基层政府的低效率和浪费，这些地方的问责制、透明度和有效利用资源的机构都非常薄弱。与此同时，我们需要制定管理"石油溢价收益基金账户"的一般原则和指导方针，以便账户的所有申请者都知道他们的份额以及从账户中提款的依据。

不断增长的外汇储备金（目前约为410亿美元）为宏观稳定提供了缓冲。此外，如果国民议会通过拟议的《尼日利亚中央银行法》修正案中关于储备金管理的规定，大约5％的外汇储备金可以借给开发金融机构，为基础设施建设提供转贷。

2. 打破自然资源诅咒

据世界银行估计，尼日利亚的财富（按人均计算，是非洲最低之一）主要基于自然资源，而较少基于生产型财富和无形财富。无形资本被定义为人力和社会资本以及制度。无型财富占毛里求斯、南非和加纳国民财富的80％，而对尼日利亚的贡献则为－71％。无形财富的负贡献意味着投资是低效的。如果投资效率低下，这意味着我们正在耗尽我们的自然资源而没有储蓄，也没有对其进行充分投资，使其在未来具备生产能力。虽然世界银行的计算方法可能值得商榷，但还是给我们敲响了警钟，让我们反思与自然资源禀赋有关的一些问题。我们的资源是否获得了足够的价值，我们是否将收益花费得足够好，从而使自然资源增加并加速其他部门的增长？我们是否保存了足够的收益，以确保未来资源用尽之后的收入流？

这些都是难以回答的问题。更重要的是，暂时由自然资源开采驱动的增长可能是一种虚假的增长——更多的开采导致更高的收入（GDP），但除非收入被很好地投资于创造经济中的其他能力，否则这种增长可能不可持续。这就是为什么许多资源依赖型国家在增长过程中容易受到繁荣和暴发周期的影响。如果投资不当，国家实际上可能会越来越穷：首先，石油财富一旦从地下开采出来就没有了;其次,环境退化会使社区变得更糟;最后,对石油租金的争夺可能会刺激冲突和武装斗争,从而使生命财产的不安全状况恶化,并威胁到对其他部门的投资。还有一个威胁是,国家的资源可能没有得到最佳利用。斯蒂格利茨(2006:150)认为,"从国家自然资源中获得尽可能多的价值并很好地加以利用的主要责任在于国家本身。首要任务应该是建立减少腐败范围的机构,并确保从石油和其他自然资源中获得的资金得到投资,并且投资得当。最好能为投资制定一些硬性规定:一定比例用于卫生支出,一定比例用于教育,一定比例用于基础设施。还需要制定独立评估投资回报的程序。稳定型主权财富基金至关重要⋯⋯"在此方面需要做大量工作。它将要求重新审视财政联邦制和宪法条款,这些条款规定自动分享收入,并且各级政府都拥有法定的支出权,而无论其支出规模、组合和效率如何。尼日利亚若想摆脱自然资源的束缚,就必须解决这一问题。

幸运的是,正如斯蒂格利茨所言,"自然资源诅咒不是命运,而是选择"。近年来,尼日利亚在解决这一诅咒方面取得了进展。与石油公司的合同已经过审查,以确保尼日利亚获得更大的价值。石油部门的当地含量政策正在实施。尼日利亚也是第一个有效接受"采掘业透明度倡议"(EITI)的国家。这些措施确保了石油部门更大的透明度,以及更高的资金价值。污染和环境破坏正在得到控制,尼日尔三角洲的民兵组织问题也正在得到解决。尼日利亚人未来将就如何以最有效的方式使用石油和其他自然资源的收入进行集思广益,这将是一场有益的辩论。我们应该在多大程度上遵循斯蒂格利茨的建议?

3. 生命财产安全以及解决基础设施不足的问题

这些问题不言而喻,不需要进一步阐述。一个广泛的共识是,我们需要这些作为新尼日利亚基石的一部分。然而,挑战在于如何做到这一点?尽管自1999年以来警力增加了两倍,支出增加并进行了改革,但尼日利亚人仍然将不安全列为他们最关心的问题之一。基础设施不足仍然是一个巨大的挑战。到2007年年底,对电力的巨额投资预计将产生10000兆瓦的电力,但这与我们的需求仍有很大差距。分析家们认为,我们需要大约50000兆瓦来确保不间断的电力供应。鉴于人口的不断增长和城市化进程的逐步加快,基础设施的挑战可能会有所加剧。好消息是,这一问题已经得到确认,不过解决该问题却受到融资限制的制约。回顾一下,尼日利亚在近20年的时间里(1979—1999年)都没有对电力进行任何投资。随着政府的巨额投资和几个独立发电厂的建设,尼日利亚克服电力供应不足的问题只是时间问题。在安全方面,尼日利亚人需要集思广益,探讨尼日利亚治安的替代和补充模式。还需要对警察进行哪些改革，联邦政府能否有效地为尼日利亚治安提供资金？警务工作中的辅助性原则能否在尼日利亚发挥作用？这些问题都亟待解决。

4. 贸易、技术和利用网络和伙伴关系：我们正在失去侨民吗？

为刺激和保持增长势头，尼日利亚需要与世界其他国家合作，尤为重要的是，需要海外侨民的合作。首先，尼日利亚需要充分利用世界贸易体系提供的所有机会。尼日利亚过去从未充分利用世贸组织给予它和许多其他发展中国家的全部优惠，也未充分利用多项《洛美公约》《科托努协定》和美国的《非洲增长和机遇法案》(African Growth and Opportunity Act，AGOA)等规则。作为一个小型开放经济体，积极的出口导向必须成为持续繁荣的关键战略。为在国内创造就业机会，尼日利亚的生产部门必须生产超过国内消费能力的产品，然后出口。尼日利亚可能考虑对贸易政策采取一些激进的做法。例如，港口和海关改革可快速推进，并设定一个基准，规定所有进入该国的货物必须在24小时内清关。据说挪威在15分钟内就可以清关，现在许多国家的目标是两小时。这项改革将为生产部门带来巨大的效率。此外，可以就与美国和欧盟谈判自由贸易安排的可能性展开有益的辩论。尼日利亚目前的GDP为1130亿美元，约占西非经济共同体的80％。作为一只潜在的经济"猛虎"，这对欧盟和美国都是个很好的建议。这项协议还可以向世界其他地区发出一个强有力的信号：第二次"瓜分非洲"可能会快速启动，这一次的瓜分是外国投资者争相在尼日利亚分一杯羹。欧盟计划与西非经济共同体谈判一项《经济伙伴关系协定》(Economic Partnership Agreement)，以此作为《科托努协定》的后续方案。这是尼日利亚通过谈判实现自我持续螺旋式增长的机会。

与贸易相关的是融入全球技术库的问题。正如李光耀在新加坡的案例中指出的那样，在当今世界，成功的关键因素之一是国家要处于技术适应的最前沿。尼日利亚正在收获电信革命带来的生产效率的提高（从1999年的40万条电话线到今天的2200多万条，是非洲增长最快同时也是世界增长最快的国家之一）。大多数人现在都同意莱斯特·瑟罗（麻省理工学院史隆管理学院前院长）的观点，即在21世纪，拥有自然资源和资本的国家的财富将发生历史性的转移。根据他的说法，"在21世纪，智力和想象力、发明和新技术的组织是关键的战略要素"。许多自然资源丰富的国家将发现它们的财富大大减少，因为在未来的市场上，商品将是廉价的，贸易将是全球性的，而市场将以电子方式连接起来。相反，许多自然资源贫瘠的国家将繁荣昌盛,因为它们重视那些能使它们在全球市场上获得竞争优势的技术。正如瑟罗所断言的:"今天,知识和技能独占鳌头,成为比较优势的唯一来源。"

1990年,日本通商产业省列出了作为21世纪增长引擎的关键技术,包括:微电子、生物技术、新材料科学产业、电信、民用飞机制造、机床和机器人、计算机(硬件和软件)。加来道雄(Michio Kaku)令人信服地指出,无一例外的是,引领21世纪的每一项技术都深深植根于量子科技、计算机和DNA革命。据他介绍:

> 重点是,这三次科学革命不仅是科学突破的关键⋯⋯;它们也是财富和繁荣的动态引擎。国家的兴衰取决于它们驾驭这三项革命的能力。任何活动都有赢家和输家。赢家很可能是那些完全掌握了这三次科学革命至关重要性的国家。而那些对革命力量嗤之以鼻的国家可能会发现自己在21世纪的全球市场中被边缘化了。

尼日利亚需要彻底改变其科技基础设施。依靠自然资源实现增长不可持续。由于科技是赢得未来的关键,现在就是奠定基础的时候。印度正从基于信息技术的工业综合体中收获螺旋式增长。尼日利亚的未来取决于我们目前在这一领域所做的一切工作。

第三个重点和关键领域是建立和利用尼日利亚和非洲侨民网络。尽管世界已经全球化,但现实却是资本的民族性仍然存在。对外国直接投资流动的民族出身进行仔细分类可能会表明亚洲人(日本人、中国人等)仍然主要投资于亚洲国家,而美国人和欧洲人大多是互相投资。前苏联加盟共和国的转型经济体从欧洲和美洲的白人兄弟姐妹们那里获得大量外国直接投资。毫不奇怪的是,非洲国家获得的外国直接投资比其经济基本面预测的要少得多,而其他地区的其他国家即使改革较少,所获得的外国直接投资也要多得多。据估计,近几十年来流入中国的外国直接投资约有50%主要来自散居海外的华人。印度也是如此。据说以色列的大部分外国直接投资和援助来自世界各地的犹太人。海外侨民不仅往国内汇钱(通过汇款和外国直接投资),而且还提供名副其实的技术人力和技术转让。他们还为打开海外贸易市场提供了现成的网络。

非洲和尼日利亚有两种外流的情况。首先,私营部门有相当大比例的财富在国外持有。科利尔(Collier)等人估计,非洲大约有40%的非土地私人财富在非洲以外的地区持有。此外,我们还可以推测,非洲至少有40%最有才干的、最熟练的技术人力居住在本地区以外,即人才流失。据称,仅尼日利亚就有约

1700万侨民,其中超过1万名医生生活在美国。

真正的悲剧在于,随着时间的推移,非洲有可能成为世界上唯一可能无法从侨民的持续增长和发展影响中受益的地区。这是因为漂白综合症(由于缺乏更准确的术语,我姑且这样使用)的影响。在这种现象中,非洲人,特别是一些尼日利亚族群急于否认自己的身份,远离自己的根本。漂白过程从他们的名字开始,因为许多人愿意改掉他们的名字以适应西方人的喜好。漂白的第二个症状,也许是最严重的症状,就是他们开始失去自己的语言,并且他们错误地认为,离自己的语言越远,他们就会变得越"文明",因而未能/拒绝教他们的孩子学习自己的母语。举例来说,无论你走到哪里,印度裔、华裔、墨西哥裔、拉美裔,即使在该地定居了几代人,仍然讲他们的母语。事实上,墨西哥移民已经迫使美国将西班牙语作为其第二语言。就非洲而言,适应和被西方"接受"的压力迫使他们采取极端形式的自我否定或漂白。

这种现象的影响是,当代侨民的子女,也许还有他们的子孙后代,将不会说他们父母的语言,对文化和传统也不甚了解,因此永远不会对尼日利亚有任何依恋。古语有云:一旦剥夺了一个人的语言和文化,就等于将他/她从那个环境中连根拔起。换句话说,大多数侨民的子女已经脱离了尼日利亚的环境,并且从某种意义上说,他们迷失了。这些孩子可能(如果有的话)只会将尼日利亚视为旅游目的地。由于完全地脱离了联系,我们就不能指望这些子孙后代能向尼日利亚汇款,或有朝一日梦想"返尼"为尼日利亚的发展作出贡献。这种自我否定的悲剧在于它在第二时期又显现出来了——第一时期发生在奴隶制时期。难怪美国黑人和其他人无法追根溯源,而美国人在美国定居数百年后仍能将他们的起源追溯到希腊、爱尔兰、德国、法国等国。这种自我否定的危机将在未来严重伤害尼日利亚,因为如果不加以解决,尼日利亚将失去一个预示性的增长动力,即不断增长的海外侨民对未来的贡献。

5. 农业:征服自然和利用技术

在不久的将来,农业仍将是赢得增长、就业和减贫的关键。这一部门的革命已经开始,特别是在总统关于农业的几项倡议的背景之下。过去三年中,农业一直以每年7%的速度增长,并一直在推动非石油部门的增长。考虑到生物技术的不断进步,这场革命需要被提升到更高的水平。我们的农业必须改变对雨水的依赖。灌溉项目需要大规模扩大,特别是在尼日利亚的关键粮食地带,以确保全年种植。尼日利亚具有为非洲大部分地区以及印度和中国提供粮食的潜力。

60％处于休耕状态的可耕地可以变成世界的粮仓。我们还需要投资改良种苗、品种和肥料,必须利用食品加工、销售和储存方面的新技术。最终将出现一种转变,即从事农业的劳动力比例急剧下降,而产量却持续上涨。

6. 教育革命

在知识驱动的 21 世纪,教育必须成为社会经济转型的关键驱动力。如果有一件事是大多数尼日利亚人都认可的,那就是我们的教育系统正处于危机之中。该系统正在创造贫穷王朝,穷人的孩子有可能继续贫穷。我们的教育系统创造了三个阶层的尼日利亚人——少数人受过良好的教育,大多数人要么受过误导式教育要么受教育程度较差,还有那些根本没有受过任何教育的人。从社会和经济角度来看,这一现状不可持续。教育除了作为打破社会界限的工具外,它还是未来提高经济竞争力和保持增长的关键因素。要缩小我们与其他新兴市场经济体的发展之间的差距,需要我们付出非凡的努力。科技是当今经济的万能钥匙。该部门的重大改革已经开启。这一部门也是我们赢得未来的关键部门,而关于这一部门下一步的改革和革命,我们仍有机会继续集思广益。

7. 城市更新计划

尼日利亚的城市大多处于混乱状态。大多数城市的组织方法和样式给人的印象就是没有规划。城市化增长率达年均 5.3％,用不了多长时间城市就将遭遇重大危机。我们的出发点是对每个城市的总体规划进行整理并加以更新,或者为没有制定规划的城市制定新的计划。这里的一个关键问题是总体规划应该得到执行。我们需要从联邦首都区阿布贾的城市更新计划中汲取重要的教训。作为尼日利亚经济首都的拉各斯也需要进行彻底的改革。拉各斯是进入尼日利亚经济及金融中心的门户。重建拉各斯将需要联邦、州和地方政府以及私营部门的协同努力。拉各斯和阿布贾必须被重建为城市榜样,并鼓励各州政府效仿。

8.《宪法》修正案:有效治理和经济管理的当务之急

市场经济框架需要不同于非市场经济的法律-机构制度。从法律-机构的角度来看,一个国家的最高权力机构是《宪法》,并由立法机构的其他法令和法院的公告加以补充。除其他外,《宪法》还规定了分配权,即由谁来分配社会中的经济资源——国家还是市场。它还应该阐明产权和法治所体现的经济关系。作为最高机构,《宪法》在许多情况下规定了如何颁布和执行法律的程序问题,并包括必要的法律和行政机构的运作。

这些机构条款的内容和背景及其执行都对经济转型的速度和特点有根本性

影响。以"法治而非人治"为基础、由美国宪法制定者建立的宪法制度不断发展，通过塑造一个基于个人自由和竞争的社会来释放人类潜力，而私营企业则有助于促进社会的进步。相反，共产主义国家实行的由一方对另一方进行最大限度控制的制度，以实验的方式表明了不同的法律制度会产生什么样的结果。通过共产主义和资本主义在全球范围内的实验，甚至是尼日利亚不同地区的封建主义和共和主义制度以及贫穷和财富创造的结果，人们可以假设，制度安排造成了所有的差异。制度推动人类进步。有的制度会释放人类的潜能，而有的制度则会抑制人类的进步。虽然我本人是个门外汉，但从世界各地的案例中可以明显看出，凡是法治盛行、产权和合同执行更有效的地方，这些地方的进步都比其他地方要快。

尼日利亚要想在寻求成为非洲的"中国"的过程中取得快速进展，就必须以非凡的速度建立、适应和执行相关制度。首先，国家需要重新审视并在可能的情况下重建国家的基本机构（《宪法》所体现的政治、法律和行政安排），以提高国家的分配和运行效率。虽然没有一部宪法是完美的，但重要的是我们要认识到现行1999年《宪法》中的无数缺陷，这些缺陷可能会阻碍我们对快速经济转型的追求。例如，拖累经济的最大因素之一是低迷的抵押贷款市场。住房短缺超过1500万套，估计耗资超过5万亿奈拉。但是，我们有数万亿奈拉锁定在房地产行业中，这些资金可以说是休眠或不生息资本。释放房地产/抵押贷款行业的潜力有能力创造数百万个就业机会，并加快经济发展的速度。然而，在我们解决土地使用法、土地所有权和抵押管理问题之前，这一切都不会发生。第二个例子涉及商业合同权利的及时执行。产权是资本主义经济的基础。如果没有一个确保及时和有效执行合同的制度，市场经济就无法持续繁荣。我们需要一个专门的法院系统，就像我们《宪法》中规定的商事法院一样。《宪法》中还有许多诸如此类的紧急修正案/补充条款。全国政治改革会议意识到其报告中收录了很多这样的缺陷，并且国民议会提议的许多修正案条款都强调了这一点。《宪法》的几个方面需要认真重新审查。与土地使用、联邦账户运作等有关的许多方面迫切需要关注。国家法律改革的努力应该是对宪法审查的补充。这里的重点是，将于2007年开幕的下一届国民议会必须将宪法修正案作为其首要任务，以便为尼日利亚的繁荣提供一个健全的法律-机构基础。

为确保尼日利亚繁荣的许多更具体的改革清单很长，我不可能在这次演讲中详述无遗。我还没有谈到旅游和文化复兴、环境问题、水资源、社会保障制度等。我无意抢先确认《国家经济赋权和发展战略(第二期)》文件中应包含的内容。我介绍上述内容,也只为唤起你们的好奇心,激发你们为这场辩论作出自己的贡献。

五、 结论

现在我必须结束这次演讲。我必须再次以我演讲开始时提出的问题结束今天的发言,即"尼日利亚能否成为非洲的'中国'?"这是一个旨在激发我们梦想的问题。奥利弗·温德尔·霍姆斯(Oliver Wendell Holmes)曾言,"人的思想一旦为一个新观点所触动,就会不断膨胀,再也无法恢复原状"。同样,英国出版商凯瑟琳夫人也认为,"没有任何建筑能触及天空,除非有人梦想有建筑能触及天空;有些人相信它会触及天空,而有些人则希望它必须触及天空"。

我在此次演讲中所展示的是:尼日利亚不仅有潜力成为下一个"惊喜"或下一个"中国",而且在全球排名方面实际上可以做得更好。据我估计,尼日利亚没有理由不在 2050 年跻身世界十大经济体之列。虽然我们在自然资源方面比中国更有天赋,但我们必须努力打破自然资源的诅咒,以知识和技能为基础,建立新的竞争优势。要想超越别人,我们就必须比当下的他们跑得更快。如果我们还要继续进行昨天的比赛,那长期的战略设想和规划将对我们的成功至关重要。

我相信,作为世界上人口最多的黑人国家,尼日利亚掌握着非洲进步的关键。一定有一个神圣的理由将我们捆绑在一起,组成一个叫尼日利亚的国家。我不相信这是个"意外"。显然,似乎阻碍我们实现上帝领导黑人和世界这一旨意的唯一因素就是我们自己。好消息是,我们似乎终于打破了束缚的枷锁,一个新的尼日利亚正在形成。我相信,作为下一个"中国",尼日利亚将很快给世界其他地方带来惊喜,我将在余生的每一天努力实现这一目标。你们呢?

非洲重要经济数据汇总

表 1 非洲各国人口指标汇总表

项目 国家	总人口（2023年，单位：百万人）	城市人口占总人口的比率（2020年，单位%）	妇女占总人口比率（2020年，单位%）	出生率（每千人，单位%）	人类发展指数
阿尔及利亚	44.9	73.7	49.5	19.636	0.745
安哥拉	35.6	66.8	50.5	37.659	0.591
贝宁	13.4	48.4	50.1	35.543	0.504
博茨瓦纳	2.6	70.9	51.6	22.512	0.708
布基纳法索	22.7	30.6	50	34.428	0.438
布隆迪	12.8	13.7	50.4	33.467	0.42
佛得角	0.593	66.7	49.8	16.365	0.661
喀麦隆	27.2	57.6	50	33.775	0.587
中非共和国	6.1	42.2	50.4	42.332	0.387
乍得	18.6	23.5	50.1	42.626	0.394
科摩罗	0.837	29.4	49.6	28.357	0.586
刚果共和国	5.7	67.8	50	29.832	0.593
科特迪瓦	28.2	51.7	49.6	33.2	0.534
刚果民主共和国	103.9	45.6	50.1	41.42	0.481
吉布提	0.99	78.1	47.5	21.692	0.515
埃及	111	42.8	49.5	21.728	0.728
赤道几内亚	1.5	73.1	44.4	29.378	0.65
厄立特里亚	3.7	41.3	49.9	28.283	0.493
斯威士兰	1.2	24.2	50.9	23.368	0.61
埃塞俄比亚	123	21.7	50	31.33	0.492
加蓬	2.3	90.1	49.1	26.174	0.693
冈比亚	2.7	62.6	50.4	32.258	0.495
加纳	33.5	57.3	49.3	26.662	0.602
几内亚	13.9	36.9	51.6	33.352	0.471

（续表）

项目 国家	总人口(2023年,单位:百万人)	城市人口占总人口的比率(2020年,单位%)	妇女占总人口比率(2020年,单位%)	出生率(每千人,单位%)	人类发展指数
几内亚比绍	2.1	44.2	51.1	30.106	0.483
肯尼亚	54	28	50.3	27.278	0.601
莱索托	2.3	29	50.7	25.449	0.521
利比里亚	5.3	52.1	49.7	30.799	0.487
利比亚	6.9	80.7	49.5	16.898	0.746
马达加斯加	26.6	38.5	50.1	30.271	0.487
马拉维	20.4	17.4	50.7	32.425	0.508
马里	22.6	43.9	49.9	40.846	0.41
毛里塔尼亚	4.8	55.3	49.8	32.648	0.54
毛里求斯	1.3	40.8	50.7	10.136	0.796
摩洛哥	35.7	63.5	50.4	16.839	0.698
莫桑比克	33	37.1	51.4	35.625	0.461
纳米比亚	2.6	52	51.5	26.558	0.61
尼日尔	26.2	16.6	49.7	44.717	0.394
尼日利亚	218.5	52	49.3	36.224	0.548
卢旺达	13	17.4	50.8	29.065	0.548
圣多美和普林西比	0.227	74.4	50	27.765	0.613
塞内加尔	17.3	48.1	51.2	31.642	0.517
塞舌尔	0.107	57.5	48.7	14.719	0.802
塞拉利昂	8.6	42.9	50.1	30.338	0.458
索马里	17.6	46.1	50.1	42.649	0.38
南非	59.9	67.4	50.7	18.893	0.717
南苏丹	10.9	20.2	50	28.949	0.381
苏丹	46.9	35.3	50	32.555	0.516

（续表）

国家　　项目	总人口（2023年，单位：百万人）	城市人口占总人口的比率（2020年，单位%）	妇女占总人口比率（2020年，单位%）	出生率（每千人，单位%）	人类发展指数
多哥	8.8	42.8	50.2	31.135	0.547
突尼斯	12.4	69.6	50.4	15.113	0.732
乌干达	47.25	25	50.7	35.539	0.55
坦桑尼亚	65.5	35.2	50	35.342	0.532
赞比亚	20	44.6	50.5	33.768	0.569
津巴布韦	16.3	32.2	52.3	29.622	0.55

数据来源：(1)非洲开发银行、非洲联合委员会、联合国非洲经济委员会：《非洲统计年鉴(2021)》(*African Statisical Year 2021*)；(2)非洲开发银行官方统计数字；(3)联合国经济和社会事务部人口司：《2022年世界人口展望：在线版》(*World Population Prospects 2022: Online Edition*)；(4)联合国开发计划署：《2023/2024年人类发展报告概述》(*Human Development Report 2023/2024 Overview*)。整理人：王康旭。

表 2　非洲各国 GDP 相关数据汇总表

项目　　国家	2019年GDP(单位:百万美元)	2020年GDP(单位:百万美元)	2019年人均GDP(单位:美元)	2020年人均GDP(单位:美元)	2021年GDP增长率%	2022年GDP增长率%	2023年GDP增长率%(预估)	2024年GDP增长率%(预测)	2025年GDP增长率%(预测)
阿尔及利亚	171680	144922	3954	3277	3.4	3.6	4.2	4	3.7
安哥拉	84516	58376	2805	1881	1.1	3	0.9	2.7	4.3
贝宁	14392	15674	1218	1290	7.2	6.3	6.4	6.5	6.2
博茨瓦纳	16592	15064	7219	6420	11.9	5.5	2.7	4	4.3
布基纳法索	15991	17393	787	832	6.9	1.5	3.6	4.1	4.3
布隆迪	3369	3040	292	256	3.1	1.8	2.8	4.6	5.9
佛得角	1982	1707	3602	3065	7	17.4	4.6	4.7	4.8
喀麦隆	39673	40864	1533	1539	3.6	3.6	3.8	4.1	4.4
中非共和国	2277	2387	480	494	1	0.5	1	2.3	3.1
乍得	10934	10836	686	660	−1.1	3.4	4.3	5.2	5.3
科摩罗	1166	1201	1334	1338	2.2	2.6	3.1	4	4.6
刚果共和国	12694	10329	2779	2206	1.5	1.7	3.9	4.3	4.4
科特迪瓦	58540	61231	2228	2271	7.4	6.2	6.5	7.1	6.9
刚果民主共和国	50399	48707	581	544	6.2	8.8	7.5	5.7	5.6
吉布提	3346	3440	3437	3482	4.8	3.7	7.3	6.2	6.6
埃及	302346	361847	3057	3587	3.3	6.7	3.8	3.3	4.5
赤道几内亚	11417	10036	8394	7137	−0.9	3.7	−5.7	−5	2.7
厄立特里亚	1982	2084	567	588	2.5	2.6	2.9	2.9	3.1
斯威士兰	4471	3981	4010	3533	7.9	0.5	4.8	4.9	3.6
埃塞俄比亚	92796	96611	970	994	5.6	6.4	7.1	6.7	6.7
加蓬	16875	15339	8111	7277	1.5	3	2.3	2.8	2.9
冈比亚	1806	1828	769	755	4.3	4.9	5.6	6.1	5.8

（续表）

项目 国家	2019年 GDP （单位： 百万 美元）	2020年 GDP （单位： 百万 美元）	2019年 人均 GDP （单位： 美元）	2020年 人均 GDP （单位： 美元）	2021年 GDP 增长率 %	2022年 GDP 增长率 %	2023年 GDP 增长率 % （预估）	2024年 GDP 增长率 % （预测）	2025年 GDP 增长率 % （预测）
加纳	68353	68498	2266	2226	5.4	3.8	2.9	3.4	4.3
几内亚	13514	15388	992	1102	4.4	4	5.7	4.2	5.4
几内亚比绍	1440	1434	811	790	6.4	4.2	4.3	4.7	5.2
肯尼亚	100458	102427	2110	2104	7.5	4.8	5.2	5.4	5.6
莱索托	2312	1857	1129	901	1.6	1.3	0.9	1.7	2.2
利比里亚	3080	3037	673	647	5	4.8	4.5	5.2	6.2
利比亚	40951	33018	6226	4970	28.3	−3.7	12.6	7.9	6.2
马达加斯加	14105	13056	512	457	5.7	4.3	4.4	4.5	5.3
马拉维	11037	11849	544	568	2.2	0.9	1.5	3.3	3.8
马里	17281	17491	906	890	3.1	3.7	4.3	4.7	5.3
毛里塔尼亚	7889	8110	1944	1956	2.4	6.4	3.4	4.2	5.5
毛里求斯	14046	10921	11088	8619	3.4	8.9	7	4.9	3.7
摩洛哥	119871	114602	3368	3188	7.9	1.3	3.2	3.5	3.8
莫桑比克	15390	14029	507	449	2.3	4.2	5	5.2	5.2
纳米比亚	12494	10619	5081	4240	3.5	5.3	4.2	2.6	3.3
尼日尔	12917	13761	554	568	1.4	11.9	2.5	10.5	7.7
尼日利亚	448120	429423	2230	2083	3.6	3.3	2.9	3.2	3.4
卢旺达	10356	10190	835	805	10.9	8.2	8.2	6.5	6.8
圣多美和普林西比	431	477	2022	2190	1.9	0.1	0.5	1.2	2.1
塞内加尔	23307	24179	1430	1444	6.5	3.8	4.1	9.3	10.2
塞舌尔	1582	1060	16404	10903	7.9	15	2.5	4	4.3
塞拉利昂	4074	4059	521	509	4.1	3.5	2.6	4.7	5.2

（续表）

项目 国家	2019 年 GDP (单位：百万美元)	2020 年 GDP (单位：百万美元)	2019 年人均 GDP (单位：美元)	2020 年人均 GDP (单位：美元)	2021 年 GDP 增长率 %	2022 年 GDP 增长率 %	2023 年 GDP 增长率 % (预估)	2024 年 GDP 增长率 % (预测)	2025 年 GDP 增长率 % (预测)
索马里	6477	6965	443	463	2.9	2.4	2.8	3.7	3.8
南非	387849	335344	6599	5625	4.9	1.9	0.6	1.3	1.6
南苏丹	16895	32159	1263	2334	−4.9	−2.9	−0.4	−5	1
苏丹	32250	33057	746	745	−1.9	−1	−37.5	−5.9	0.5
多哥	7221	7586	893	916	6	5.8	5.6	5.3	6
突尼斯	41804	41622	3548	3497	4.3	2.5	0.4	2.1	2.9
乌干达	35928	37024	902	898	5.6	6.3	4.6	6	7
坦桑尼亚	60701	64403	1078	1110	4.9	4.7	5.3	5.7	6
赞比亚	23309	18111	1272	959	4.6	5.2	5.8	4.5	4.5
津巴布韦	19587	21924	1314	1443	8.5	6.1	5	2	3.5

数据来源：(1)非洲开发银行、非洲联合委员会、联合国非洲经济委员会：《非洲统计年鉴》(*African Statisical Year*)；(2)非洲开发银行：《非洲经济展望 2023》(*African Economic Outlook 2023*)；(3)非洲开发银行：《非洲经济展望 2024》(African Economic Outlook 2024)。整理人：王康旭。

表3 非洲国家国内生产总值构成和总增加值(%)

国家 \ 时间	农业		工业		制造业		服务业	
	2012	2019	2012	2019	2012	2019	2012	2019
阿尔及利亚	9.4	13.4	51.3	40.5	3.9	4.8	39.3	46.1
安哥拉	6	7.5	56.2	54.8	4.3	4.3	37.9	37.6
贝宁	28.1	29.5	18.5	17.9	11.7	10.8	53.4	52.7
博茨瓦纳	3	2.2	33	33.6	6.6	6.4	64	64.2
布基纳法索	26.1	22.3	29.5	28.3	11.4	11.2	44.3	49.3
布隆迪	39.3	37.9	17.5	19.4	11.7	14.1	43.2	42.7
佛得角	9.6	5.4	19.4	22.9	6.5	7.8	71	71.7
喀麦隆	14.6	18.3	30	26	16.1	14	55.4	55.7
中非共和国	39	33.3	29.2	21.9	25.1	19.3	31.9	44.8
乍得	24.6	29.3	42.5	33	9.6	8.8	32.9	37.6
科摩罗	31.6	34.7	11.8	9.3	7.3	7.1	56.6	56
刚果共和国	4	8	68	49.9	4.4	8.6	28.1	42.1
科特迪瓦	20.6	22	21.4	22.5	11	12.8	58	55.5
刚果民主共和国	22	21	43.2	42.8	16.5	21	34.8	36.2
吉布提	1.3	1.6	12.1	17.8	2.1	3.4	86.6	80.6
埃及	11	11.4	38.4	36.7	15.8	16.4	50.6	52
赤道几内亚	1.1	2.5	77.1	53.7	17	23.5	21.9	43.9
厄立特里亚	16.9	17.3	30.9	31.3	5.9	6	52.2	51.4
斯威士兰	10.8	9.1	39.1	36.7	33	31.9	50	54.2
埃塞俄比亚	48.4	35.9	12.2	26.3	5.2	5.9	39.5	37.8
加蓬	3.7	5.9	64.1	50.4	5.7	8.1	32.2	43.7
冈比亚	29.2	21.7	12.7	18.8	6.1	4.1	58	59.5
加纳	23.6	18.5	28.9	33.2	6	10.9	47.5	48.2
几内亚	18.6	26.6	34.8	31.3	11.6	9.5	46.6	42.1

（续表）

国家 \ 时间	农 业		工 业		制造业		服务业	
	2012	2019	2012	2019	2012	2019	2012	2019
几内亚比绍	41.4	39	13.1	12.6	9.7	8.7	45.5	48.4
肯尼亚	20.7	23.1	21.2	18.3	12.2	8.6	58.1	58.6
莱索托	5.5	5.4	34.8	35.3	12.9	18.8	59.7	59.3
利比里亚	70.3	74	12	8.7	5.7	4.1	17.7	17.3
利比亚	0.7	0.9	80.6	78.1	3.4	3.9	18.7	21
马达加斯加	29.8	24.6	18.4	24	9.2	10.8	51.8	51.4
马拉维	28.3	24.5	14	19.7	7.8	12.3	57.7	55.8
马里	40.7	40.1	22.2	23.4	6.3	7.2	37.1	36.5
毛里塔尼亚	17.4	23.9	40.5	28.9	7.1	6.3	42.1	47.2
毛里求斯	4.1	3.3	23.7	19.7	15.5	12.5	72.1	77
摩洛哥	13.4	13.7	28.6	28.6	16.5	16.8	58	57.6
莫桑比克	27.8	27.3	18.6	26.6	9.7	9.9	53.6	46.1
纳米比亚	8.7	7.6	32.4	29.3	13.1	13.5	58.9	63.1
尼日尔	36.7	39.2	25.7	21.8	7.9	7.8	37.6	39
尼日利亚	22.1	22.1	27.3	27.7	7.8	11.6	50.6	50.2
卢旺达	27	25.7	19.8	20.6	9	9.1	53.2	53.7
圣多美和普林西比	14.5	20.1	16.8	14.1	7.8	6.2	68.7	65.8
塞内加尔	15.5	16.8	25.4	25.9	18.7	16.5	59.1	57.4
塞舌尔	2.5	2.7	17.4	14.3	10.3	7.5	80.1	83
塞拉利昂	52.7	61.2	15.1	5.8	2.1	2.1	32.2	33
索马里								
南非	2.2	2.2	27	26.2	13.8	13.7	70.9	71.6
南苏丹	34.7	20.4	19.6	22	9.2	8.4	45.8	57.5
苏丹	34.7	20.4	19.6	22	9.2	8.4	45.8	57.5

（续表）

国家＼时间	农 业		工 业		制造业		服务业	
	2012	2019	2012	2019	2012	2019	2012	2019
多哥	32.1	22.6	18.2	23.4	7.2	15.3	49.8	54
突尼斯	8.7	10.4	31.5	24.8	16.2	15.2	59.8	64.8
乌干达	28.8	24.8	23.6	28.8	14.5	16.7	47.6	46.5
坦桑尼亚	28.7	28.9	27.4	31.1	10.2	9.2	43.9	40
赞比亚	9.9	3.1	33.9	37.8	7.5	7.3	56.3	59.1
津巴布韦	9.1	9.2	28.8	22.9	15.9	11.7	62.1	67.9
非洲	14.1	15.7	34.8	31.2	10.5	11.8	51.2	53.1

数据来源：非洲开发银行、非洲联合委员会、联合国非洲经济委员会：《非洲统计年鉴2021》(*African Statisical Year 2021*)。整理人：王康旭。

表4　非洲国家国民核算占国内生产总值的比例(％)

国家＼年份	家庭最终消费支出		政府最终消费支出		资本形成总额		出口商品		进口商品	
	2012	2019	2012	2019	2012	2019	2012	2019	2012	2019
阿尔及利亚	32.1	43.3	20.3	18.3	39.2	44.7	36.9	22.7	28.5	29.1
安哥拉	35.2	51	17.8	12.9	26.7	20.8	56.1	41.6	35.9	26.4
贝宁	76.5	68.4	11.1	10.3	15.3	25.6	23.9	29.6	26.8	34.1
博茨瓦纳	53.5	46	19.8	32.4	39.2	31	50.7	38.8	63.2	48.2
布基纳法索	69.1	64	14.3	19	24.7	23	26.6	25.4	34.6	31.4
布隆迪	88.7	87.2	19.2	20.3	16.3	13.8	9.7	8.9	34	30.2
佛得角	65	61.6	17.3	17.6	37.2	35.4	40.4	50.6	59.8	65.3
喀麦隆	69.2	72.6	12.2	12.1	22.8	18.9	26.1	19.9	30.3	23.5
中非共和国	88.2	88	10.9	14.2	10.8	25.9	11.6	18.9	21.5	47
乍得	56.4	71.4	10.6	7.7	26.5	22	36.6	25.6	30.2	26.8
科摩罗	96.7	90.3	10	10.3	16.2	15.9	8.9	12.8	31.9	29.3
刚果共和国	23.7	42.2	13.8	13.3	43.8	23.7	58.1	74.1	39.4	53.4
科特迪瓦	65.8	68.6	8.7	10.2	23.5	20.1	27.4	23.8	25.4	22.6
刚果民主共和国	84.6	75.1	7.8	7.4	14.3	21.2	30.8	26.6	37.5	30.2
吉布提										
埃及	81.6	82.4	10.8	7.7	15.6	18.2	16.6	17.5	24.6	25.7
赤道几内亚	20.1	56	11.6	25.2	41.1	7.7	71.9	52.8	44.8	41.7
厄立特里亚	32.1	43.3	20.3	18.3	39.2	44.7	36.9	22.7	28.5	29.1
斯威士兰	75.4	63.5	18.9	20.5	12.2	13.3	37.9	45.4	44.4	42.7
埃塞俄比亚	32.1	43.3	20.3	18.3	39.2	44.7	36.9	22.7	28.5	29.1
加蓬	32.1	43.3	20.3	18.3	39.2	44.7	36.9	22.7	28.5	29.1
冈比亚	80.9	88.6	8.8	11.6	18.3	16.2	19.8	19.4	27.9	35.8

（续表）

年份 国家	家庭最终 消费支出		政府最终 消费支出		资本形成 总额		出口商品		进口商品	
	2012	2019	2012	2019	2012	2019	2012	2019	2012	2019
加纳	59.4	75.2	21.1	7	32.1	19.7	40.7	37.4	53.3	39.4
几内亚	79.9	71.9	14.5	15.3	26	17	33.1	30	53.5	42.3
几内亚比绍	32.1	43.3	20.3	18.3	39.2	44.7	36.9	22.7	28.5	29.1
肯尼亚	76.9	77.5	12.6	12.3	22.7	19.1	20.3	11.4	32.5	20.3
莱索托	91.4	79.6	39.5	38.8	35.7	29.3	41.8	45.5	108.4	93.2
利比里亚	32.1	43.3	20.3	18.3	39.2	44.7	36.9	22.7	28.5	29.1
利比亚	17.1	47.2	14.2	55.5	13.3	35.3	87	75.7	31.5	113.7
马达加斯加	73.9	70.9	15	15.1	20.2	22.7	21.8	28.4	30.9	34.2
马拉维	88	85.1	9.7	9.4	23.7	22.9	23.8	16.7	45.2	34
马里	70.7	74	15.5	15.7	17.2	22.5	27.9	25.7	31.3	38
毛里塔尼亚	53	55.1	12.1	11.7	49.2	44	48.3	39.2	62.5	50
毛里求斯	74.2	79.2	13.3	16	24.4	20.7	53.8	40.2	65.7	56
摩洛哥	60.4	57.3	19.8	19.3	35	31.9	34.9	39.3	50.2	47.9
莫桑比克	74.2	64.6	20.4	22.8	49.5	60.1	28.9	32.3	73	79.7
纳米比亚	65	69.6	25	25.8	26.7	15.2	43.4	36.4	60.2	47
尼日尔	68.6	68.4	12.7	15.6	30.6	31.1	19.3	11.2	31.2	26.3
尼日利亚	58.3	74.6	8.2	5.6	15	25.4	31.5	14.2	13	19.8
卢旺达	80.3	75.3	13	15.8	23.3	23.2	12	21.8	28.6	36.1
圣多美和普林西比	80.1	88.6	25.2	15	35.6	18.4	13.1	22.3	54	44.3
塞内加尔	67.3	57.8	25.1	22.8	24.6	33.6	22.5	24.3	39.5	38.5
塞舌尔	55	24.1	27.9	56.4	40	31.1	88	83.5	110.9	95.2
塞拉利昂	81.5	98.6	10.3	8.6	27.9	12.5	32.8	18.2	52.5	37.9

（续表）

年份 国家	家庭最终 消费支出		政府最终 消费支出		资本形成 总额		出口商品		进口商品	
	2012	2019	2012	2019	2012	2019	2012	2019	2012	2019
索马里	141.3	143.1	4.3	9.1	14.3	14	21.1	17.5	81	83.7
南非	64	63.8	18.7	19.6	18.5	16	27	27.3	28.3	26.8
南苏丹										
苏丹	82.3	87.2	6.5	6.1	20	16	13	16	21.9	25.4
多哥	75.4	76.4	15.3	12.9	23.3	18.3	45.2	25.3	59.2	32.9
突尼斯	67	68.5	16.7	17.6	26.1	22	45.9	48.5	55.6	56.5
乌干达	79.6	70.9	7.8	8.7	25.4	25.4	15.9	17.1	28.7	22.2
坦桑尼亚	65.6	55.7	10.1	7.4	33.6	37.8	21.6	15.2	30.9	16.1
赞比亚	51.5	42.4	11.9	17.7	31.8	39.4	40.1	34.7	35.3	34.3
津巴布韦	94	77	20	25.6	9.9	9.3	25.2	19	49	31
非洲	59.4	66.7	14.5	13.7	22.9	25.1	32.8	24.5	29.6	30.5

数据来源:非洲开发银行、非洲联合委员会、联合国非洲经济委员会:《非洲统计年鉴2021》(*African Statisical Year 2021*)。整理人:王康旭。

表 5 非洲国家通货膨胀率

国家 ＼ 年份	2016	2017	2018	2019	2020
阿尔及利亚	6.4	5.6	4.3	2	2.4
安哥拉	32.4	29.8	20.2	17.1	22.3
贝宁	−0.8	1.8	0.8	−0.9	3.1
博茨瓦纳	2.8	3.3	3.2	2.8	1.9
布基纳法索	0.4	1.5	2	−3.2	1.9
布隆迪	5.6	16	−2.7	−0.7	7.5
佛得角	−1.4	0.8	1.3	1.1	0.6
喀麦隆	0.9	0.6	1.1	2.5	2.4
中非共和国	4.9	4.2	1.6	2.7	2.3
乍得	−1.6	−0.9	4	−1	4.5
科摩罗	1.8	1	1.7	3.7	0.9
刚果共和国	3.2	0.4	1.2	2.2	1.4
科特迪瓦	0.7	0.7	0.6	0.8	2.4
刚果民主共和国	3.2	35.7	29.3	4.7	11.4
吉布提	2.7	0.6	0.1	3.3	0.3
埃及	10.6	23.3	21.6	13.9	5.7
赤道几内亚	1.4	0.7	1.3	1.2	4.8
厄立特里亚	−5.6	−13.3	−14.4	−16.4	4.8
斯威士兰	7.8	6.2	4.8	2.6	3.9
埃塞俄比亚	7.8	7.2	13.8	15.7	20.4
加蓬	2.1	2.7	4.8	2	1.3
冈比亚	7.2	8	6.5	7.1	5.9
加纳	17.5	12.4	9.8	8.7	9.9
几内亚	8.2	8.9	9.8	9.5	10.6
几内亚比绍	2.7	−0.2	0.4	0.3	1.5
肯尼亚	6.3	8	4.7	5.2	5.3
莱索托	6.6	5.3	3.9	5.2	5
利比里亚	8.8	12.4	23.5	27	17
利比亚	25.9	25.8	13.6	−2.2	1.4

（续表）

年份\国家	2016	2017	2018	2019	2020
马达加斯加	6.7	8.3	8.6	5.6	4.2
马拉维	21.7	11.6	9.2	9.4	8.6
马里	−1.8	1.8	1.7	−2.9	0.5
毛里塔尼亚	1.5	2.3	3.1	2.3	2.3
毛里求斯	1	3.7	3.2	0.5	2.5
摩洛哥	1.5	0.7	1.6	0.2	0.6
莫桑比克	19.2	15.1	3.9	2.8	3.1
纳米比亚	6.7	6.2	4.3	3.7	2.2
尼日尔	0.2	0.2	2.7	−2.5	2.9
尼日利亚	15.6	16.5	12.1	11.4	13.2
卢旺达	5.7	4.8	1.4	2.4	7.7
圣多美和普林西比	5.4	5.7	8.3	7.7	9.4
塞内加尔	1.2	1.1	0.5	1	2.5
塞舌尔	5.7	4.8	1.4	2.4	7.7
塞拉利昂	10.9	18.2	16	14.8	13.4
索马里	2.3	2.9	5.1	4.7	4.1
南非	6.6	5.3	4.6	4.1	3.3
南苏丹	379.8	187.9	83.5	51.2	33.3
苏丹	17.8	32.4	63.3	51	163.3
多哥	0.9	−0.7	0.9	0.7	1.8
突尼斯	3.6	5.3	7.3	6.7	5.6
乌干达	5.4	5.6	2.6	2.1	2.8
坦桑尼亚	5.2	5.3	3.6	3.4	3.3
赞比亚	17.9	6.6	7.5	9.2	15.7
津巴布韦	−1.6	0.9	10.6	255.3	557.3
非洲	10	12.4	11.3	9.2	10.8

数据来源：非洲开发银行、非洲联合委员会、联合国非洲经济委员会：《非洲统计年鉴2021》（*African Statisical Year 2021*）。整理人：王康旭。

表6　非洲国家农业和粮食生产指数

（基数：2004—2006＝100）

时间 国家	农业生产				粮食生产			
	2016	2017	2018	2019	2016	2017	2018	2019
阿尔及利亚	103.1	103.3	107.7	111.5	103.1	103.3	107.7	111.6
安哥拉	102.3	103.4	107.3	110.1	102.3	103.4	107.4	110.2
贝宁	104	110.7	119	119.4	102	105.3	110	109.4
博茨瓦纳	97.5	95	100.3	97.9	97.5	95	100.3	97.9
布基纳法索	99.8	94.5	98.2	107.2	100.6	92.5	106.6	111.2
布隆迪	104	106.7	143.5	149.6	104.5	111.9	152.1	158.7
佛得角	99.9	92	80.7	80.3	99.8	92	80.7	80.4
喀麦隆	103.7	102.8	104.5	107.2	104.1	103	104.7	107.4
中非共和国	101.7	103.5	105.3	106	101.9	103.7	105.6	106.2
乍得	106.6	105.1	109.9	118.5	105.5	108.4	114.4	118.3
科摩罗	100.9	99.2	99.9	99.8	100.9	99.1	99.9	99.8
刚果共和国	102.2	103.6	105.6	107.3	102.2	103.6	105.7	107.4
科特迪瓦	101.3	110.8	113.8	114.3	101.2	111.5	113.9	113.5
刚果民主共 和国	100.3	105.7	107.8	109.9	100.2	105.9	108	110.1
吉布提	114.6	122.9	125	126.3	114.6	122.9	125	126.3
埃及	98.5	101.1	97.2	102.4	98.9	101.2	96.8	102.5
赤道几内亚	102.9	105.1	107.1	109.5	103.6	106.2	108.5	111.4
厄立特里亚	100.3	101.4	101.7	102	100.3	101.4	101.7	102
斯威士兰	96.7	99	100.8	100.7	96.8	99	100.8	100.8
埃塞俄比亚	105.3	105.6	104.9	108.4	105.4	106	104.6	108.4
加蓬	101.6	104	105.3	107.1	101.5	103.8	105	106.7
冈比亚	100.6	95.4	93.4	92.1	100.7	95.4	93.3	92

（续表）

时间 国家	农业生产				粮食生产			
	2016	2017	2018	2019	2016	2017	2018	2019
加纳	101.1	108.2	114	118.1	101.2	108.2	114	118.3
几内亚	104.4	110.5	115.1	125.2	104.2	110.6	115.3	126
几内亚比绍	101.4	101.2	103.8	106.7	101.3	101.2	103.9	106.9
肯尼亚	101	100.3	102	111	100.5	100.4	101.4	111.8
莱索托	92.9	112.3	103.3	96	92.4	113	103.4	95.6
利比里亚	110.7	98.9	100.1	91.7	112.3	98.3	98.1	91.6
利比亚	100.6	100	101.1	101.8	100.6	100	101.2	101.8
马达加斯加	100.3	98.6	102.5	104.3	100.2	98.1	102.2	103.7
马拉维	97.1	114.4	121.3	129.2	97.9	117.3	124.2	132.2
马里	110.8	109.9	117.6	121.1	110.6	108.5	117.8	120.9
毛里塔尼亚	101.5	102.6	106	108.8	101.5	102.6	106	108.8
毛里求斯	97.2	97.7	89.5	94.1	97.1	97.6	89.3	94
摩洛哥	92.2	108.4	115.5	110.6	92	108.4	115.6	110.6
莫桑比克	97.9	112.1	127.8	124.8	98	113.3	130.4	126.7
纳米比亚	98.6	105.6	104.9	100.4	98.7	105.9	105.2	100.8
尼日尔	108.8	111.4	120.7	119.9	108.8	111.5	120.7	119.9
尼日利亚	104.6	105.8	105.3	106.7	104.6	105.8	105.2	106.6
卢旺达	101.4	114.7	117.4	123.3	101.1	114	116.2	123
圣多美和普林西比	113.9	121	101.9	107.4	114.5	121.9	101.8	107.5
塞内加尔	101.7	136.1	156.8	153.5	101.8	136.8	158	154.5
塞舌尔	105.1	92	94.1	92.3	105.2	92.1	94.3	92.5
塞拉利昂	96	98.3	100.6	104.6	96.3	98.9	101.5	105.8
索马里	97.2	97.3	97.2	96.8	97.2	97.3	97.2	96.8

（续表）

时间 国家	农业生产				粮食生产			
	2016	2017	2018	2019	2016	2017	2018	2019
南非	96.1	105.3	103.8	101.7	96	105.5	103.7	101.7
南苏丹	100.3	102.8	102.2	106.5	100.3	102.8	102.2	106.5
苏丹	105.1	102.1	118.1	115.7	105.2	102.2	118	115.4
多哥	100.8	104.7	109.4	110.2	99.6	103.5	107.2	109.2
突尼斯	95.9	94.5	98	105.9	95.8	94.5	98	105.9
乌干达	94.2	100.2	101.6	99.5	93.6	97.8	99.6	98
坦桑尼亚	94	97.2	106	107.2	93.8	97	105.4	106.3
赞比亚	102.3	122.1	118.3	110.4	102.2	125	120.1	111.1
津巴布韦	96.8	103.6	119.6	112.6	97.6	111.7	113.6	102.4

数据来源：非洲开发银行、非洲联合委员会、联合国非洲经济委员会：《非洲统计年鉴2021》(*African Statisical Year 2021*)。整理人：王康旭。

表 7　非洲国家电力生产(GWh)

年份 国家	发电总量			水力发电总量			能源发电总量		
	2018	2019	2020	2018	2019	2020	2018	2019	2020
阿尔及利亚	76663	80235	84104	117	120	122	0	0	0
安哥拉	13077	13507	13991	10374	10755	11187	0	0	0
贝宁	224	229	234	1	1	1	1	1	1
博茨瓦纳	3057	3102	3149	0	0	0	0	0	0
布基纳法索	1072	1137	1208	129	130	132	0	0	0
布隆迪	263	266	270	188	191	194	0	0	0
佛得角	503	515	529	0	0	0	0	0	0
喀麦隆	8343	8573	8817	4272	4439	4613	4	4	4
中非共和国	152	154	156	142	144	146	0	0	0
乍得	303	309	314	0	0	0	0	0	0
科摩罗	77	77	81	6	6	7	0	0	0
刚果共和国	2620	2745	2888	1094	1161	1234	0	0	0
科特迪瓦	10059	10474	10919	2962	3015	3070	61	66	71
刚果民主共和国	10592	11402	12295	10538	11346	12237	24	25	26
吉布提	30	31	32	0	0	0	0	0	0
埃及	198971	201415	203949	13861	14050	14242	0	0	0
赤道几内亚	472	480	488	443	448	455	0	0	0
厄立特里亚	448	462	478	0	0	0	0	0	0
斯威士兰	841	860	879	208	212	216	284	289	294
埃塞俄比亚	13350	14034	14807	12359	13016	13759	0	0	0
加蓬	2671	2787	2915	1100	1199	1309	7	8	8
冈比亚	335	343	350	0	0	0	0	0	0
加纳	14696	15380	16122	5964	6332	6724	0	0	0

（续表）

年份 国家	发电总量			水力发电总量			能源发电总量		
	2018	2019	2020	2018	2019	2020	2018	2019	2020
几内亚	1922	2029	2148	1182	1254	1335	0	0	0
几内亚比绍	179	193	209	0	0	0	0	0	0
肯尼亚	11384	11995	12307	3986	4110	4239	129	132	135
莱索托	517	540	564	516	539	563	0	0	0
利比里亚	124	130	138	0	0	0	0	0	0
利比亚	38444	39525	40659	0	0	0	0	0	0
马达加斯加	2437	2636	2860	846	910	979	26	27	28
马拉维	2820	2871	3400	2796	2846	3375	0	0	0
马里	2669	2893	3142	891	949	1011	67	71	71
毛里塔尼亚	832	859	888	238	240	243	0	0	0
毛里求斯	3242	3319	3825	119	120	121	568	596	625
摩洛哥	34453	35131	35841	1693	1722	1751	3	3	3
莫桑比克	17010	17439	17932	13900	14099	14301	0	0	0
纳米比亚	1544	1571	1596	1436	1457	1478	0	0	0
尼日尔	536	559	582	0	0	0	0	0	0
尼日利亚	31868	32380	32913	5635	5670	5706	0	0	0
卢旺达	554	562	571	225	228	231	2	2	2
圣多美和普林西比	97	100	104	13	14	15	0	0	0
塞内加尔	4905	5031	5162	321	329	337	89	93	94
塞舌尔	484	499	515	0	0	0	15	16	16
塞拉利昂	432	452	475	239	241	244	0	0	0
索马里	419	432	446	0	0	0	0	0	0
南非	266256	272102	278141	5382	5640	5914	301	310	318

（续表）

国家＼年份	发电总量			水力发电总量			能源发电总量		
	2018	2019	2020	2018	2019	2020	2018	2019	2020
南苏丹	548	558	568	0	0	0	0	0	0
苏丹	16114	16770	17492	9351	9788	10271	0	0	0
多哥	505	521	538	113	124	136	6	6	6
突尼斯	20379	20694	23813	17	19	20	22	23	25
乌干达	4235	4318	4406	3643	3714	3790	352	355	359
坦桑尼亚	7877	8067	8270	2432	2487	2544	25	25	25
赞比亚	14397	14560	14728	13698	13843	13991	0	0	0
津巴布韦	7591	8073	8412	3324	3480	3642	144	157	159
非洲	853720	875460	901773	135753	140387	145883	2130	2209	2274

数据来源：非洲开发银行、非洲联合委员会、联合国非洲经济委员会：《非洲统计年鉴2021》(*African Statisical Year 2021*)。整理人：王康旭。

表 8　非洲国家货币供应情况

年份 国家	广义本国货币供应量 （单位十亿元）			年度货币供应 上升百分比			货币流通速度 （国内生产总值/M2 比值）		
	2018	2019	2020	2018	2019	2020	2018	2019	2020
阿尔及利亚	16636.7	16510.7	17740	11.1	−0.8	7.4	0.9	0.9	0.8
安哥拉	7854	10219.2	12702.5	20.4	30.1	24.3	2.3	2	1.9
贝宁	2209	2342	2747.9	4.8	6	17.3	2.6	2.6	2.4
博茨瓦纳	78.5	84.8	89.8	8.3	8	5.9	1.4	1.3	1.1
布基纳法索	3503.3	3812.5	4498.3	10.4	8.8	18	1.8	1.7	1.7
布隆迪	1628.8	1985.8	2450.6	19.9	21.9	23.4	2.8	2.5	1.9
佛得角	183.6	199.1	206.6	1.4	8.4	3.8	0.7	0.7	0.6
喀麦隆	5234.7	5575.1	6251.9	14	6.5	12.1	3	2.8	2.8
中非共和国	343	373.5	414.6	14	8.9	11	3	2.8	2.8
乍得	877.9	1092.1	1284.6	−2	24.4	17.6	5.7	4.7	3.7
科摩罗	138.5	146.7	163.5	8.5	5.9	11.5	2.7	2.6	2.4
刚果共和国	1695.2	1829.7	2158.6	−4	7.9	18	3.7	3.4	2.6
科特迪瓦	9581.8	12905.3	18665.4	27.7	34.7	44.6	6	4.6	3.6
刚果民主共和国	3281.8	4004	4890.3	8.8	22	22.1	5.1	4.6	4.1
吉布提	349.9	380.6	454.4	−5.6	8.8	19.4	1.2	1.2	1
埃及	3454.3	3863.6	4538.8	18.4	11.8	17.5	0.7	0.8	0.7
赤道几内亚	1142.3	1070.4	995.6	−2.5	−6.3	−7	5.5	5.1	4.5
厄立特里亚	72.5	72.2	73.9	0	−0.4	2.4	0.4	0.4	0.4
斯威士兰	18	18.4	21.2	4.1	1.8	15.4	2	2.2	1.9
埃塞俄比亚	740.6	886.7	1037.6	29.2	19.7	17	3	3	3.2
加蓬	2277.9	2304.6	2467.7	15.7	1.2	7.1	3.1	3.3	2.8
冈比亚	33.7	42.9	52.3	20	27.1	22	1.6	1.5	1.3

（续表）

年份 国家	广义本国货币供应量 （单位十亿元）			年度货币供应 上升百分比			货币流通速度 （国内生产总值/M2 比值）		
	2018	2019	2020	2018	2019	2020	2018	2019	2020
加纳	76.4	92.9	120.5	15.4	21.6	29.7	2.9	2.8	2.5
几内亚	24747.4	30416.2	37420.3	10.3	22.9	23	3.1	2.9	3
几内亚比绍	365	366	399.2	4.2	0.3	9.1	2.3	2	1.9
肯尼亚	3337.8	3524	3990.9	10.1	5.6	13.2	1.7	1.7	1.6
莱索托	11.2	12	14.1	5.5	7.2	17.2	1.8	1.8	1.2
利比里亚	0.6	0.6	0.8	4.9	0.5	20.4	0.1	0.1	0.1
利比亚	111.6	108.9	130.7				0.5	0.5	0.2
马达加斯加	11798.5	12659.3	14190.3	11.2	7.3	12.1	3	3.1	2.8
马拉维	1196.5	1292.9	1534.3	11.4	8.1	18.7	4.2	4.4	4.4
马里	2752.4	2999.7	3665	14.2	9	22.2	2.7	2.6	2
毛里塔尼亚	71	79.4	96	13.8	11.8	21	3.1	3.1	3.3
毛里求斯	554.9	602	703.6	6.3	8.5	16.9	0.7	0.7	0.6
莫桑比克	310.8	355.3	421.7	7.9	14.3	18.7	2	1.9	1.8
纳米比亚	104.3	115.3	124.7	6.4	10.5	8.1	1.2	1	0.8
尼日尔	1126.9	1296.5	1517	−2.1	15	17	5.3	4.8	4.3
尼日利亚	32739.6	34850.9	39569.7	15.2	6.4	13.5	2.6	2.7	2.5
卢旺达	2071.3	2391.3	2820.9	15.6	15.4	18	3.2	2.8	2.6
圣多美和普 林西比	3.1	3	3.3	14.3	−2.2	10.9	2.4	3	2.7
塞内加尔	5254.8	5687.1	6394.3	14.2	8.2	12.4	1.9	1.9	1.9
塞舌尔	17.1	19.5	25.2	7.7	13.9	29.2	1.2	1.1	0.8
塞拉利昂	7464.9	8533	11790.9	14.5	14.3	38.2	3.4	3.4	3
索马里									

（续表）

国家\年份	广义本国货币供应量（单位十亿元）			年度货币供应上升百分比			货币流通速度（国内生产总值/M2 比值）		
	2018	2019	2020	2018	2019	2020	2018	2019	2020
南非	3547	3763.8	4119.9	5.6	6.1	9.5	0.9	0.8	0.7
南苏丹	89	113.4	159.7	63.9	27.4	40.8	6.9	6.4	4.3
苏丹	430.8	689.6	1314.3	111.8	60.1	90.6	2.3	2.1	2.3
多哥	1702	1778.4	2009.8	9	4.5	13	1.6	1.6	1
突尼斯	79.4	87.4	97.2	6.6	10.1	11.2	0.9	0.9	0.8
乌干达	23394.7	27118.1	31751.9	8.2	15.9	17.1	3.9	3.7	3.6
坦桑尼亚	26267.7	28541.3	31577.8	6.9	8.7	10.6	3.5	3.6	3.7
赞比亚	63	70.9	103.8	16.5	12.5	46.4	3.2	3.1	2.9
津巴布韦	10	35	203.6	28	249.8	481.4	2.1	0.6	0.1

数据来源:非洲开发银行、非洲联合委员会、联合国非洲经济委员会:《非洲统计年鉴 2021》(*African Statisical Year 2021*)。整理人:王康旭。

表9 非洲国家汇率情况　　　　　　　　　　　　(单位:美元)

年份 国家	2012	2013	2014	2015	2016	2017	2018	2019	2020
阿尔及利亚	77.5	79.4	80.6	100.7	109.4	110.9	116.6	119.4	126.9
安哥拉	95.5	96.5	98.3	120.1	163.7	165.9	252.9	364.8	578.3
贝宁	510.2	493.9	493.6	591.2	592.8	580.9	555.2	585.9	574.8
博茨瓦纳	6.8	8.4	9	10.1	10.9	10.4	10.2	10.8	11.5
布基纳法索	510.2	493.9	493.6	591.2	592.8	580.9	555.2	585.9	574.8
布隆迪	1442.5	1552.5	1546.7	1571.9	1654.6	1729.4	1783.1	1845.5	1915.1
佛得角	86.3	83.1	83	99.4	99.7	97.8	93.4	98.5	96.6
喀麦隆	510.2	493.9	493.6	591.2	592.8	580.9	555.2	585.9	574.8
中非共和国	510.2	493.9	493.5	591.2	592.8	580.9	555.2	585.9	574.8
乍得	510.2	493.9	493.6	591.2	592.8	580.9	555.2	585.9	574.8
科摩罗	382.7	370.4	370.2	443.4	444.6	435.6	416.4	439.4	431.1
刚果共和国	510.2	493.9	493.6	591.2	592.8	580.9	555.2	585.9	574.8
科特迪瓦	918.4	919.1	925.2	926.1	1024	1465.9	1622.5	1647.8	1851.5
刚果民主共 和国	510.6	493.9	493.8	591.2	592.6	580.7	555.4	585.9	574.8
吉布提	177.7	177.7	177.7	177.7	177.7	177.7	177.7	177.7	177.7
埃及	6	6.5	7	7.4	8.1	14.7	17.7	17.6	16.1
赤道几内亚	510.6	493.9	493.8	591.2	592.6	580.7	555.4	585.9	574.8
厄立特里亚	15.4	15.4	15.4	15.4	15.1	15.1	15.1	15.1	15.1
斯威士兰	8.2	9.7	10.8	12.8	14.7	13.3	13.2	14.5	16.5
埃塞俄比亚	17.7	18.6	19.6	20.6	21.7	23.9	27.4	29.1	34.9
加蓬	510.2	493.9	493.6	591.2	592.8	580.9	555.2	585.9	574.8
冈比亚	32.1	36	41.7	43.2	43.8	46.8	48.4	50.3	51.6
加纳	1.8	2	2.9	3.7	3.9	4.4	4.6	5.2	5.6
几内亚	7065.8	6910	7015.4	7488.8	8959.5	9088.3	9011.1	9183.7	9565.1

（续表）

年份\国家	2012	2013	2014	2015	2016	2017	2018	2019	2020
几内亚比绍	510.2	493.9	493.6	591.2	592.8	580.9	555.2	585.9	574.8
肯尼亚	84.5	86.1	87.8	97.8	101.5	103.5	101.3	102.1	105
莱索托	8.5	10.1	11.1	13.8	14.1	13	13.8	14.8	16.4
利比里亚	73.5	77.5	83.9	86.2	94.4	112.7	144.1	186.4	191.5
利比亚	1.3	1.3	1.3	1.4	1.4	1.4	1.4	1.4	1.4
马达加斯加	2195	2206.9	2414.8	2933.5	3176.5	3116.1	3334.8	3618.3	3787.8
马拉维	251.1	370.2	424.4	499.6	718	730.3	732.2	745.2	744.1
马里	510.2	493.9	493.6	591.2	592.8	580.9	555.2	585.9	574.8
毛里塔尼亚	296.9	296.2	301.7	323.9	351.5	356.6	356.8	366.9	363
毛里求斯	30	30.7	30.6	35.1	35.5	34.5	33.9	35.5	39.3
摩洛哥	8.6	8.4	8.4	9.8	9.8	9.7	9.4	9.6	9.5
莫桑比克	28.4	30.1	31.4	40	63.1	63.6	60.3	62.5	69.5
纳米比亚	8.2	9.7	10.8	12.8	14.7	13.3	13.2	14.5	16.5
尼日尔	510.2	493.9	493.6	591.2	592.8	580.9	555.2	585.9	574.8
尼日利亚	157.5	157.3	158.6	193.3	253.5	305.8	306.1	325	359.2
卢旺达	614.3	646.6	682.4	719.6	787.3	831.5	861.1	899.5	943.3
圣多美和普林西比	19068.4	18452.4	18466.4	22090.6	22148.9	21695.2	20736.5	21882.9	21467.1
塞内加尔	510.2	493.9	493.6	591.2	592.8	580.9	555.2	585.9	574.8
塞舌尔	13.7	12.1	12.7	13.3	13.3	13.6	14	14	17.6
塞拉利昂	4343.8	4336.7	4531.6	5075.7	6303.2	7397.4	7931.9	9016.4	9839.9
索马里									
南非	8.2	9.7	10.8	12.8	14.7	13.3	13.2	14.5	16.5
南苏丹	3	3	3	3.6	47	113.6	141.7	158	165.9
苏丹	4.6	5.9	7.3	7.8	11.5	18.1	40.7	60.5	150.4

(续表)

年份 国家	2012	2013	2014	2015	2016	2017	2018	2019	2020
多哥	510.2	493.9	493.6	591.2	592.8	580.9	555.2	585.9	574.8
突尼斯	1.6	1.6	1.7	2	2.1	2.4	2.6	2.9	2.8
乌干达	2504.6	2586.9	2727.8	3475.8	3531.5	3633.3	3714.1	3676.5	3772.9
坦桑尼亚	1571.7	1597.6	1652	1991.2	2177.1	2230.9	2275.4	2300.5	2306.1
赞比亚	5.1	5.4	6.2	8.6	10.3	9.5	10.5	12.9	18.3
津巴布韦	1	1	1	1	1	1	1	8.2	51.3

数据来源:非洲开发银行、非洲联合委员会、联合国非洲经济委员会:《非洲统计年鉴2021》(*African Statisical Year 2021*)。整理人:王康旭。

表 10　非洲国家政府财政占国内生产总值比例（％）

时间 国家	收入国内生产总值占比			支出国内生产总值占比			盈余赤字国内 生产总值占比		
	2018	2019	2020	2018	2019	2020	2018	2019	2020
阿尔及利亚	31.3	32.2	27.8	37.9	37.8	37.5	−6.6	−5.6	−9.7
安哥拉	22.9	21.2	18.1	20.8	20.5	21.9	2.1	0.7	−3.8
贝宁	13.6	14.1	14.4	16.5	14.5	19.1	−2.9	−0.5	−4.7
博茨瓦纳	30.5	30.1	28.4	35.6	36.2	37.9	−5.1	−6.1	−9.5
布基纳法索	19.6	20.1	19.6	23.6	23	24.9	−4	−2.9	−5.3
布隆迪	19.4	22.4	22.4	24.2	27.2	30.2	−4.9	−4.9	−7.8
佛得角	27.9	30.1	24.8	26.8	27.2	33.8	1.1	2.9	−9
喀麦隆	16.1	15.7	13.7	18.5	19	17	−2.5	−3.3	−3.3
中非共和国	17.8	17	20.2	18.1	15.7	23.7	−0.3	1.4	−3.5
乍得	16.9	16.2	25.5	14.8	16.4	23.5	2.1	−0.2	2.1
科摩罗	18.9	17.1	19.3	19.3	20.1	19.3	−0.4	−3	0
刚果共和国	25.5	26.9	23.7	20.2	21.6	25.5	5.4	5.3	−1.7
科特迪瓦	11.6	10.8	9.8	11.2	12.9	11.9	0.4	−2	−2.1
刚果民主共和国	14.7	15	15	17.7	17.3	20.5	−2.9	−2.3	−5.6
吉布提	23.2	22.3	21.3	25.8	23.2	23.4	−2.6	−0.9	−2.1
埃及	20.6	20.3	19.2	30.2	28.2	26.1	−9.6	−7.9	−7
赤道几内亚	20	18.6	14.2	19.2	16.7	15.9	0.8	1.8	−1.7
厄立特里亚	14.5	14.5	14.5	28	28	28	−13.6	−13.6	−13.6
斯威士兰	26.4	28.4	29	36.4	35.7	35.8	−10.1	−7.2	−6.8
埃塞俄比亚	13.1	12.8	11.7	16.1	15.4	14.5	−3	−2.5	−2.8
加蓬	16.9	19.5	17.6	18.2	18.2	19.8	−1.3	1.4	−2.1
冈比亚	15.1	21.2	22.7	20.8	23.7	25.2	−5.7	−2.5	−2.5

（续表）

国家 \ 时间	收入国内生产总值占比			支出国内生产总值占比			盈余赤字国内生产总值占比		
	2018	2019	2020	2018	2019	2020	2018	2019	2020
加纳	15.4	14	12.9	19.2	21.2	28.2	−3.8	−7.3	−15.2
几内亚	16.3	15.7	12.8	17.5	16.2	15.7	−1.2	−0.5	−2.9
几内亚比绍	13.4	15.2	16	17.8	19	25.2	−4.3	−3.9	−9.3
肯尼亚	18.2	18.4	17.8	25.3	26	25.8	−7	−7.6	−8
莱索托	48.2	47.6	60.7	52.5	54.7	64.3	−4.2	−7.1	−3.6
利比里亚	27.9	29.5	26.7	33.1	35.6	30.3	−5.2	−6.2	−3.6
利比亚	27	28.8	18.1	9.8	7.7	72.6	17.1	21.1	−54.5
马达加斯加	13.9	14.4	12.8	16.1	15.5	16.7	−2.2	−1.1	−4
马拉维	14.9	15.1	13.7	19.6	21.8	22.6	−4.7	−6.7	−9
马里	15.5	18.6	15.4	20.3	20.3	20.9	−4.8	−1.7	−5.4
毛里塔尼亚	20.5	19.9	21.7	19.4	17.9	19.3	1.1	2	2.3
毛里求斯	22.6	22.7	21.8	25.8	34.5	38.3	−3.2	−11.8	−16.6
摩洛哥	23.7	23.9	23.8	27.5	28	31.4	−3.7	−4.1	−7.6
莫桑比克	25.4	29.9	27.9	30.8	32.6	34.9	−5.4	−2.7	−7
纳米比亚	30.8	32.7	33	36	37.6	41.1	−5.2	−5	−8.1
尼日尔	17.5	17.9	17.3	20.4	21.4	22.5	−2.9	−3.5	−5.2
尼日利亚	2.8	3.1	2.3	7	7.6	7.7	−4.2	−4.6	−5.4
卢旺达	26.1	26.2	23.1	33	33.5	32.1	−6.9	−7.3	−9
圣多美和普林西比	24	21.5	25.3	24.1	21.7	27	−0.2	−0.2	−1.7
塞内加尔	19.3	20.4	21.3	23.1	24.4	27.7	−3.8	−3.9	−6.4
塞舌尔	38.4	35.3	37.5	38.6	35.1	56.9	−0.2	0.2	−19.5
塞拉利昂	14.9	18.1	19.3	21.4	21.3	24.9	−6.5	−3.1	−5.6

（续表）

国家 \ 时间	收入国内生产总值占比			支出国内生产总值占比			盈余赤字国内生产总值占比		
	2018	2019	2020	2018	2019	2020	2018	2019	2020
索马里	5.9	7.4	7.5	5.8	6.9	7.3	0.1	0.5	0.2
南非	26.7	26.9	25.4	30.3	32	35.4	−3.6	−5.1	−10
南苏丹	32.8	34.1	35.5	36.2	35.1	45.3	−3.4	−1	−9.8
苏丹	9.6	9.1	13.9	18.1	21.8	18.7	−8.5	−12.6	−4.7
多哥	19.4	19.4	19	20	17.8	25.9	−0.6	1.6	−7
突尼斯	24.7	26.1	26.1	29	29.2	35.4	−4.3	−3.1	−9.3
乌干达	13.1	12.9	14.4	18.3	20.3	23.9	−5.2	−7.4	−9.5
坦桑尼亚	15.2	14.4	15.3	16.6	16.6	16.1	−1.4	−2.1	−0.8
赞比亚	19.4	19.3	19	30.3	25.8	32.2	−10.9	−6.5	−13.2
津巴布韦	12.9	14.2	16.2	18.6	13.9	16.7	−5.7	0.3	−0.5
非洲	19.6	18.7	16.8	24.1	23.4	24.8	−4.5	−4.7	−8

数据来源：非洲开发银行、非洲联合委员会、联合国非洲经济委员会：《非洲统计年鉴2021》（*African Statisical Year 2021*）。整理人：王康旭。

表 11 非洲各国未偿还外债占国内生产总值比例(%)

时间 国家	2015	2016	2017	2018	2019	2020
阿尔及利亚	1.8	2.4	2.4	2.3	2.3	2.4
安哥拉	31.1	44.4	38.2	46.5	56.2	82.8
贝宁	15.2	15.5	16.8	18.6	23.8	28.4
博茨瓦纳	24.9	34.5	27.8	26.1	30.6	35.4
布基纳法索	22.7	22.5	22.1	20.7	23.5	27.5
布隆迪	16.7	16.9	15.6	16.2	17.7	17.2
佛得角	112.4	106.6	117.4	115.1	117.2	138.6
喀麦隆	24.4	24.3	28.9	29.4	33.4	37.9
中非共和国	30.5	33.4	37.2	35.9	35.8	38.1
乍得	25.0	25.6	26.8	24.9	24.4	27.8
科摩罗	12.9	14.4	16.9	15.3	19.6	24.4
刚果(布)	57.9	66.8	67.4	53.9	57.6	69.8
科特迪瓦	21.1	22.1	15.4	13.0	13.6	13.8
刚果(金)	29.4	28.9	32.5	36.0	38.5	34.1
吉布提	50.1	63.3	70.9	69.2	66.7	70.8
埃及	14.5	16.8	33.4	37.0	36.0	34.1
赤道几内亚	8.8	9.1	9.2	11.7	13.5	16.4
厄立特里亚	65.9	59.6	70.9	64.4	61.7	58.3
斯威士兰	13.4	17.7	15.8	17.2	19.0	23.2
埃塞俄比亚	29.5	31.4	31.7	33.4	31.4	32.3
加蓬	33.3	35.6	40.6	38.5	38.9	49.6
冈比亚	39.5	42.8	47.8	47.3	46.2	50.3
加纳	36.5	34.0	33.2	39.3	34.9	41.6
几内亚	21.4	22.5	20.5	19.3	19.3	27.1

（续表）

时间\国家	2015	2016	2017	2018	2019	2020
几内亚比绍	21.9	21.6	18.2	21.0	24.0	27.9
肯尼亚	51.0	50.6	53.9	53.0	55.6	57.4
索莱托	37.8	37.4	36.4	36.2	36.7	44.1
利比里亚	15.7	20.3	24.2	29.2	34.2	40.3
利比亚						
马达加斯加	50.7	49.7	49.3	69.0	66.9	71.3
马拉维	25.2	31.3	34.7	35.6	40.3	45.1
马里	22.2	23.8	25.6	22.6	26.2	31.5
毛里塔尼亚	64.0	64.1	63.6	60.3	57.5	63.1
毛里求斯	88.3	85.5	79.4	78.5	88.6	110.8
摩洛哥	31.4	31.8	34.8	31.8	33.5	44.6
莫桑比克	111.7	147.0	151.6	160.0	181.1	189.8
纳米比亚	49.2	60.8	65.2	62.4	66.7	81.4
尼日尔	45.7	46.9	49.0	44.6	47.1	54.1
尼日利亚	14.5	15.0	25.4	25.1	25.3	26.5
卢旺达	33.0	43.2	48.2	52.0	58.6	61.6
圣多美和普林西普	85.8	80.3	78.0	66.3	66.7	74.3
塞内加尔	55.4	53.4	62.1	64.7	67.9	70.7
塞舌尔	303.0	301.3	293.7	296.5	295.9	422.2
塞拉利昂	29.1	35.0	40.6	38.9	40.0	47.3
索马里	124.4	121.1	115.1	111.3	107.5	62.3
南非	39.1	48.2	49.6	46.9	52.5	66.9
南苏丹						
苏丹	77.0	94.8	117.4	154.6	169.0	176.9

（续表）

国家 ＼ 时间	2015	2016	2017	2018	2019	2020
多哥	21.2	19.2	21.1	19.7	23.3	32.5
突尼斯	63.1	66.9	82.0	86.9	98.2	100.3
乌干达	33.5	33.6	35.9	37.8	40.8	45.5
坦桑尼亚	31.7	33.6	35.7	37.4	36.5	36.6
赞比亚	72.6	82.1	69.2	75.6	88.5	114.5
津巴布韦	39.1	39.9	40.3	41.6	51.4	75.6
非洲	28.3	32.0	38.0	38.7	40.5	44.6

数据来源：非洲开发银行、非洲联合委员会、联合国非洲经济委员会：《非洲统计年鉴2021》(*African Statistical Yearbook 2021*)。整理人：鲁亚敏。

表 12 非洲各国已偿还债务占国内生产总值比例（%）

国家 \ 年份	2015	2016	2017	2018	2019	2020
阿尔及利亚	14.2	12.9	10.9	7.4	9.7	15.0
安哥拉	19.3	29.1	30.1	23.2	27.7	28.8
贝宁	3.0	2.3	4.1	2.3	5.4	7.1
博茨瓦纳	10.3	10.5	17.2	15.1	19.6	30.7
布基纳法索	3.9	3.6	3.5	3.5	4.2	3.5
布隆迪	13.7	13.2	11.3	9.1	8.7	8.5
佛得角	11.7	10.2	10.3	8.6	8.0	20.7
喀麦隆	4.7	18.3	18.2	23.0	25.0	19.3
中非共和国	6.2	6.3	1.7	3.9	3.7	3.8
乍得	9.6	14.4	9.0	6.1	4.1	6.1
科摩罗	2.1	3.0	3.0	2.9	5.4	9.7
刚果（布）	9.8	13.1	9.0	8.6	9.7	12.0
科特迪瓦	2.6	2.9	1.0	1.2	3.4	2.9
刚果（金）	10.3	13.0	13.7	14.6	15.4	8.3
吉布提	1.2	2.6	1.6	1.5	1.4	1.6
埃及	12.7	14.4	19.8	26.8	24.2	33.8
赤道几内亚	3.4	5.5	3.1	3.1	5.6	6.9
厄立特里亚	9.9	14.7	11.8	11.4	11.3	12.4
斯威士兰	11.3	10.1	17.3	15.2	15.1	14.7
埃塞俄比亚	17.1	23.8	24.9	22.7	28.7	26.7
加蓬	9.5	14.8	24.8	17.5	17.7	40.5
冈比亚	45.7	39.7	45.7	40.1	34.2	57.9
加纳	9.0	12.8	11.6	14.0	12.6	11.8
几内亚	5.5	3.2	1.5	2.5	2.3	0.7

(续表)

年份 国家	2015	2016	2017	2018	2019	2020
几内亚比绍	1.3	1.9	13.9	1.7	2.1	4.2
肯尼亚	13.2	20.2	23.3	33.7	40.4	36.4
索莱托	4.7	4.7	4.8	5.1	6.0	7.8
利比里亚	5.1	4.6	4.7	4.3	5.9	7.9
利比亚						
马达加斯加	3.0	3.8	8.7	5.4	12.5	13.4
马拉维	3.1	4.1	4.9	5.7	5.5	7.0
马里	4.2	4.6	4.6	3.5	4.8	6.3
毛里塔尼亚	10.7	12.7	11.4	11.9	10.3	9.6
毛里求斯	4.1	4.2	6.2	4.3	4.3	12.5
摩洛哥	7.8	8.9	8.9	7.3	7.3	11.9
莫桑比克	17.8	20.9	9.7	15.0	15.0	18.8
纳米比亚	54.5	53.5	57.3	60.6	62.0	75.7
尼日尔	7.3	10.5	9.0	10.0	9.8	8.7
尼日利亚	12.5	22.5	14.8	29.6	15.1	31.7
卢旺达	6.3	6.4	6.3	7.8	7.7	10.7
圣多美和普林西普	3.9	3.3	3.8	2.6	4.5	5.0
塞内加尔	13.5	15.1	15.2	17.9	12.7	22.0
塞舌尔	6.1	13.3	6.2	4.5	7.7	7.7
塞拉利昂	7.8	5.7	7.5	9.5	9.0	20.3
索马里						
南非	57.7	51.9	42.5	54.2	59.8	66.5
南苏丹						
苏丹	8.0	3.4	3.3	4.3	4.2	4.4

（续表）

国家 \ 年份	2015	2016	2017	2018	2019	2020
多哥	4.0	4.9	5.9	4.8	4.9	3.4
突尼斯	10.9	15.3	18.5	16.8	18.9	20.1
乌干达	4.5	4.6	6.8	7.7	6.9	9.6
坦桑尼亚	7.5	10.2	12.0	13.9	16.0	18.0
赞比亚	8.3	13.6	7.8	18.0	21.1	30.3
津巴布韦						
非洲	20.3	21.9	20.0	23.6	23.5	28.8

数据来源：非洲开发银行、非洲联合委员会、联合国非洲经济委员会：《非洲统计年鉴2021》（*African Statistical Yearbook 2021*）。整理人：鲁亚敏。

表 13　非洲国家获得官方发展援助(ODA)占国内生产总值的比例(％)

年份 国家	2015	2016	2017	2018	2019
阿尔及利亚	1.8	3.6	4.2	3.4	4.1
安哥拉	13.6	7.2	7.5	5.3	1.6
贝宁	41.3	46.1	60.8	50.0	51.0
博茨瓦纳	30.9	41.9	46.3	38.0	29.9
布基纳法索	55.1	55.2	46.5	56.1	56.5
布隆迪	36.1	70.8	40.3	40.4	51.1
佛得角	292.0	217.0	228.9	155.0	277.4
喀麦隆	28.5	31.6	49.5	46.2	51.6
中非共和国	108.3	111.7	111.4	140.6	158.9
乍得	43.0	42.9	43.2	56.5	44.3
科摩罗	84.6	67.6	82.6	109.3	92.0
刚果(布)	18.3	17.5	20.9	27.9	34.8
科特迪瓦	34.1	26.7	28.2	29.9	34.9
刚果(金)	28.1	25.8	33.9	38.3	46.7
吉布提	189.7	199.5	151.1	186.9	279.9
埃及	27.3	25.8	0.3	21.1	17.3
赤道几内亚	6.4	5.7	5.5	5.1	47.2
厄立特里亚	28.1	19.8	23.2	24.4	79.2
斯威士兰	83.9	132.5	131.2	106.8	63.9
埃塞俄比亚	32.1	39.4	38.8	45.2	42.9
加蓬	50.7	20.7	51.5	55.2	53.7
冈比亚	54.6	42.8	128.5	102.7	82.7
加纳	63.6	46.3	43.4	35.9	30.8
几内亚	47.1	48.3	39.1	47.9	45.5

（续表）

年份 国家	2015	2016	2017	2018	2019
几内亚比绍	54.7	110.4	62.0	81.9	62.7
肯尼亚	51.5	44.6	49.4	48.5	61.8
索莱托	42.0	54.0	69.6	72.9	68.7
利比里亚	244.7	178.6	134.3	119.0	121.0
利比亚	24.5	27.6	65.6	45.4	46.6
马达加斯加	28.0	25.0	30.5	26.5	28.0
马拉维	62.7	72.2	86.0	70.5	64.8
马里	68.9	67.1	73.5	78.6	94.8
毛里塔尼亚	81.4	73.8	68.1	101.8	91.1
毛里求斯	62.3	33.6	11.6	54.6	17.5
摩洛哥	43.8	58.7	68.2	22.7	20.8
莫桑比克	67.3	55.1	63.0	61.8	62.8
纳米比亚	61.5	72.2	79.3	65.1	59.5
尼日尔	43.5	45.8	56.7	53.4	63.9
尼日利亚	13.4	13.4	17.6	16.9	17.5
卢旺达	95.7	98.6	102.8	91.0	94.3
圣多美和普林西普	245.4	231.5	194.3	219.2	238.9
塞内加尔	59.6	48.8	58.9	63.0	88.6
塞舌尔	71.4	60.6	168.0		
塞拉利昂	132.0	94.6	72.3	66.4	76.1
索马里	91.4	83.4	120.7	105.0	120.8
南非	25.6	21.0	17.8	15.9	16.6
南苏丹	156.3	146.5	200.1	143.7	170.4
苏丹	24.9	20.3	21.1	23.1	37.9

（续表）

年份 国家	2015	2016	2017	2018	2019
多哥	27.2	22.4	44.8	37.6	50.9
突尼斯	44.4	57.2	71.0	69.8	84.1
乌干达	42.9	44.5	48.9	45.5	47.4
坦桑尼亚	50.2	43.7	47.3	43.6	37.1
赞比亚	50.2	59.1	61.7	57.7	54.7
津巴布韦	57.1	46.6	51.0	55.0	66.6
非洲	38.2	36.8	38.5	38.0	40.5

数据来源:非洲开发银行、非洲联合委员会、联合国非洲经济委员会:《非洲统计年鉴2021》(*African Statistical Yearbook 2021*)。整理人:鲁亚敏。

表 14　非洲国家获得境外直接投资(FDI)占国内生产总值的比例(%)

年份 国家	2015	2016	2017	2018	2019
阿尔及利亚	−14.7	40.4	29.8	34.7	32.1
安哥拉	359.6	−6.2	−248.1	−209.5	−128.8
贝宁	14.2	12.1	18.0	16.9	19.5
博茨瓦纳	178.5	66.0	118.2	126.9	113.3
布基纳法索	12.8	20.9	0.1	13.6	10.2
布隆迪	0.7	0.0	0.0	0.1	0.1
佛得角	220.6	239.5	206.7	193.7	189.1
喀麦隆	26.9	27.7	33.1	30.3	30.2
中非共和国	0.7	1.6	1.5	3.9	5.4
乍得	39.7	16.8	24.2	29.8	35.5
科摩罗	6.4	4.5	4.8	8.2	9.2
刚果(布)	49.9	20.5	54.3	51.3	38.8
科特迪瓦	344.6	241.9	262.2	308.3	274.8
刚果(金)	21.3	24.3	39.9	24.7	39.2
吉布提	135.7	172.2	174.8	177.3	186.9
埃及	74.9	85.8	76.8	82.7	89.8
赤道几内亚	199.7	44.4	241.5	302.6	333.5
厄立特里亚	14.8	15.5	16.3	17.7	19.2
斯威士兰	37.4	19.2	−49.8	32.1	113.4
埃塞俄比亚	26.0	40.0	37.8	30.3	22.5
加蓬	508.7	619.4	636.4	650.7	714.9
冈比亚	6.0	−12.9	8.0	14.5	13.7
加纳	114.6	122.4	111.8	100.4	76.2
几内亚	4.7	137.9	47.8	28.4	3.5

（续表）

年份 国家	2015	2016	2017	2018	2019
几内亚比绍	10.7	13.5	8.6	11.0	15.9
肯尼亚	12.9	13.8	25.2	31.6	25.3
索莱托	100.3	76.7	58.9	61.0	55.3
利比里亚	140.2	98.8	52.7	29.7	27.9
利比亚					
马达加斯加	18.0	18.1	14.0	13.4	8.4
马拉维	30.4	6.7	5.1	5.6	5.3
马里	15.8	19.8	30.4	24.5	25.1
毛里塔尼亚	124.1	65.1	137.1	175.5	195.6
毛里求斯	171.9	300.2	379.6	293.2	372.0
摩洛哥	93.9	61.4	75.5	98.8	43.8
莫桑比克	143.0	111.2	80.0	91.6	72.8
纳米比亚	370.4	156.1	155.5	64.1	−7.0
尼日尔	26.5	14.5	15.7	20.8	25.4
尼日利亚	19.8	19.8	20.0	32.7	16.4
卢旺达	33.4	29.3	29.8	31.0	33.3
圣多美和普林西普	143.3	109.0	165.2	146.1	267.1
塞内加尔	28.1	31.5	38.2	53.5	60.3
塞舌尔	2048.3	1622.0	1990.8	1231.0	1284.4
塞拉利昂	35.2	18.8	17.2	28.5	47.1
索马里	22.0	23.3	25.3	27.2	28.9
南非	31.2	39.8	35.2	94.3	79.0
南苏丹	0.0	−0.7	0.1	5.5	1.6
苏丹	44.4	26.7	26.1	27.2	19.3

（续表）

国家＼年份	2015	2016	2017	2018	2019
多哥	35.2	−6.2	11.5	−23.2	16.5
突尼斯	89.7	78.3	77.0	89.6	72.2
乌干达	19.3	15.8	19.5	24.7	28.6
坦桑尼亚	30.3	16.3	17.2	18.8	19.2
赞比亚	82.2	40.5	65.7	23.5	42.2
津巴布韦	30.5	26.5	24.5	51.6	19.1
非洲	48.8	38.0	33.4	39.7	34.7

数据来源：非洲开发银行、非洲联合委员会、联合国非洲经济委员会：《非洲统计年鉴2021》(*African Statistical Yearbook 2021*)。整理人：鲁亚敏。

表 15 2020 年非洲各区域共同体之间贸易额

(单位:百万美元)

出口至→	阿拉伯马格里布联盟	萨赫勒国家共同体	东南非共同市场	东非共同体	中部非洲共同体	西非国家经济共同体	政府间发展管理局	南部非洲发展共同体	非洲	世界
阿拉伯马格里布联盟	2782.7	4148.80	2269.90	46.2	380.7	1536.80	197	286.5	5520.70	72842.00
萨赫勒国家共同体	4142.00	14811.70	5651.00	604.6	1405.80	10647.70	2771.90	4451.50	23762.00	168103.90
东南非共同市场	3640.20	6353.10	11639.10	4193.20	2080.20	863.8	6204.30	8936.20	21121.50	98944.20
东非共同体	642.2	626	4313.80	3422.80	1513.30	74	2739.40	1994.10	6315.70	16965.10
中部非洲共同体	62.9	597.5	1113.20	715.9	1097.10	259.9	122.2	3033.10	4224.10	49894.20
西非国家经济共同体	319.5	9315.70	296.7	49.3	889.5	9240.80	67.4	3878.40	14300.20	85319.10
政府间发展管理局	197.5	1988.20	5503.70	2768.30	712.7	77.9	4556.50	1000.70	6797.90	21997.80
南部非洲发展共同体	640.2	2046.70	12235.30	2949.90	3043.40	1621.60	1834.20	29222.60	34288.90	151878.70
非洲	5740.90	20304.30	23085.50	6484.20	6012.50	12972.10	8014.00	35040.60	65863.20	377950.20
世界	111263.70	280230.20	197164.10	41529.00	31207.80	124895.10	62546.40	144014.20	531842.60	17421369.20

（续表）

出口至→	阿拉伯马格里布联盟	萨赫勒国家共同体	东南非共同市场	东非共同体	中部非洲共同体	西非国家经济共同体	政府间发展管理局	南部非洲发展共同体	非洲	世界
出口至→					占出口总额的百分比					
阿拉伯马格里布联盟	3.80%	5.70%	3.10%	0.10%	0.50%	2.10%	0.30%	0.40%	7.60%	
萨赫勒国家共同体	2.50%	8.80%	3.40%	0.40%	0.80%	6.30%	1.60%	2.60%	14.10%	
东南非共同市场	3.70%	6.40%	11.80%	4.20%	2.10%	0.90%	6.30%	9.00%	21.30%	
东非共同体	3.80%	3.70%	25.40%	20.20%	8.90%	0.40%	16.10%	11.80%	37.20%	
中部非洲共同体	0.10%	1.20%	2.20%	1.40%	2.20%	0.50%	0.20%	6.10%	8.50%	
西非国家经济共同体	0.40%	10.90%	0.30%	0.10%	1.00%	10.80%	0.10%	4.50%	16.80%	
政府间发展管理局	0.90%	9.00%	25.00%	12.60%	3.20%	0.40%	20.70%	4.50%	30.90%	
南部非洲发展共同体	0.40%	1.30%	8.10%	1.90%	2.00%	1.10%	1.20%	19.20%	22.60%	
非洲	1.50%	5.40%	6.10%	1.70%	1.60%	3.40%	2.10%	9.30%	17.40%	
世界	0.60%	1.60%	1.10%	0.20%	0.20%	0.70%	0.40%	0.80%	3.10%	

（续表）

进口自→	阿拉伯马格里布联盟	萨赫勒国家共同体	东南非共同市场	东非共同体	中部非洲共同体	西非国家经济共同体	政府间发展管理局	南部非洲发展共同体	非洲	世界
阿拉伯马格里布联盟	4735.00	5529.50	5480.90	1408.20	108.9	442.7	499.3	3981.70	11716.00	113704.60
萨赫勒国家共同体	5162.50	16915.30	5518.60	518.3	785.1	11100.30	1336.50	2346.00	22980.70	263450.60
东南非共同市场	3058.50	5473.70	10800.80	4359.10	1318.40	644.7	3519.70	14363.50	24646.50	177703.00
东非共同体	56.4	1108.60	3938.40	3537.60	571.1	456.4	2215.00	3832.30	7321.80	36418.50
中部非洲共同体	464.6	1478.00	2159.70	1602.70	1214.30	853.5	841.9	3059.30	6397.10	36215.30
西非国家经济共同体	1525.40	12247.90	749.1	107	255.3	10767.40	161.8	1843.00	14736.00	111392.10
政府间发展管理局	478.3	2330.40	3924.50	2444.20	100.7	474	1994.20	2711.20	6971.60	52674.50
南部非洲发展共同体	352.4	3563.90	8049.90	1129.20	2169.30	2907.20	735.2	28585.10	33234.00	138137.70
非洲	7895.30	25679.70	19998.00	6346.70	3558.50	15423.20	4616.80	38408.40	71680.10	495909.90
世界	82913.00	190087.90	110212.60	19655.70	60137.50	99365.80	21570.90	191486.40	451245.70	17656404.10

（续表）

占进口总额的百分比

进口自→ / 进口自→	阿拉伯马格里布联盟	萨赫勒国家共同体	东南非共同市场	东非共同体	中部非洲共同体	西非国家经济共同体	政府间发展管理局	南部非洲发展共同体	非洲	世界
阿拉伯马格里布联盟	4.20%	4.90%	4.80%	1.20%	0.10%	0.40%	0.40%	3.50%	10.30%	
萨赫勒国家共同体	2.00%	6.40%	2.10%	0.20%	0.30%	4.20%	0.50%	0.90%	8.70%	
东南非共同市场	1.70%	3.10%	6.10%	2.50%	0.70%	0.40%	2.00%	8.10%	13.90%	
东非共同体	0.20%	3.00%	10.80%	9.70%	1.60%	1.30%	6.10%	10.50%	20.10%	
中部非洲共同体	1.30%	4.10%	6.00%	4.40%	3.40%	2.40%	2.30%	8.40%	17.70%	
西非国家经济共同体	1.40%	11.00%	0.70%	0.10%	0.20%	9.70%	0.10%	1.70%	13.20%	
政府间发展管理局	0.90%	4.40%	7.50%	4.60%	0.20%	0.90%	3.80%	5.10%	13.20%	
南部非洲发展共同体	0.30%	2.60%	5.80%	0.80%	1.60%	2.10%	0.50%	20.70%	24.10%	
非洲	1.60%	5.20%	4.00%	1.30%	0.70%	3.10%	0.93%	7.70%	14.50%	
世界	0.50%	1.10%	0.60%	0.10%	0.30%	0.60%	0.10%	1.10%	2.60%	

数据来源：非洲开发银行，非洲联合委员会，联合国非洲经济委员会：《非洲统计年鉴 2021》（*African Statistical Yearbook 2021*）。整理人：鲁亚敏。

表 16　非洲国家资讯及通信科技情况

国　家	每 100 名居民中主要电话线用户		每 100 名居民中拥有手机用户		个人使用互联网的百分比		每 100 名居民中固定宽带用户	
	2015	2020	2015	2020	2015	2020	2015	2020
阿尔及利亚	8.2	10.9	108.8	103.9	38.2		5.7	8.6
安哥拉	1.0	0.4	49.8	44.6	29.0		0.6	0.7
贝宁	1.8	0.3	88.1	91.9	11.3		0.7	0.2
博茨瓦纳	7.6	6.0	163.9	162.4	37.3		1.7	3.1
布基纳法索	0.4	0.4	79.8	105.8	7.0		0.1	0.1
布隆迪	0.2	0.2	49.2	55.8	2.1		0.0	0.0
佛得角	12.1	10.4	116.5	98.0	42.7		3.2	4.5
喀麦隆	4.5	3.3	77.9	95.1	18.3		0.1	2.7
中非共和国	0.0		27.7		3.8		0.0	
乍得	0.1	0.0	38.7	52.9	3.5	10.4	0.1	
科摩罗	1.9	0.9	54.6	54.4	7.5		0.2	0.1
刚果(布)	0.4		107.4		7.6			
科特迪瓦	1.2	1.0	109.4	152.0	38.4		0.5	1.0
刚果(金)			49.5	45.6	3.8			
吉布提	2.5	3.9	34.4	43.9	22.9		2.6	2.5
埃及	6.7	9.6	101.7	93.2	37.8	71.9	4.1	9.1
赤道几内亚	1.0		45.6				0.3	
厄立特里亚	2.0		14.2		1.1		0.0	
斯威士兰	3.9		85.2		25.6		0.5	
埃塞俄比亚	0.9		42.0		13.9		0.5	
加蓬	1.0	1.1	144.9	138.8	45.8		0.6	0.2
冈比亚	2.2		130.2	110.8	19.7		0.2	
加纳	1.0	1.0	125.7	130.2	23.0		0.3	0.3
几内亚	0.0		94.2		8.2		0.0	

（续表）

国　家	每100名居民中主要电话线用户		每100名居民中拥有手机用户		个人使用互联网的百分比		每100名居民中固定宽带用户	
	2015	2020	2015	2020	2015	2020	2015	2020
几内亚比绍	0.0		71.3	97.2			0.1	0.1
肯尼亚	0.2	0.1	78.8	114.2	16.6		0.3	1.3
索莱托	2.0	0.5	103.9	72.9	25.0		0.1	0.2
利比里亚	0.2		81.7		10.0		0.2	
利比亚	16.6		151.9		19.0		1.0	
马达加斯加	0.6		44.1		4.2		0.1	
马拉维	0.1	0.1	39.2	52.3	7.6		0.0	0.1
马里	1.0	1.4	130.2	125.0	10.3		0.0	1.2
毛里塔尼亚	1.3	1.3	90.1	106.1	15.2		0.2	0.4
毛里求斯	30.2	37.6	139.9	150.4	50.1	64.9	15.7	25.3
摩洛哥	6.4	6.4	124.3	133.9	57.1	84.1	3.3	5.7
莫桑比克	0.3		74.5		6.5		0.2	
纳米比亚	7.9	5.6	110.1	102.1	25.7		3.0	2.8
尼日尔	0.5		44.8		2.5		0.1	
尼日利亚	0.1	0.1	83.3	99.1	24.5		0.0	0.0
卢旺达	0.1	0.1	77.0	82.0	18.0		0.2	0.1
圣多美和普林西普	3.2	1.2	92.7	79.5	25.8		0.7	1.1
塞内加尔	2.1		102.6	113.9	21.7		0.7	1.1
塞舌尔	22.5	19.2	156.1	186.6	54.3	79.0	14.1	35.6
塞拉利昂	0.2	0.0	78.9	86.3	6.3			
索马里	0.4		42.3		1.8		0.6	
南非	7.5	3.5	158.9	161.8	51.9		2.5	2.2
南苏丹	0.0		27.1		5.5		0.0	

（续表）

国　家	每100名居民中主要电话线用户		每100名居民中拥有手机用户		个人使用互联网的百分比		每100名居民中固定宽带用户	
	2015	2020	2015	2020	2015	2020	2015	2020
苏丹	0.3	0.3	71.8	80.3			0.1	0.1
多哥	0.7	0.6	66.3	78.7	7.1		0.9	0.6
突尼斯	8.4	13.0	130.6	125.7	46.5		5.1	11.3
乌干达	0.9	0.2	52.9	60.5			0.2	0.1
坦桑尼亚	0.3	0.1	77.0	85.7	10.0		0.2	1.8
赞比亚	0.7	0.4	72.8	103.9			0.1	0.4
津巴布韦	2.4	1.7	92.3	88.8	22.7		1.2	1.4
非洲								

数据来源:非洲开发银行、非洲联合委员会、联合国非洲经济委员会:《非洲统计年鉴2021》(African Statistical Yearbook 2021)。整理人:鲁亚敏。

图书在版编目(CIP)数据

非洲经济评论. 2023—2024 / 张忠祥，汤诚主编.
上海 ：上海三联书店，2025. 4. -- ISBN 978-7-5426
-8780-7

Ⅰ. F14

中国国家版本馆 CIP 数据核字第 2025N7B680 号

非洲经济评论(2023—2024)

主　　编 / 张忠祥　汤　诚

责任编辑 / 殷亚平
装帧设计 / 徐　徐
监　　制 / 姚　军
责任校对 / 王凌霄

出版发行 / 上海三联书店
　　　　　(200041)中国上海市静安区威海路 755 号 30 楼
邮　　箱 / sdxsanlian@sina.com
联系电话 / 编辑部：021 - 22895517
　　　　　发行部：021 - 22895559
印　　刷 / 上海惠敦印务科技有限公司

版　　次 / 2025 年 4 月第 1 版
印　　次 / 2025 年 4 月第 1 次印刷
开　　本 / 710 mm × 1000 mm　1/16
字　　数 / 310 千字
印　　张 / 18
书　　号 / ISBN 978 - 7 - 5426 - 8780 - 7/F・941
定　　价 / 88.00 元

敬启读者,如发现本书有印装质量问题,请与印刷厂联系 13917066329